Matemáticas
MI VENTAJA

HARCOURT
BRACE

Orlando • Atlanta • Austin • Boston • San Francisco • Chicago • Dallas • New York • Toronto • London

http://www.hbschool.com

Copyright © 1999 by Harcourt Brace & Company

All rights reserved. No part of this publication may be reproduced or transmitted in any form or by any means, electronic or mechanical, including photocopy, recording, or any information storage and retrieval system, without permission in writing from the publisher.

Teachers using MATEMÁTICAS, MI VENTAJA may photocopy Basic Facts Tests in complete pages in sufficient quantities for classroom use only and not for resale.

HARCOURT BRACE and Quill Design is a registered trademark of Harcourt Brace & Company. MATEMÁTICAS, MI VENTAJA is a trademark of Harcourt Brace & Company.

Grateful acknowledgment is made to Heritage Music Press, a division of The Lorenz Corp., Dayton, OH for permission to reprint "Yankee Doodle" from *The Pianist* by Walter and Carol Noona. Music and lyrics © 1973 by Heritage Music Press, a division of The Lorenz Corp.
(License #414907/Product KM46)

Printed in the United States of America

ISBN 0-15-312662-0

2 3 4 5 6 7 8 9 10 048 2000 99

Senior Authors

Grace M. Burton
Chair, Department of Curricular Studies
Professor, School of Education
University of North Carolina at Wilmington
Wilmington, North Carolina

Evan M. Maletsky
Professor of Mathematics
Montclair State University
Upper Montclair, New Jersey

Authors

George W. Bright
Professor of Mathematics Education
The University of North Carolina at Greensboro
Greensboro, North Carolina

Sonia M. Helton
Professor of Childhood Education
Coordinator, College of Education
University of South Florida
St. Petersburg, Florida

Loye Y. (Mickey) Hollis
Professor of Mathematics Education
Director of Teacher Education and Under-
  graduate Programs
University of Houston
Houston, Texas

Howard C. Johnson
Dean of the Graduate School
Associate Vice Chancellor for Academic Affairs
Professor, Mathematics and
  Mathematics Education
Syracuse University
Syracuse, New York

Joyce C. McLeod
Visiting Professor
Rollins College
Winter Park, Florida

Evelyn M. Neufeld
Professor, College of Education
San Jose State University
San Jose, California

Vicki Newman
Classroom Teacher
McGaugh Elementary School
Los Alamitos Unified School District
Seal Beach, California

Terence H. Perciante
Professor of Mathematics
Wheaton College
Wheaton, Illinois

Karen A. Schultz
Associate Dean and Director of Graduate Studies
  and Research
Research Professor, Mathematics Education
College of Education
Georgia State University
Atlanta, Georgia

Muriel Burger Thatcher
Independent Mathematics Consultant
Mathematical Encounters
Pine Knoll Shores, North Carolina

Advisors

Anne R. Biggins
Speech-Language Pathologist
Fairfax County Public Schools
Fairfax, Virginia

Carolyn Gambrel
Learning Disabilities Teacher
Fairfax County Public Schools
Fairfax, Virginia

Lois Harrison-Jones
Education Consultant
Dallas, Texas

Asa G. Hilliard, III
Fuller E. Callaway Professor
  of Urban Education
Georgia State University
Atlanta, Georgia

Marsha W. Lilly
Secondary Mathematics
  Coordinator
Alief Independent School District
Alief, Texas

Francisco J. Perea
A.I.S.D. Language Consultant
Austin, Texas

Juan S. Solis
Professor of Reading
University of Texas – Pan American
Edinburg, Texas

Judith Mayne Wallis
Elementary Language Arts/
  Social Studies/Gifted Coordinator
Alief Independent School District
Houston, Texas

CONTENIDO

 * **Preparación para el álgebra**

**Lección de
intervención**
*Reagrupar
números
H6–H7*

**Lección
de ampliación**
*Calcular
distancias
H32–H33*

* Preparación para el álgebra

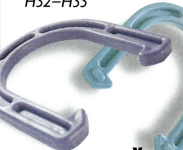

v

Lección de ampliación

Minutos antes de la hora
H34–H35

Lección de intervención

Usar un calendario
H8–H9

Horario de Stephanie

Actividad y tiempo transcurrido	Hora
Almuerzo 30 minutos	12:00–12:30
Recreo 30 minutos	12:30–1:00
Arte 45 minutos	1:00–1:45
Lectura libre 15 minutos	1:45–2:00
Matemáticas 1 hora	2:00–3:00

Lección de intervención
Contar monedas H10–H11

Capítulos 5–7 ✓ Punto para la evaluación

Lección de intervención
Valor posicional
H12–H13

Lección de ampliación
Hacer una línea cronológica
H36–H37

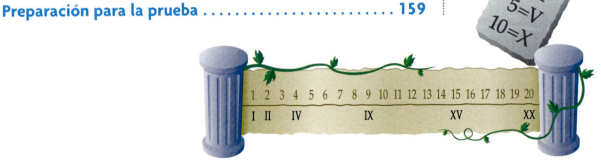

* Preparación para el álgebra

Lección de intervención
Redondear en una recta numérica
H14–H15

* Preparación para el álgebra

**Lección de
intervención**
*Contar salteado
H16–H17*

5+5+5+5+5+5=30   6×5

**Lección de
ampliación**
*Usar matrices
para hallar
números
cuadrados
H38–H39*

* **Preparación para el álgebra**

**Lección de
intervención**
*Grupos iguales
H18–H19*

**Lección de
intervención**
*Familias de
operaciones
H20–H21*

xi

* **Preparación para el álgebra**

◀ **Lección de
ampliación**
*Hacer una
encuesta
H40–H41*

◀ **Lección de
intervención**
*Interpretar
pictografías
H22–H23*

* **Preparación para el álgebra**

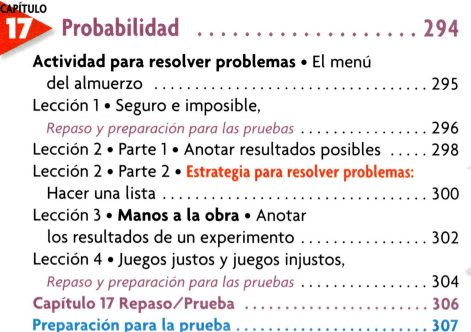

Lección de ampliación
Predecir resultados
H42–H43

Lección de
intervención
*Figuras abiertas y
cerradas*
H24–H25

Lección de
ampliación
Teselación
H44–H45

* **Preparación para el álgebra**

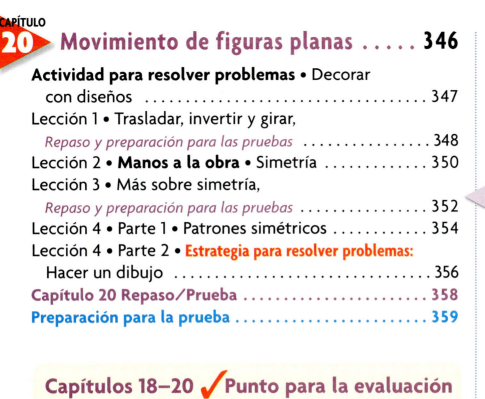

Lección de ampliación
Simetría por giro
H46–H47

Capítulos 18–20 ✓**Punto para la evaluación**

**Lección de
ampliación**
*Números mixtos
H48–H49*

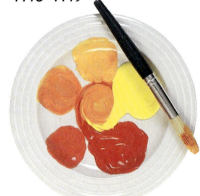

**Lección de
ampliación**
*Fracción de un
número
H50–H51*

* **Preparación para el álgebra**

◀ **Lección de
ampliación**
*Sumar y restar
decimales
H52–H53*

* **Preparación para el álgebra**

**Lección de
intervención**
*Usar una regla
H26–H27*

**Lección de
ampliación**
*Medir longitudes
grandes
H54–H55*

Lección de intervención
Multiplicar para hallar el área
H56–H57

Capítulos 24–26 ✓ Punto para la evaluación

▶ **Lección de intervención**
Operaciones de multiplicación
H28–H29

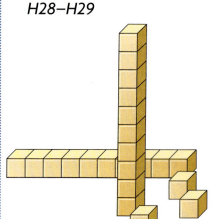

▶ **Lección de intervención**
Operaciones de división
H30–H31

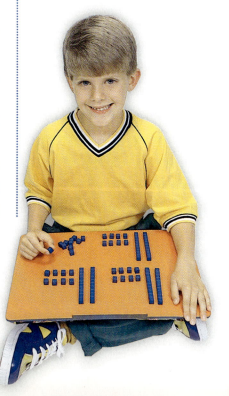

* Preparación para el álgebra

MANUAL DEL ESTUDIANTE

RESOLVER PROBLEMAS

Para resolver problemas es necesario pensar bien.
Este plan puede ayudarte a resolver un problema.

COMPRENDER el problema

Pregúntate...	Entonces, intenta esto.
• ¿Qué dice el problema?	Plantea el problema con tus propias palabras.
• ¿Cuál es la pregunta?	Convierte la pregunta en una frase incompleta.
• ¿Qué información se proporciona?	Haz una lista de la información que se proporciona en el problema.

PLANEAR cómo resolverlo

Pregúntate...	Entonces, intenta esto.
• ¿Qué estrategias podría usar?	Haz una lista de las estrategias que podrías usar.
• ¿De qué tipo será la respuesta?	Trata de predecir tu respuesta. Haz una estimación si eso te ayuda.

RESOLVER el problema

Pregúntate...	Entonces, intenta esto.
• ¿Cómo puedo resolver el problema?	Sigue tu plan y muestra la solución.
• ¿Cómo puedo escribir mi respuesta?	Escribe tu respuesta como un enunciado completo.

REVISAR y comprobar tu respuesta

Pregúntate...	Entonces, intenta esto.
• ¿Cómo sé si mi respuesta es razonable?	Compara tu respuesta con tu estimación. Comprueba tu respuesta repasando las operaciones. Comprueba si la respuesta se ajusta a la pregunta.
• ¿De qué otra manera podría solucionar el problema?	Trata de usar otra estrategia para resolver el problema.

Tú eres capaz de resolver problemas.
Recuerda estas importantes palabras.

RECUERDA:

COMPRENDER

PLANEAR

RESOLVER

REVISAR

Hazte preguntas a medida que
analizas y resuelves el problema.
Estarás orgulloso de tu éxito.

USAR LAS ESTRATEGIAS

Para resolver problemas es necesario conocer y usar estas estrategias.

- Hacer un dibujo
- Representar
- Hacer un modelo
- Volver sobre los pasos
- Hallar un patrón
- Estimar y comprobar
- Hacer o usar una tabla o gráfica
- Hacer una lista
- Escribir un enunciado numérico

Piensa en cómo se usaron las estrategias para resolver estos problemas.

Samantha, Mark y Kim compararon su colección de piedras. Samantha tenía 74 piedras. Mark tenía 73 y Kim 76. ¿Cuál de los tres tenía más piedras? ¿Y menos?

Haz un dibujo para comparar los números.

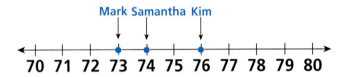

Mark Samantha Kim

70 71 72 73 74 75 76 77 78 79 80

Entonces, Kim es la que tiene más piedras y Mark es el que tiene menos.

Jaime y su mamá hicieron galletas el martes. El miércoles hicieron 20 galletas más. Jaime comió 3 galletas y llevó 35 a una fiesta. ¿Cuántas galletas hicieron Jaime y su mamá el martes?

Vuelve sobre los pasos para hallar el número total de galletas que hicieron.

Empieza 35	Empieza con el número de galletas que llevó Jaime a la fiesta.
$35 + 3 = 38$	Suma el número de galletas que comió Jaime.
$38 - 20 = 18$	Resta el número de galletas que hicieron el miércoles.

Entonces, Jaime y su mamá hicieron 18 galletas el martes.

Leyendas y cuentos fantásticos

En Estados Unidos, el origen de las leyendas y los cuentos fantásticos se remonta a principios del siglo XIX. Estos relatos narran, con humor y colorido, las aventuras y desafíos propios de quienes vivían en los territorios aún no colonizados.

Elige el personaje de una leyenda o cuento fantástico de Estados Unidos. Busca información sobre ese personaje en una leyenda o cuento fantástico.

- Escribe al menos tres problemas de suma y resta con números grandes.

- Resuelve los problemas y escribe la respuesta en la parte de atrás de una hoja.

- Intercambia los problemas con otro compañero de clase y resuélvelos.

PERSONAJES FAMOSOS

Leyendas

Johnny Appleseed

Davy Crockett

Paul Revere

Casey Jones

Cuentos fantásticos

Pecos Bill

Paul Bunyan

Slue-Foot Sue

Mike Fink

John Henry

¿TE ACORDASTE DE

☑ buscar información sobre el personaje de un cuento fantástico?

☑ escribir y resolver al menos tres problemas con números grandes?

☑ intercambiar los problemas y resolver los escritos por otro compañero?

TANYA interpreta a Annie Oakley

Reagrupar en la suma

¿Por qué es importante? Podrás sumar números grandes, por ejemplo la cantidad de libros leídos en un concurso.

Una clase de tercer grado leyó 137 libros y otra leyó 184 libros. ¿Cuántos libros leyeron en total?

Usa bloques de base diez como ayuda.

MODELO

Halla $137 + 184 = $ __?__ .

Paso 1

Suma las unidades. $7 + 4 = 11$ unidades
Reagrupa. 11 unidades = 1 decena y 1 unidad

C	D	U
	1	
1	3	7
+1	8	4
		1

Paso 2

Suma las decenas. $1 + 3 + 8 = 12$ decenas
Reagrupa. 12 decenas = 1 centena y 2 decenas.
Suma las centenas. $1 + 1 + 1 = 3$ centenas

C	D	U
1	1	
1	3	7
+1	8	4
3	2	1

Entonces, las clases de tercer grado leyeron 321 libros en total.

Explica lo que sabes

- ¿Por qué es importante alinear los dígitos en cada columna?

RAZONAMIENTO CRÍTICO ¿Por qué si sabes sumar números de dos dígitos puedes sumar números más grandes?

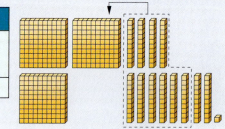

RECUERDA:
Cuando reagrupas, cambias una cantidad por otra de igual valor.

1 decena = 10 unidades

▶ COMPRUEBA

Halla el total de la suma.

1.

C	D	U
1	5	6
+1	1	6

2.

C	D	U
1	8	8
+1	4	5

3.

C	D	U
2	2	2
+		9	9

4.

C	D	U
4	6	8
+1	3	2

5.

C	D	U
3	6	1
+4	4	2

Halla la suma.

6.	C	D	U
	1	2	3
+2	4	7	

7.	C	D	U
	3	5	8
+4	3	4	

8.	C	D	U
	6	9	5
+2	1	5	

9.	C	D	U
	7	3	2
+1	8	9	

10.	C	D	U
	4	1	6
+3	9	6	

11. 647
    +178

12. 219
    +763

13. 554
    +257

14. 168
    +692

15. 384
    +586

16. 631
    +189

17. 464
    +446

18. 313
    +649

19. 576
    +265

20. 489
    +511

Resolución de problemas • Aplicaciones mixtas

Usar datos Usa la tabla para resolver los Problemas 22, 23 y 25.

21. **Literatura** Joshua leyó 46 páginas sobre Davy Crockett y Rosa leyó 29 páginas sobre Paul Bunyan. ¿Cuántas páginas más leyó Joshua que Rosa?

CLUB DE LECTORES DE VERANO			
Mes	Junio	Julio	Agosto
Miembros	149	117	213

22. **Observación** ¿Cuántas personas se unieron al club de lectores en junio y julio?

23. **Comparar** ¿En qué mes se unieron menos miembros al club? ¿En cuál se unieron más?

24. **Razonamiento lógico** Sara colocó 15 libros más en el estante de la biblioteca. Ahora hay 38 libros en el estante. ¿Cuántos libros había al principio?

25. **Escribe un problema** añadiendo a la tabla otro mes y otro número de 3 dígitos.

Repaso y preparación para las pruebas

Redondea para estimar cada suma o diferencia. (páginas 24–27)

26. 38
    −31

27. 21
    +36

28. 190
    +290

29. 420
    −330

30. 58
    +18

Elige la letra de la diferencia correcta. (páginas 38–39)

31. $50 - 27 =$ ___?___   **A** 21   **B** 32   **C** 23   **D** 33

32. $80 - 42 =$ ___?___   **F** 40   **G** 38   **H** 41   **J** 48

Sumar más de dos sumandos

¿Por qué es importante? Podrás resolver problemas en los que debas sumar minutos o cantidades de dinero.

La primera semana, Dave jugó 144 minutos al béisbol. La segunda semana jugó 96 minutos y la tercera, 119 minutos. ¿Cuántos minutos jugó en total?

MODELO

Halla $144 + 96 + 119 = $ __?__ .

Paso 1	Paso 2	Paso 3
Suma las unidades. $4 + 6 + 9 = 19$ unidades. Reagrupa 19 unidades en 1 decena y 9 unidades.	Suma las decenas. $1 + 4 + 9 + 1 = 15$ decenas. Reagrupa 15 decenas en 1 centena y 5 decenas.	Suma las centenas. $1 + 1 + 1 = 3$ centenas

Paso 1:
```
   1
 1 4 4
   9 6
+1 1 9
     9
```

Paso 2:
```
  1 1
 1 4 4
   9 6
+1 1 9
   5 9
```

Paso 3:
```
  1 1
 1 4 4
   9 6
+1 1 9
 3 5 9
```

Entonces, Dave jugó 359 minutos al béisbol.

EJEMPLOS

A
```
  1 2
  3 4 9
  6 1 5
+ 1 3 9
  1,1 0 3
```

B
```
  1 1
  5 5 1
  2 7 4
+ 1 1 6
  9 4 1
```

C
```
    2 2
  $5.9 8
   3.4 9
+  9.9 9
 $1 9.4 6
```

- Suma cantidades de dinero de la misma manera que sumas números enteros.
- Usa el punto decimal para separar dólares y centavos.
- Coloca un signo de dólar y un punto decimal en el resultado de la suma.

▶ COMPRUEBA

Halla la suma.

1.
```
  173
   61
+  43
```

2.
```
  271
  432
+145
```

3.
```
  326
  114
+191
```

4.
```
  461
  351
+  32
```

5.
```
 $5.58
  2.00
+ 2.27
```

 Actividades con la calculadora, página H5

Halla la suma.

6. 281
       198
     +911

7. $5.46
        6.47
      + 2.72

8. 732
        264
      +735

9. 196
        822
      +566

10. $4.68
         7.85
       + 3.89

11. 654
         356
       +823

12. 929
         573
       +445

13. $4.13
         5.31
       + 6.57

Resolución de problemas • Aplicaciones mixtas

Usar datos Usa la lista de precios para resolver los Problemas 14 y 16.

ARTÍCULOS PARA ACAMPAR	
Mochila	$9.98
Linterna	$8.95
Recipiente	$6.96
Manta	$7.89

14. Consumidor Duncan compró el almuerzo por $4.73. Luego fue a la tienda y compró una linterna y un recipiente para la comida. ¿Gastó más de $20.00? ¿Cuánto más?

15. Tiempo El Sr. Calderón comenzó a pasear a las 2:30 p.m. Caminó durante 2 horas y 30 minutos. ¿A qué hora terminó el paseo?

16. Gloria compró una mochila, una linterna y una manta. ¿Cuánto gastó en total?

17. Dinero Chris compró una bicicleta por $96. Grace compró otra bicicleta por $88. ¿Cuánto más dinero gastó Chris que Grace?

18. ✏️ **Por escrito** ¿En qué se parece sumar cantidades de dinero a sumar números enteros? ¿En qué se diferencia?

Repaso y preparación para las pruebas

Halla la diferencia. (páginas 42–43)

19. $34 - 25 = $ _?_ **20.** $46 - 19 = $ _?_ **21.** $52 - 34 = $ _?_ **22.** $63 - 16 = $ _?_

23. $27 - 18 = $ _?_ **24.** $71 - 42 = $ _?_ **25.** $85 - 66 = $ _?_ **26.** $92 - 17 = $ _?_

Elige la letra de la suma o la diferencia correcta. (páginas 44–45)

27. $45 + 67 = $ _?_   **A** 102   **B** 121   **C** 112   **D** No está aquí.

28. $73 - 26 = $ _?_   **F** 47   **G** 43   **H** 53   **J** 57

Reagrupar en la resta

¿Por qué es importante? Podrás restar para hallar cuántos artículos menos se vendieron.

La tienda de vídeos de Van vendió 258 vídeos una semana y 168 la semana siguiente. ¿Cuántos vídeos menos vendió la segunda semana que la primera?

Usa bloques de base diez como ayuda.

Eligiendo un vídeo

MODELO

Halla $258 - 168 = $ __?__ .

Paso 1

Resta las unidades.
$8 - 8 = 0$ unidades

C	D	U
2	5	8
−1	6	8
		0

Paso 2

$6 > 5$. Reagrupa 2 centenas y 5 decenas en 1 centena y 15 decenas.
Resta las decenas.
$15 - 6 = 9$ decenas

C	D	U
2¹	5̶ 15	8
−1	6	8
	9	0

Paso 3

Resta las centenas.
$1 - 1 = 0$

C	D	U
2¹	5̶ 15	8
−1	6	8
	9	0

Entonces, la segunda semana la tienda vendió 90 vídeos menos.

- En el Paso 2, las centenas y decenas están agrupadas. ¿Por qué no están agrupadas las unidades?

▶ COMPRUEBA

Halla la diferencia.

1.

C	D	U
4	9	2
−2	7	3

2.

C	D	U
5	2	7
−3	4	8

3.

C	D	U
8	1	0
−7	5	7

4.

C	D	U
6	8	2
−4	3	9

5.

C	D	U
4	5	4
−2	4	2

Halla la diferencia.

6.	C	D	U
	4	2	7
	−1	1	8

7.	C	D	U
	3	8	5
	−2	6	7

8.	C	D	U
	5	4	4
	−1	2	9

9.	C	D	U
	2	6	5
	−1	2	8

10.	C	D	U
	4	7	3
	−2	1	2

11. 686
    −387

12. 831
    −441

13. 342
    −167

14. 765
    −498

15. 841
    −259

16. 912
    −575

17. 853
    −194

18. 735
    −429

19. 885
    −396

20. 998
    −199

Resolución de problemas • Aplicaciones mixtas

Usar datos Usa la tabla para resolver los Problemas 22–24 y 27.

VÍDEOS EN VENTA	
Título	**Copias**
Aladdin	249
Beauty and the Beast	185
101 Dalmatians	225

21. **Cálculo mental** Sharon compró varios vídeos por $25.98 y recibió un descuento de $5.00. ¿Cuánto gastó Sharon en los vídeos?

22. ¿Cuántas más copias de *Aladdin* que de *Beauty and the Beast* están en venta?

23. **Comparar** ¿Cuántas menos copias de *Beauty and the Beast* que de *101 Dalmatians* están en venta?

24. **Consumidor** ¿Cuántos vídeos están en venta en total?

25. **Tiempo** Heather tiene un vídeo de 115 minutos de duración. Kyle tiene un vídeo de 132 minutos de duración. ¿Cuántos minutos más dura el de Kyle que el de Heather?

26. **Dinero** Heather compró un vídeo por $9.97. Kyle compró otro por $7.79. ¿Cuánto más pagó Heather por su vídeo?

27.  **Escribe un problema** con la información de la tabla.

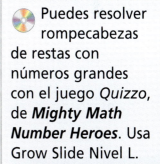

Tecnología

Puedes resolver rompecabezas de restas con números grandes con el juego *Quizzo*, de *Mighty Math Number Heroes*. Usa Grow Slide Nivel L.

LA LECCIÓN CONTINÚA ▶

Estrategia para resolver problemas: Estimar y comprobar

▶ **PROBLEMA** Los estudiantes de tercer grado compraron 100 latas y frascos de comida para ir de excursión. Tenían 20 latas más que frascos. ¿Cuántas latas y frascos compraron?

RECUERDA:

- COMPRENDER
- PLANEAR
- RESOLVER
- REVISAR

COMPRENDER

- ¿Qué debes hallar?

- ¿Qué información vas a usar?

- ¿Hay alguna información que no vas a usar? Si es así, ¿cuál?

PLANEAR

- ¿Qué estrategia puedes usar?

  Puedes *estimar y comprobar* para hallar cuántas latas y frascos compraron.

RESOLVER

- ¿Cómo puedes usar la estrategia?

  Estima el número de frascos que los estudiantes compraron. Suma 20 a ese número para hallar el número de latas. Después comprueba si la suma es 100.

Frascos	Latas	Total	Notas
20	$20 + 20 = 40$	$20 + 40 = 60$	demasiado bajo
50	$50 + 20 = 70$	$50 + 70 = 120$	demasiado alto
40	$40 + 20 = 60$	$40 + 60 = 100$	bien

Entonces, los estudiantes compraron 40 frascos y 60 latas de comida.

REVISAR

- ¿Cómo puedes usar las dos primeras estimaciones para estimar con más exactitud?

Usa *estimar y comprobar* para hallar la solución.

1. Nancy ayudó a su profesor durante 50 minutos. Le ayudó 10 minutos más en la mañana que en la tarde. ¿Cuántos minutos le ayudó Nancy en la mañana? ¿Cuántos en la tarde?

2. Los estudiantes de Lincoln Elementary School vendieron 80 libros en la feria del libro. El domingo vendieron 20 libros más que el sábado. ¿Cuántos libros vendieron cada día?

3. El total de la suma de dos números es 15. La diferencia entre los dos números es 3. ¿Cuáles son los dos números?

4. James tiene 170 estampillas en 2 álbumes. En uno tiene 30 estampillas más que en el otro. ¿Cuántas estampillas hay en cada álbum?

Aplicaciones mixtas

Halla la solución.

ELIGE una estrategia y un método.

- Estimar y comprobar
- Hacer una tabla
- Representar
- Escribir un enunciado numérico

 Lápiz y papel   Calculadora   A mano   Cálculo mental

5. Irene reunió 6 postales de Texas, 14 de Nueva York y 9 de Florida. ¿Cuántas postales reunió en total?

6. Shelton tiene 100 tarjetas de deportes. Tiene 30 tarjetas más de béisbol que de basquetbol. ¿Cuántas tarjetas de béisbol tiene?

7. Maureen y su familia viajaron 5 días en auto y anotaron las millas que recorrieron cada día: 528, 418, 485, 582 y 518. ¿Cuál es el número mayor de millas? ¿Cuál es el menor?

8. Dylan compró una gorra, una pelota de béisbol y un guante. ¿Cuánto gastó en total?

9. Kim tenía 48 adhesivos. Colocó 10 sobre unas tarjetas, usó 22 en un proyecto de arte y regaló 11. ¿Cuántos adhesivos le quedan?

Usar el valor posicional para restar con ceros

Investigarás cómo restar con ceros usando bloques de base diez.

Usa bloques de base diez para hallar la diferencia.

▶ EXPLORA

MATERIALES: bloques de base diez

MODELO

Halla $300 - 149 = $ ___?___ .

Usa 3 centenas para mostrar 300.

Como $9 > 0$, reagrupa los bloques para resolver el problema.

C	D	U
3	0	0
−1	4	9

Anota

Explica cómo reagrupaste los bloques de base diez para hallar la diferencia.

Explica lo que sabes

• ¿De qué otra manera puedes expresar 300?

• Explica por qué necesitas reagrupar dos veces para hallar $300 - 149 = $ ___?___ .

▶ INTÉNTALO

1. Usa bloques de base diez para hallar $406 - 238 = $ ___?___ .

2. ✏️ **Por escrito** ¿Cómo usaste los bloques de base diez para hallar la diferencia?

Usa bloques de base diez para hallar la diferencia.

3.	C	D	U
	4	0	4
−1	1	5	3

4.	C	D	U
	6	0	3
−2	2	6	5

5.	C	D	U
	3	0	0
−1	1	6	8

6.	C	D	U
	5	0	5
−3	3	1	6

7.	C	D	U
	6	0	0
−1	1	3	1

8. 706
   −332

9. 500
   −195

10. 804
    −279

11. 600
    −518

12. 900
    −607

Reagrupa. Escribe con palabras cada cantidad.

13. 500 **14.** 700 **15.** 805

16. 604 **17.** 408 **18.** 907

Resolución de problemas • Aplicaciones mixtas

Usar datos Usa el mapa para resolver los Problemas 19–21.

19. Observación Teresa viajó de Cincinnati a Toledo. Laurel viajó de Cincinnati a Indianapolis. ¿Cuántas millas más recorrió Teresa?

20. Lógica La familia Cox fue en carro de Cincinnati hasta Indianapolis y regresaron al día siguiente. ¿Cuántas millas recorrieron en total?

21. Cálculo mental Elena y su familia viajaron en carro de Indianapolis a Cincinnati y de ahí a Toledo. ¿Cuántas millas recorrieron en total?

22. Dinero Jeff necesita $300 para el viaje de fin de estudios. Tiene ahorrados $178 y sus abuelos le dieron $150. ¿Cuánto dinero tiene para el viaje?

23. ✏️ **Escribe un problema** sobre un viaje en carro. Usa la resta en el problema.

Tecnología

💿 Puedes restar con ceros usando E-Lab, Actividad 4. Disponible en CD-ROM e Internet: **www.hbschool.com/elab**

Más sobre los ceros en la resta

¿Por qué es importante? Podrás restar de un número que tenga ceros, por ejemplo, un número de fotografías o cantidades de dinero.

Rachel coloca 400 fotografías en un álbum. De esas fotografías, 278 son de su viaje a Alaska. ¿Cuántas fotografías no son del viaje a Alaska?

Usa bloques de base diez como ayuda.

MODELO

Halla $400 - 278 = $ __?__ .

Paso 1

$8 > 0$. Como hay 0 decenas y 0 unidades, reagrupa 4 centenas en 3 centenas y 10 decenas.

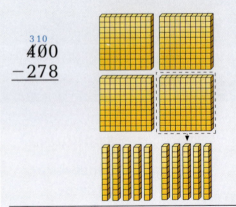

Paso 2

Reagrupa 10 decenas y 0 unidades en 9 decenas y 10 unidades. Resta las unidades. $10 - 8 = 2$ unidades

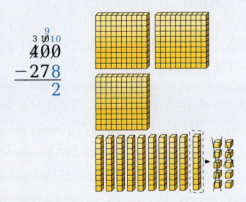

Paso 3

Resta las decenas.
$9 - 7 = 2$ decenas

$$\begin{array}{r} \overset{9}{3\,\cancel{10}\,10} \\ 4\cancel{0}\cancel{0} \\ -\,278 \\ \hline 22 \end{array}$$

Paso 4

Resta las centenas.
$3 - 2 = 1$ centena

$$\begin{array}{r} \overset{9}{3\,\cancel{10}\,10} \\ 4\cancel{0}\cancel{0} \\ -\,278 \\ \hline 122 \end{array}$$

Entonces, 122 de las fotografías no son del viaje a Alaska.

Explica lo que sabes

- Observa el Paso 1. ¿Por qué se reagrupan las centenas y decenas antes de restar las unidades?

- En el Paso 2, ¿por qué se muestran dos reagrupaciones en la columna de las decenas?

RAZONAMIENTO CRÍTICO ¿Qué números se pueden restar de 400 sin reagrupar?

_____

Imagina que Rachel tiene $4.00. Ella compra una postal de Alaska por $1.98. ¿Cuánto dinero le queda?

$$\begin{array}{r} \overset{9}{\overset{3\ \ 10\!\!\!/10}{\$4.\cancel{00}}} \\ -\ 1.98 \\ \hline \$2.02 \end{array}$$

- ¿En qué se parecen el problema de Rachel y el del modelo? ¿En qué se diferencian?

▶ COMPRUEBA

Halla la diferencia.

1.	400 −273	**2.**	500 −338	**3.**	808 −157
4.	601 −239	**5.**	400 −299	**6.**	706 −327
7.	800 −478	**8.**	600 −401	**9.**	203 − 95
10.	607 −419	**11.**	100 − 27	**12.**	410 −203

13. Estimar Imagina que tienes $10.00. ¿Cómo puedes usar el redondeo y el cálculo mental para decidir si puedes comprar un libro de Alaska por $6.79 y unas postales por $2.10?

LA LECCIÓN CONTINÚA

Halla la diferencia.

14. 300 −139	**15.** 600 −284	**16.** 200 − 97	**17.** 500 −262	**18.** 800 −391
19. 700 −335	**20.** $5.00 − 2.41	**21.** 400 −218	**22.** 900 −473	**23.** $3.00 − 1.96
24. 100 − 98	**25.** 300 −189	**26.** $7.00 − 2.49	**27.** $9.00 − 1.16	**28.** 600 − 74
29. 603 −590	**30.** 306 −127	**31.** 800 −637	**32.** 504 −387	**33.** 400 −174

Resolución de problemas • Aplicaciones mixtas

Usar datos Usa la tabla para resolver los Problemas 34–35.

34. Comparar ¿Cuánto más altas son las cataratas Fairy que las de Nevada Falls? ¿Y que las de Bridalveil?

35. Ordena las cataratas de mayor a menor altura.

CATARATAS FAMOSAS DE ESTADOS UNIDOS	
Nombre	**Altura**
Bridalveil (en California)	620 pies
Fairy (en Washington)	700 pies
Nevada Falls (en California)	594 pies

36. Dinero Una entrada al parque cuesta $6.00. Russ tiene $4.35. ¿Cuánto dinero le falta para comprar una entrada?

37. Medidas Margaret caminó 950 pies para ver una catarata. Después regresó al lugar de partida. ¿Cuánto caminó?

38. Estimación Tim quiere comprar una cámara que cuesta $300. Tiene $185. ¿Aproximadamente cuánto más necesita para comprar la cámara?

39. ✏️ **Por escrito** Explica en qué se parece y en qué se diferencia restar de 400 a restar de $4.00.

¿Has asistido alguna vez a un *FireAnt Festival, Punkin Days o Beautiful Burro Pageant?* Éstas son algunas de las muchas festividades y celebraciones que tienen lugar en Texas.

40. **Medidas** El burro de Mike ganó 100 libras de comida en el *Beautiful Burro Pageant.* Si el burro comió 21 libras, ¿cuántas libras de comida quedan?

41. **Razonamiento lógico** 407 personas participaron en la carrera de bicicletas del *FireAnt Festival.* Tom llegó en el puesto sesenta y siete. ¿Cuántos corredores llegaron detrás de Tom?

42. **Dinero** Shelly llevó $8.00 al *Texas Cowboy Poetry Gathering.* Gastó $4.69, 7 monedas de 10¢ y 4 monedas de 25¢. ¿Cuánto dinero le quedó?

43. El Sr. Louis ganó 256 calabazas en la fiesta de *Punkin Days.* Si ya tenía 57 calabazas, ¿cuántas calabazas tiene en total?

El *FireAnt Festival* se celebró por primera vez en Marshall, Texas en 1983. El festival incluye un desfile, concursos, una feria, juegos y diversiones y una degustación de chilis. "Freddie FireAnt", su mujer "Alvira" y su bebé "Sugar" son las mascotas del festival. ¿Cuántos años hace que se celebra este festival?

Repaso y preparación para las pruebas

Escribe el número que está exactamente en medio de las dos decenas. Puedes usar una recta numérica. (páginas 24–27)

44. 20 y 30

45. 50 y 60

46. 70 y 80

47. 60 y 70

48. 30 y 40

49. 90 y 100

Elige la letra de la suma correcta. (páginas 22–23)

50. 72 + 34 = _?_   **A** 106   **B** 102   **C** 103   **D** 100

51. 87 + 38 = _?_   **F** 115   **G** 105   **H** 111   **J** 125

52. 47 + 61 = _?_   **A** 78   **B** 88   **C** 98   **D** 108

53. 92 + 70 = _?_   **F** 102   **G** 162   **H** 142   **J** 152

54. 85 + 45 = _?_   **A** 120   **B** 130   **C** 145   **D** 150

55. 79 + 58 = _?_   **F** 121   **G** 127   **H** 137   **J** 131

▶ Comprensión

Halla la suma. (páginas 52–55)

1.	C	D	U
	2	1	3
+1	4	9	

2.	C	D	U
	3	9	1
+2	5	9	

3.	C	D	U
	7	4	9
+1	7	3	

4.   261
     128
   +511

5.   184
     449
   +621

Halla la diferencia. (páginas 56–57, 62–65)

6.   413
   −249

7.   572
   −357

8.   777
   −199

9.   600
   −216

10.   800
    −673

▶ Destrezas

Halla la suma o la diferencia. (páginas 56–57, 62–65)

11.   415
    +449

12.   600
    −168

13. $8.88
    + 2.22

14.   401
    −225

15.   254
      249
    +327

16. $7.00
    − 3.31

17.   112
    +459

18.   354
      219
    +372

19. $5.00
    − 2.25

20.   710
    −447

▶ Resolución de problemas

Halla la solución. (páginas 58–59)

ELIGE una estrategia y un método.

- Escribir un enunciado numérico
- Estimar y comprobar
- Hacer un dibujo
- Hacer una tabla

 Lápiz y papel   Calculadora   A mano   Cálculo mental

21. Cathy y Steve tienen 26 muñequitos. Cathy tiene 2 muñequitos más que Steve. ¿Cuántos muñequitos tiene cada uno?

22. Martha tiene 16 años más que su hermana. Si su hermana tiene 15, ¿cuántos años tiene Martha?

23. Carmen tiene 18 canicas. Dan tiene 14 más que Carmen. ¿Cuántas canicas tiene Dan?

24. Keith tiene 49 estampillas en un libro. En otro libro tiene 84 estampillas. ¿Cuántas estampillas menos hay en el primer libro que en el segundo?

Preparación para la prueba

Elige la mejor respuesta.

1. Por la mañana Marva plantó 27 bulbos de tulipanes y 23 de narcisos. Al final del día había plantado 62 bulbos en total. ¿Cuántos plantó por la tarde?

   A 22 **B** 12 **C** 10 **D** 25

2. Jan tiene 10 años. John tiene 2 años menos que Jan. ¿Cuál es la suma de sus edades?

   F 12 **G** 8 **H** 18 **J** 22

3. María ya había viajado 3 millas en el autobús cuando Carmen subió. Viajaron 6 millas más y Paul subió al autobús. Viajaron 3 millas más hasta la escuela. ¿Cuántas millas hay de la parada de María hasta la escuela?

   A 12 mi **B** 9 mi
   C 6 mi **D** 11 mi

4. Kim practicó piano 35 minutos el miércoles y 50 minutos el sábado. ¿Cuántos minutos más practicó el sábado?

   F 30 min **G** 35 min
   H 20 min **J** 15 min

5. 461
   −132

   A 319 **B** 329
   C 331 **D** 333

6. Esta tabla muestra la cantidad de objetos recogidos por cada escuela para la feria municipal.

FERIA MUNICIPAL	
Escuela	Número de objetos
Jackson	398
Hale	387
Tobin	390

   ¿Cuántos objetos se recogieron en total?

   F 975 **G** 1,175
   H 1,075 **J** 1,050

7. Lily tenía $150. Su abuela le dio $125 por su cumpleaños y sus padres $75. ¿Cuánto dinero tiene en total?

   A $350 **B** $275
   C $325 **D** $400

8. James tiene 340 tarjetas de béisbol. Puso 175 en una caja. ¿Cuántas dejó fuera?

   F 150 **G** 155 **H** 165 **J** 175

9. La primera película duró 128 minutos. La segunda duró 154 minutos. ¿Aproximadamente cuánto duraron las dos películas en total?

   A 100 min
   B 200 min
   C 300 min
   D 400 min

DIVERSIÓN

JUEGO DE DOBLES

PROPÓSITO Practicar estrategias para sumar con dobles

MATERIALES 2 flechas giratorias en blanco divididas en 6 secciones, conjunto de bloques de base diez

Juega en un grupo pequeño. Prepara dos flechas giratorias como las que aparecen en la ilustración. Cuando te toque el turno, haz girar las dos flechas y suma tal como indiquen las

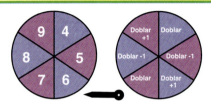

flechas. Toma ese número de bloques de unidades. Si tienes suficientes bloques para formar una decena, intercámbialos por un bloque de decenas. Después de cinco turnos, comparen los bloques para ver qué jugador tiene más.

ADIVINA MI REGLA

PROPÓSITO Practicar la suma y la resta

Halla los números que faltan en las tablas. Fíjate en los números de la columna *Entra*. ¿Qué regla se usó para hallar los de la columna *Sale*? Crea tus propios patrones. Pide a un compañero de clase que adivine tus reglas.

ENTRA	SALE
3	7
4	9
5	11
6	?
7	?
8	?

ENTRA	SALE
21	12
20	11
19	10
18	?
17	?
16	?

PARA LA CASA Inventa algunos patrones para que tu familia intente hacer el ejercicio en casa.

ESTADO CRÍTICO

PROPÓSITO Practicar la suma y la resta de números de 3 dígitos

MATERIALES 3 cubos numerados, de colores distintos, para representar las centenas, decenas y unidades; tabla de valor posicional; lápiz

Juega con un compañero. Cuando sea tu turno tira los

cubos y anota el número de 3 dígitos en la tabla. Vuelve a tirar los cubos y anota el nuevo número debajo del anterior. Decide si puedes sumar o restar. Si la respuesta es correcta consigues un punto.

C	D	U

Sumar y restar números grandes

Hay 212 cebras, 359 búfalos y 1,425 flamencos en la charca. ¿Cuántos animales hay en total?

Puedes usar la TI-108 u otra calculadora para resolver el problema.

Entonces, el número total de animales en la charca es 1,996.

• ¿Cómo puedes asegurarte que la respuesta de la calculadora es correcta?

¿Cuántos más flamencos que cebras hay?

Entonces, hay 1,213 más flamencos que cebras.

▶ PRÁCTICA

Halla la suma o la diferencia.

1. $\begin{array}{r} 3{,}178 \\ +2{,}045 \end{array}$

2. $\begin{array}{r} 6{,}255 \\ -1{,}722 \end{array}$

3. $\begin{array}{r} 4{,}806 \\ +3{,}977 \end{array}$

4. $\begin{array}{r} 3{,}178 \\ -2{,}045 \end{array}$

Usar la calculadora. Halla la solución.

5. Hay 1,124 gacelas pastando. Llegan 389 más. ¿Cuántas gacelas hay en total?

6. El río Congo tiene una longitud de 2,716 millas. El río Nilo tiene una longitud de 4,145 millas. ¿Cuánto más largo es el río Nilo?

Repaso y guía de estudio

Repaso del vocabulario

Completa las oraciones eligiendo un término del recuadro.

VOCABULARIO

- **dobles**
- **contar hacia atrás**
- **contar hacia adelante**
- **cero**

1. Cuando uno de los sumandos es 1, 2 ó 3, puedes _?_ para hallar la suma. **(página 2)**

2. Cuando ambos sumandos son iguales, se dice que estás sumando _?_ . **(página 4)**

3. Cuando restas _?_ de un número, la diferencia es ese número. **(página 10)**

4. Cuando restas 1, 2 ó 3, puedes _?_ para hallar la diferencia. **(página 10)**

Estudia y resuelve

CAPÍTULO 1

EJEMPLO

Halla la diferencia.

$$\begin{array}{r} 11 \\ -\ 3 \\ \hline 8 \end{array}$$

1. Elige un método.
2. Cuenta hacia atrás para hallar la diferencia.
3. Cuenta: 11...10, 9, 8.
   Entonces, $11 - 3 = 8$.

Usa el orden de los sumandos para escribir otra operación de suma. **(páginas 6–7)**

5. $4 + 7 = 11$, entonces _?_ + _?_ = _?_

Halla la suma o la diferencia en los Problemas 6–7. **(páginas 2–7, 10–11)**

6. $\begin{array}{r} 8 \\ +\ 8 \\ \hline \end{array}$

7. $\begin{array}{r} 18 \\ -\ 9 \\ \hline \end{array}$

Halla la solución. **(páginas 10–11)**

8. Mireya tiene 15 creyones. Lani tiene 9 creyones. ¿Cuántos creyones más tiene Mireya?

CAPÍTULO 2

EJEMPLO

Halla la suma.

$$\begin{array}{r} \overset{1}{5}9 \\ +35 \\ \hline 94 \end{array}$$

1. Suma las unidades. $9 + 5 = 14$
2. Reagrupa. $14 = 1$ decena + 4 unidades
3. Suma las decenas.

Agrupa los sumandos. Halla la suma. **(páginas 18–19)**

9. $5 + 5 + 8 =$ _?_

Halla la suma para resolver los Problemas 10–11. **(páginas 20–23)**

10. $\begin{array}{r} 29 \\ +71 \\ \hline \end{array}$

11. $\begin{array}{r} 15 \\ +77 \\ \hline \end{array}$

Redondea para estimar la suma o la diferencia en los Problemas 12–13. **(páginas 24–27)**

12. $\begin{array}{r} 42 \\ +57 \\ \hline \end{array}$

13. $\begin{array}{r} 79 \\ -23 \\ \hline \end{array}$

Halla la solución. (páginas 28–31)

14. El Sr. Rey tiene que calificar 25 exámenes de matemáticas y 26 de ortografía. ¿Cuántos exámenes tiene que calificar el Sr. Rey en total?

CAPÍTULO 3

EJEMPLO

Halla la diferencia.

$$\begin{array}{r} \overset{7\ 10}{\cancel{80}} \\ -\ 24 \\ \hline 56 \end{array}$$

1. Reagrupa. 80 = 7 decenas y 10 unidades
2. Resta las unidades.
3. Resta las decenas.

Halla la diferencia para resolver los Problemas 15–18. (páginas 38–43)

15.
$$\begin{array}{r} 40 \\ -26 \\ \hline \end{array}$$

16.
$$\begin{array}{r} 64 \\ -37 \\ \hline \end{array}$$

17.
$$\begin{array}{r} 90 \\ -85 \\ \hline \end{array}$$

18.
$$\begin{array}{r} 51 \\ -26 \\ \hline \end{array}$$

Halla la solución. (páginas 44–47)

19. Juan le dio a Dana 8 autos de juguete y Dana le dio 4 a Juan. Ahora Juan tiene 47 ¿Cuántos tenía al principio?

CAPÍTULO 4

EJEMPLO

Halla la suma.

$$\begin{array}{r} \overset{1\ \ 1}{\$7.77} \\ +\ 3.33 \\ \hline \$11.10 \end{array}$$

1. Alinea los puntos decimales.
2. Suma de derecha a izquierda.
3. Reagrupa si es necesario.

Halla la suma o la diferencia para resolver los Problemas 20–23. (páginas 52–57, 62–65)

20.
$$\begin{array}{r} \$4.54 \\ +\ 5.46 \\ \hline \end{array}$$

21.
$$\begin{array}{r} 251 \\ 138 \\ +621 \\ \hline \end{array}$$

22.
$$\begin{array}{r} 701 \\ -325 \\ \hline \end{array}$$

23.
$$\begin{array}{r} 610 \\ -548 \\ \hline \end{array}$$

Halla la solución. (páginas 58–59)

24. La suma de dos números es 27. Su diferencia es 3. ¿Cuáles son los dos números?

25. Laura hizo 70 llaveros. El sábado hizo 10 llaveros más que el viernes. ¿Cuántos llaveros hizo cada día?

26. Carly compró tres tarjetas de felicitación por $1.25, $2.35 y $1.50. ¿Cuánto gastó?

27. Héctor tenía $5.00. Compró leche por $1.59, huevos por $1.89 y pan por $1.49. ¿Cuánto gastó? ¿Cuánto cambio recibió?

28. Hay 120 estudiantes en el coro. Este año se apuntaron 34 estudiantes. ¿Cuántos estudiantes había el año pasado?

Evaluación del rendimiento

Conceptos: Demuestra lo que sabes

1. Explica una estrategia que puedas usar para hallar la diferencia en cada operación. Escribe la diferencia.

$11 - 2 = \underline{\ ?\ }$ $9 - 7 = \underline{\ ?\ }$

Explica por qué saber que $5 + 9 = 14$ te sirve para resolver esta operación:

$$14 - 9 = \underline{\ ?\ }$$

Escribe la diferencia.
(páginas 10–11, 12–13)

2. Usa bloques de base diez para hallar la suma. Haz un dibujo que muestre cada paso y escribe la suma.

(páginas 22–23)

$$\begin{array}{r} 35 \\ +28 \\ \hline \end{array}$$

3. Usa bloques de base diez para hallar la diferencia. Haz un dibujo que muestre cada paso y escribe la diferencia.
(páginas 40–41)

$$\begin{array}{r} 50 \\ -27 \\ \hline \end{array}$$

4. Explica una estrategia que podrías usar para resolver el problema y halla la solución. En una escuela hay 60 estudiantes de tercer grado. Hay 10 niñas más que varones. ¿Cuántas niñas y cuántos varones hay en tercer grado? **(páginas 58–59)**

Resolución de problemas

Halla la solución. Explica el método que usaste.

ELIGE una estrategia y un método.

- **Estimar y comprobar**
- **Hacer una tabla**
- **Volver sobre los pasos**
- **Escribir un enunciado numérico**

 Lápiz y papel   Calculadora   A mano   Cálculo mental

5. Ed tiene dos flechas giratorias con los números 1, 2 y 3. Escribe los enunciados de suma que Ed puede escribir usando esos números. **(páginas 8–9)**

6. Un autobús tiene 20 asientos. En el autobús hay 9 niñas y 8 varones. ¿Cuántas personas hay en total? ¿Cuántos asientos están vacíos? **(páginas 30–31)**

7. Rick regaló 6 tarjetas de béisbol a Len y 5 a Rosa. Ahora tiene 29 tarjetas. ¿Cuántas tarjetas tenía al principio? **(páginas 46–47)**

8. Nova y Sam tienen 35 revistas. Nova tiene 5 más que Sam. ¿Cuántas revistas tiene cada uno? **(páginas 58–59)**

Repaso acumulativo

Halla la solución del problema. Luego escribe la letra de la respuesta correcta.

1. $7 + 4 + 6 = \underline{\ ?\ }$

  A. 16   **B.** 17

  C. 18   **D.** 70

(páginas 18–19)

2.
$$\begin{array}{r} 69 \\ +24 \\ \hline \end{array}$$
  A. 45
  B. 83
  C. 93
  D. 94

(páginas 22–23)

3.
$$\begin{array}{r} 56 \\ +64 \\ \hline \end{array}$$
  A. 12
  B. 100
  C. 110
  D. 120

(páginas 22–23)

Redondea cada número hasta la decena más próxima para resolver los Problemas 4–6. (páginas 24–27)

4. 63
  A. 6
  B. 60
  C. 70
  D. 100

5. 35
  A. 4
  B. 10
  C. 30
  D. 40

6. 78
  A. 90
  B. 80
  C. 8
  D. 70

Redondea para estimar la suma.

7.
$$\begin{array}{r} 32 \\ +59 \\ \hline \end{array}$$
  A. 70
  B. 80
  C. 90
  D. 100

(páginas 24–27)

Halla la solución.

8.
$$\begin{array}{r} 50 \\ -36 \\ \hline \end{array}$$
  A. 14
  B. 24
  C. 26
  D. 86

(páginas 38–43)

9.
$$\begin{array}{r} 65 \\ -58 \\ \hline \end{array}$$
  A. 6
  B. 7
  C. 17
  D. 123

(páginas 38–43)

10.
$$\begin{array}{r} 675 \\ +438 \\ \hline \end{array}$$
  A. 237
  B. 1,003
  C. 1,113
  D. 1,114

(páginas 52–53)

11.
$$\begin{array}{r} \$9.75 \\ +\ 4.25 \\ \hline \end{array}$$
  A. $14.00
  B. $4.50
  C. $13.00
  D. $5.50

(páginas 52–53)

12.
$$\begin{array}{r} \$8.00 \\ -\ 6.98 \\ \hline \end{array}$$
  A. $1.02
  B. $2.02
  C. $2.98
  D. $14.98

(páginas 56–57, 62–65)

5 DECIR LA HORA

LA CIENCIA Y LOS NÚMEROS

Un reloj de agua egipcio es una vasija con orificios por donde escapa el agua. Las marcas hechas en el exterior de la vasija indican el nivel del agua y cuánto tiempo ha pasado.

Contar los minutos

En un reloj cada una de las pequeñas marcas indica un minuto. Haz un reloj con platos de papel.

MATERIALES: 2 platos de papel de 9 pulgadas con los bordes ondulados, tijeras, lápiz, papel, marcadores, cartulina, gancho de patitas, engrapadora

- Marca un surco en el borde del plato. Cuenta 2 surcos y marca el próximo surco. Cuenta 4 surcos y marca el próximo. Sigue marcando hasta dar toda la vuelta al plato.

- Corta por las líneas que marcaste, dobla las lengüetas debajo del plato y escribe los números del 1 al 12 junto a cada espacio recortado.

- Sujeta con el gancho una manecilla azul para el minutero y una roja para el horario. Pega el reloj a un trozo de cartulina. Escribe un cero encima del 12 y, cuenta de cinco en cinco, anota los números alrededor del reloj.

- Indica una hora determinada en el reloj. Escribe la hora.

¿TE ACORDASTE DE

☑ hacer un reloj de papel?

☑ seguir todas las instrucciones?

☑ indicar una hora determinada en el reloj y escribirla?

Comprender el reloj

¿Por qué es importante? Podrás usar lo que sabes sobre minutos y horas para decir la hora.

Andrew debe tomar el autobús de la escuela a las ocho en punto.

La manecilla más corta de un reloj, el **horario**, marca la hora. El horario tarda una hora en desplazarse de un número al siguiente.

La manecilla más larga de un reloj, el **minutero**, marca los minutos. El minutero tarda una hora en dar la vuelta al reloj.

Observa los relojes. Ambos indican la misma hora.

horario   minutero

reloj analógico

horas minutos

8:00

reloj digital

Se dice: ocho en punto   **Se escribe:** 8:00

Explica lo que sabes

- ¿Cuántas horas tarda el horario en dar una vuelta entera al reloj?

- ¿Qué sucede con el minutero cuando el horario se desplaza del 8 al 9?

Hay cinco marcas de minuto entre cada número del reloj. Cuenta de cinco en cinco para hallar la cantidad de minutos que hay en una vuelta completa al reloj.

▶ **COMPRUEBA**

1. ¿Cuántos minutos hay en una hora? Explica cómo lo sabes.

RECUERDA:

Un *reloj analógico* indica la hora en punto cuando el minutero está en el 12. Un *reloj digital* indica la hora en punto cuando en los minutos aparece 00.

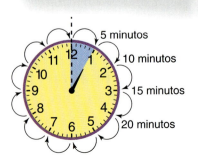

5 minutos
10 minutos
15 minutos
20 minutos

Indica cómo dirías la hora. Escribe la hora.

2.  **3.**  **4.**  **5.**

Escribe cuántas marcas de minuto se ha desplazado el minutero. Cuenta de cinco en cinco.

6.  **7.**  **8.**  **9.**

Resolución de problemas • Aplicaciones mixtas

10. Observación Carmen mira el reloj. El horario está en el número 9. El minutero está en el número 2. ¿Qué hora es?

11. Medidas Para ir a la playa la familia Li recorre 269 millas en auto. La familia Fox recorre 357 millas. ¿Cuántas millas más recorren los Fox?

12. Luis contó 5 pájaros en un árbol, 4 pájaros en la hierba y 7 volando. ¿Cuántos pájaros contó Luis en total?

13. **Escribe un problema** sobre un minutero que se desplaza 15 minutos en el reloj. Dibuja el reloj.

Repaso y preparación para las pruebas

Halla la diferencia. Reagrupa si es necesario. (páginas 38–39)

14. 91
 −16

15. 21
 −11

16. 75
 −43

17. 68
 −59

18. 87
 −46

Elige la letra de la suma o la diferencia correcta. (páginas 44–45)

19. 42   **A** 51 **B** 60
 +29   **C** 61 **D** 71

20. 66   **F** 30 **G** 29
 −37   **H** 20 **J** 21

21. 84   **A** 120 **B** 100
 +26   **C** 110 **D** 125

Estimar los minutos y las horas

VOCABULARIO
minutos
horas

¿Por qué es importante? Podrás planear de antemano, si sabes cuánto tiempo se tarda en hacer algo.

Fernando va al cine con un amigo y su madre los lleva en auto. ¿Cuándo deberá regresar su madre para recogerlos: en 2 minutos o en 2 horas?

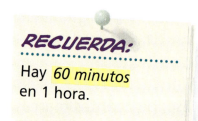

RECUERDA:
Hay *60 minutos* en 1 hora.

Los **minutos** miden una cantidad corta de tiempo. La clase tarda un minuto en ponerse en fila.

Los **horas** miden cantidades más largas de tiempo. La clase de matemáticas dura cerca de una hora.

Como una película dura más tiempo, la madre de Fernando deberá regresar en aproximadamente 2 horas.

EJEMPLOS

A Aproximadamente en 1 minuto puedes
• atarte los cordones de los zapatos.
• peinarte.

B Aproximadamente en 1 hora puedes
• escuchar un CD.
• prepararte para ir a la escuela.

Explica lo que sabes

• ¿Qué otras cosas puedes hacer aproximadamente en un minuto? ¿Y en una hora?

• ¿Cuánto tiempo estás en la escuela: horas o minutos? ¿Cuánto tiempo tardas en cepillarte los dientes?

Fernando y Jan en el cine.

▶ **COMPRUEBA**

Escribe *minutos* u *horas* para completar cada oración.

1. El simulacro de incendio duró 10 _?_ .

2. La familia Finn se fue de viaje. Viajaron en auto durante 2 _?_ .

Escribe *más de* o *menos de.*

3. Se tarda _?_ una hora en bañar un perro.

4. Se tarda _?_ un minuto en lavar los platos.

Elige la mejor estimación de tiempo para cada actividad.

5. cocinar una cena   30 minutos o 30 horas

6. ver un partido de   4 minutos o 4 horas
   fútbol americano

7. barrer el piso   10 minutos o 10 horas

Indica si el tiempo estimado tiene sentido.
Escribe *sí* o *no.*

8. Se tarda unos 20 minutos en comer un sándwich.

9. Se tarda unas 2 horas en sacarle punta al lápiz.

10. Cada noche duermes unos 8 minutos.

Resolución de problemas • Aplicaciones mixtas

11. Deportes Rosa jugó al rescate durante 35 min. Después jugó 45 min al béisbol. ¿Cuántos minutos jugó en total?

12. Cálculo mental Brent tenía 15 lápices. Regaló 6. ¿Cuántos lápices tiene ahora?

13. Razonamiento lógico Jerel fue en bicicleta hasta la casa de Dena. ¿Pedaleó 15 minutos o 15 horas?

14.  **Por escrito** Explica cómo puedes estimar si se tarda minutos u horas en hacer algo.

Repaso y preparación para las pruebas

Halla el total de la suma. (páginas 54–55)

15.	**16.**	**17.**	**18.**	**19.**
123	424	$1.20	$7.11	811
456	616	2.83	3.48	929
+789	+137	+ 5.44	+ 2.25	+634

Elige la letra de la diferencia correcta. (páginas 62–65)

20.   800   **A** 307   **B** 403
        −493   **C** 407   **D** 97

21. $6.00   **F** $4.55   **G** $3.43
        − 2.57   **H** $4.43   **J** $3.55

Hora exacta

Investigarás cómo decir la hora exacta.

Puedes usar un reloj con manecillas
para decir la hora exacta.

5 minutos

Cuando transcurren cinco minutos, el
minutero se desplaza de un número al otro.

1 minuto

Cuando transcurre un minuto, el minutero
se desplaza de una marca a la otra.

Para hallar los minutos que pasaron después de la
hora en punto, cuenta de cinco en cinco y de uno
en uno hasta la marca que indica el minutero.

5 minutos
10 minutos
15 minutos
20 minutos
25 minutos
26 minutos

Se dice: nueve y veintiséis o
26 minutos después
de las nueve.

Se escribe: 9:26

▶ EXPLORA

MATERIALES: relojes con manecillas

Halla la hora que indica cada reloj.

Anota

Anota todas las maneras de decir cada hora.

Luego escribe cada hora.

Ahora investiga cómo mostrar la hora con un reloj.

► INTÉNTALO

1. Muestra 4:33, 12:14 y 7:41 en un reloj. Dibuja relojes y muestra qué números señalan el horario y el minutero en cada caso.

3:32
Este reloj marca las tres y 32 minutos.

2. ¿Qué hora marca cada reloj?

3. 🖎 **Por escrito** ¿Por qué cuentas de cinco en cinco y de uno en uno para hallar los minutos que transcurrieron después de la hora en punto?

► PRÁCTICA

Indica cada una de las siguientes horas con un reloj. Haz un dibujo y muestra qué números señalan el horario y el minutero.

4. 1:19   **5.** 8:36   **6.** 7:52   **7.** 4:27

8. 10:49   **9.** 2:44   **10.** 11:13   **11.** 5:28

Escribe la hora.

12.    **13.**    **14.**    **15.**

16.    **17.**    **18.**

Tecnología

💿 Puedes utilizar un reloj analógico para decir la hora usando E-Lab, Actividad 5. Disponible en CD-ROM e Internet: www.hbschool.com/elab

Resolución de problemas
• Aplicaciones mixtas

19. Razonamiento El minutero de un reloj marca 16 minutos después de la hora. ¿Cuántos minutos marcará dentro de 15 minutos?

20. Sentido numérico En el equipo de Dylan había 26 jugadores. Pero 11 jugadores se fueron del equipo y se unieron 8 jugadores nuevos. ¿Cuántos jugadores hay ahora?

Minutos después de la hora

¿Por qué es importante? Podrás ser puntual cuando tengas que estar en un lugar a una hora determinada.

Estos relojes marcan la hora de la clase de arte del Sr. Allen.

Se dice: diez y treinta o 30 minutos después de las diez

Se escribe: 10:30

Estos relojes marcan la hora del almuerzo de la clase del Sr. Allen.

Se dice: once y cuarenta y cinco o 45 minutos después de las once

Se escribe: 11:45

Estos relojes marcan la hora del recreo de la clase del Sr. Allen.

Se dice: once y quince o 15 minutos después de las once

Se escribe: 11:15

Estos relojes marcan la hora en que la clase del Sr. Allen regresa del almuerzo.

Se dice: doce y dieciocho o 18 minutos después de las doce

Se escribe: 12:18

Observa que

⇨ el horario se desplaza de un número al otro al mismo tiempo que el minutero se desplaza por toda la esfera.

▶ **COMPRUEBA**

Indica dónde se encuentra el horario en cada una de estas horas.

1. 30 minutos después de las diez

2. 15 minutos después de las once

3. 45 minutos después de las once

Tecnología

Puedes contar salteado con el juego *Annie's Jungle Trail* de **Mighty Math Zoo Zillions.** Usa Grow Slide Nivel G.

Escribe las dos maneras en que puedes leer la hora.

4.    **5.**    **6.**    **7.**

Escribe la hora.

8.    **9.**    **10.**    **11.**

Indica dónde debe estar el horario.

12.    **13.**    **14.**    **15.**

4:05   6:32   3:48   10:56

Resolución de problemas • Aplicaciones mixtas

16. Razonamiento Marybeth estudió durante 60 minutos y después leyó un libro durante 35 minutos. ¿Cuánto tiempo pasó Marybeth estudiando y leyendo? ¿Cuántos minutos más pasó estudiando?

18. Observación La clase del Sr. Morgan tiene música a las dos y quince. Escribe la hora e indica dónde está el horario.

17. Música La clase de la Srta. Brennan tiene 30 minutos de música los lunes y 45 los viernes. ¿Cuántos minutos de música tienen a la semana?

19. 🔖 **Por escrito** Mientras el minutero da una vuelta entera al reloj, ¿cuánto se desplaza el horario?

LA LECCIÓN CONTINÚA ▷

Estrategia para resolver problemas: Representar

▶ **PROBLEMA** Elena saca a pasear el perro todos los días después de la escuela. Ella y el perro salen de casa a las cuatro en punto y regresan 42 minutos después de las 4. ¿Dónde están las manecillas del reloj cuando regresan?

RECUERDA:

COMPRENDER
PLANEAR
RESOLVER
REVISAR

COMPRENDER

- ¿Qué debes hacer?

- ¿Qué información vas a usar?

- ¿Hay alguna información que no vas a usar? Si es así, ¿cuál?

PLANEAR

- ¿Qué estrategia puedes usar?

  Puedes *representar* la hora con un reloj.

RESOLVER

- ¿Cómo puedes resolver el problema?

  Usa un reloj que tenga horario y minutero.

  Indica 4:00 en el reloj.

  Cuenta de cinco en cinco hasta 40 moviendo el minutero de número en número. Cuenta de uno en uno hasta 42 moviendo el minutero de marca a marca. Pon el horario entre el 4 y el 5, pero más cerca del 5.

  Entonces, las manecillas del reloj quedan en esta posición cuando Elena y el perro regresan a casa.

REVISAR

- ¿Cómo puedes saber si tu respuesta tiene sentido?

- ¿Qué otra estrategia puedes usar?

Explica lo que sabes

¿Cómo sabes qué números son impares?

Puedo decir si un número es par o impar mirando las unidades.

▶ INTÉNTALO

1. Cuenta de tres en tres hasta llegar a 100 en la tabla de cien. Pinta las casillas de verde. Describe el patrón que ves.

2. 🖊 **Por escrito** ¿Cómo puedes usar la tabla de cien para hallar el resultado de 73 + 4?

▶ PRÁCTICA

Responde a cada pregunta. Usa una tabla de cien.

3. Cuenta de dos en dos 5 veces. ¿Dónde estás?

4. Cuenta de dos en dos 15 veces. ¿Dónde estás?

5. Cuenta de tres en tres 4 veces. ¿Dónde estás?

6. Cuenta de cinco en cinco 10 veces. ¿Dónde estás?

Escribe el número. Indica si es *impar* o *par*.

7. 17	**8.** 11	**9.** 22	**10.** 30
11. 76	**12.** 940	**13.** 315	**14.** 8,135
15. 2,136	**16.** 817	**17.** 1,313	**18.** 999

Tecnología

💿 Puedes descubrir patrones numéricos usando E-Lab, Actividad 8. Disponible en CD-ROM e Internet: www.hbschool.com/elab

Resolución de problemas
• Aplicaciones mixtas

19. **Dinero** Geoff tiene 5 monedas de 10¢ y 2 monedas de 1¢. Para comprar algo de la máquina expendedora de golosinas puede usar solamente monedas de 25¢. ¿Cuántas monedas de 25¢ puede recibir Geoff por las monedas que tiene?

20. **Patrones** Las casas de la calle Quinn tienen los números 1, 5, 9, 13 y 17. ¿Cuáles son los números de las próximas tres casas?

Patrones de diez

¿Por qué es importante? Podrás usar estos patrones numéricos para contar salteado, por ejemplo contar grupos de 10 adhesivos.

Devon tenía 23 adhesivos. Compró 3 paquetes de 10 adhesivos cada uno. ¿Cuántos adhesivos tiene Devon ahora?

¿Cuánto es $23 + 10 + 10 + 10$?

- Suma los números.
  $23 + 10 + 10 + 10 = 53$

- Cuenta de diez en diez.
  23, 33, 43, 53

- Cuenta de diez en diez en la tabla de cien, empieza por 23 y baja por esa columna.

Entonces, Devon tiene 53 adhesivos.

1	2	3	4	5	6	7	8	9	10
11	12	13	14	15	16	17	18	19	20
21	22	23	24	25	26	27	28	29	30
31	32	33	34	35	36	37	38	39	40
41	42	43	44	45	46	47	48	49	50
51	52	53	54	55	56	57	58	59	60
61	62	63	64	65	66	67	68	69	70
71	72	73	74	75	76	77	78	79	80
81	82	83	84	85	86	87	88	89	90
91	92	93	94	95	96	97	98	99	100

Explica lo que sabes RAZONAMIENTO CRÍTICO

- Si Devon hubiese comprado 4 paquetes más de 10 adhesivos cada uno, ¿cómo podrías hallar el total de adhesivos?

- ¿De qué manera los patrones de diez te ayudan a restar de 81 cinco grupos de diez? Explica.

▶ COMPRUEBA

Usa patrones de diez para hallar la suma o la diferencia.

1. $36 + 10 + 10$
2. $24 + 20$
3. $45 - 10 - 10$
4. $68 - 30$
5. $57 + 30$
6. $81 - 40$

Usa patrones de diez para hallar la suma o la diferencia.

7. $71 + 10 + 10$ **8.** $68 + 10 + 10$ **9.** $32 + 20$

10. $57 + 30$ **11.** $42 + 30$ **12.** $51 + 40$

13. $12 + 40$ **14.** $42 - 30$ **15.** $74 - 20$

16. $56 - 10$ **17.** $87 - 10 - 10$ **18.** $63 - 30$

Resolución de problemas • Aplicaciones mixtas

Usa los adhesivos de la ilustración para resolver
los Problemas 19, 20 y 23.

19. Val tenía 13 adhesivos y compró dos
hojas de adhesivos de corazones.
¿Cuántos adhesivos tiene ahora?

20. Val tiene 57 adhesivos. Si compra
una hoja de adhesivos de estrellas,
¿tendrá más o menos de 75 adhesivos?

21. Razonamiento lógico Maya está contando hacia
atrás de diez en diez: 80, 70, 60, 40, 30. Escribe
un enunciado para indicar el error que hizo.

22. Sentido numérico Soy un número entre
40 y 50. Si me restas varias decenas,
llegarás a 6. ¿Qué número soy?

23. ✏️ **Escribe un problema** con lo que ya sabes
sobre los adhesivos de corazones y estrellas
que aparecen en la ilustración de la derecha.

Tecnología

💿 Puedes aprender
más acerca de
números pares e
impares, contar
salteado y patrones
numéricos con el
juego *Annie's Jungle
Trail*, de **Mighty Math
Zoo Zillions**. Usa Grow
Slide Niveles M y R.

Repaso y preparación para las pruebas

Halla la diferencia. (páginas 40–41)

24. $\begin{array}{r} 60 \\ -25 \\ \hline \end{array}$ **25.** $\begin{array}{r} 40 \\ -18 \\ \hline \end{array}$ **26.** $\begin{array}{r} 50 \\ -37 \\ \hline \end{array}$ **27.** $\begin{array}{r} 80 \\ -41 \\ \hline \end{array}$ **28.** $\begin{array}{r} 70 \\ -53 \\ \hline \end{array}$

Elige la letra de la suma correcta. (páginas 54–55)

29. $\begin{array}{r} 371 \\ 259 \\ +465 \\ \hline \end{array}$ **A** 995   **B** 905
               C 1,005   **D** 1,095

30. $\begin{array}{r} \$2.45 \\ \$4.51 \\ +\$3.72 \\ \hline \end{array}$ **F** $11.08   **G** $10.08
               H $10.68   **J** $11.68

Usar números de referencia

VOCABULARIO
número de referencia

¿Por qué es importante? Podrás estimar el número de objetos, por ejemplo monedas de 1¢, canicas o frijoles.

¿Alguna vez has tratado de estimar el número de frijoles que hay en un frasco?

Compara los frijoles de estos tres frascos.

El frasco A tiene 10 frijoles que puedes contar.

El frasco B tiene 25 frijoles que podrías contar.

El frasco C tiene demasiados frijoles para poderlos contar.

Los **números de referencia** son números como 10, 25, 50 y 100 que te sirven para relacionarlos con otros números. Los números de referencia ayudan a hacer estimaciones sobre una cantidad de objetos sin necesidad de contarlos uno por uno.

- ¿Cuántos frijoles crees que hay en el frasco C: 14, 31 ó 52 frijoles? Explica cómo haces tu estimación.

▶ COMPRUEBA

1. ¿Cuántos frijoles estimas que hay en el frasco de la derecha? Explica cómo haces tu estimación.

2. Aproximadamente, ¿cuántos frijoles caben en el frasco de la derecha? Explica.

Haz una estimación del número de frijoles que hay en cada frasco.
Usa los frascos A–C de la página 136 como números de referencia.

3.

14, 35 ó 70

4.

8, 28 ó 60

5.

50, 100 ó 200

6.

30, 68 ó 95

7.

32, 63 ó 91

8.

21, 46 ó 70

Escribe *más* o *menos* en cada caso. Usa los frascos A–C de la página 136 como números de referencia para hacer tu estimación.

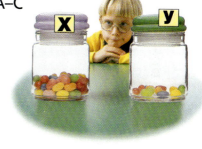

9. ¿Hay más o menos de 10 frijoles en el frasco X?

10. ¿Hay más o menos de 25 frijoles en el frasco Y?

Resolución de problemas • Aplicaciones mixtas

11. Estimación Observa el frasco de frijoles de Jeff. Él necesita 50 frijoles para un proyecto. ¿Tiene suficientes frijoles? Explica.

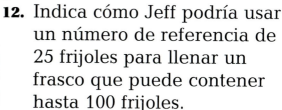

Frasco de Jeff

12. Indica cómo Jeff podría usar un número de referencia de 25 frijoles para llenar un frasco que puede contener hasta 100 frijoles.

13. Imagina que quieres poner unos 80 caramelos en una piñata. ¿Cómo podrías usar el 10 como número de referencia?

14. ✏️ **Escribe un problema** usando un número de referencia y los frijoles del frasco X y del frasco Y.

LA LECCIÓN CONTINÚA ▷

Estrategia para resolver problemas: Hacer un modelo

▶ **PROBLEMA** Staci y David están ahorrando monedas de 1¢ para usarlas en un nuevo juego. Los dos ahorraron más monedas de 1¢ de las que quisieran contar. ¿Cómo pueden hallar el total de monedas de 1¢ que ahorró cada uno?

RECUERDA:

COMPRENDER

- ¿Qué debes hallar?
- ¿Qué información vas a usar?
- ¿Hay alguna información que no vas a usar? Si es así, ¿cuál?

PLANEAR

- ¿Qué estrategia puedes usar?

  Puedes *hacer un modelo* para estimar cuántas monedas de 1¢ ahorró cada uno.

RESOLVER

- ¿Cómo puedes usar la estrategia para resolver el problema?

  Haz un modelo de dos frascos del mismo tamaño que los usados por Staci y David.

  Elige un número de referencia que represente las monedas de 1¢ del frasco, por ejemplo 100.

  Usa tu número de referencia para estimar la cantidad de monedas de 1¢ que hay en los frascos de Staci y de David.

  Entonces, David ahorró unas 200 monedas de 1¢, o unos $2.00. Staci ahorró unas 400 monedas de 1¢, o unos $4.00.

REVISAR

- ¿Cómo puedes saber si tu respuesta tiene sentido?
- ¿Cómo puedes comprobar que tu estimación es correcta?

Haz un modelo para hallar la solución.

1. Ana está poniendo caramelos en una cajita para regalárselos a un amigo. Ella puede agarrar de una vez un puñado de hasta 10 caramelos. ¿Cómo puede estimar cuántos caramelos usó para llenar la caja?

2. Brian tiene 5 monedas en la mano. Le dice a Abu que sus monedas son el equivalente de 42¢. ¿Cómo puede Abu determinar qué monedas tiene Brian en la mano?

3. Mary sumó 3 decenas a un conjunto de 9 decenas y 4 unidades. ¿Qué número indican las decenas y las unidades?

4. El cumpleaños de Sheila es dentro de 2 semanas. Hoy es 8 de octubre. ¿Qué día es el cumpleaños de Sheila?

Aplicaciones mixtas

Hallar la solución.

ELIGE una estrategia y un método.

- Hacer un modelo
- Representar
- Escribir un enunciado numérico
- Estimar y comprobar
- Volver sobre los pasos

Lápiz y papel   Calculadora   A mano   Cálculo mental

5. Wayne tenía $9.75 y gastó $4.98 en una pelota de softbol. ¿Cuánto tiene ahora?

6. Mia sacó cuatro puñados de monedas de 1¢. Ella puede agarrar de una vez hasta 25 monedas de 1¢. ¿Cuánto dinero aproximadamente sacó Mia?

7. El reloj señala la hora a la que Alan se despertó. Si Alan tarda 45 minutos en prepararse para ir a la escuela, ¿a qué hora salió?

8. Sammy y Jenny ahorraron $75. Sammy ahorró $15 más que Jenny. ¿Cuánto ahorró cada uno?

9. A Penny le quedan 8 cajas de galletas por vender. Comenzó con 20 cajas. ¿Cuántas cajas vendió hasta ahora?

10. Cuatro amigos están en una fila para comprar entradas. Andrew está delante de Ben. Renee está detrás de Ben. Andrew está detrás de Melanie. ¿Quién es el primero en la fila?

CAPÍTULO 8

Repaso/Prueba

▶ Comprensión

VOCABULARIO

1. Un número __?__ indica cantidad. Un número __?__ indica posición u orden. (página 128)

2. Los números que terminan en 0, 2, 4, 6 u 8 son números __?__ . Los que terminan en 1, 3, 5, 7 ó 9 son números __?__ (página 132)

3. Los __?__ son números como 10, 25, 50 y 100 que se usan para relacionarlos con otros números. (página 136)

Escribe el número. Indica si es *impar* o *par*. (páginas 132–133)

4. 16   **5.** 29   **6.** 38   **7.** 68   **8.** 191   **9.** 1,473

▶ Destrezas

Usa la palabra *NÚMERO* para responder a cada pregunta. Indica si es un número *cardinal* u *ordinal*. (páginas 128–129)

10. ¿Cuántas letras hay en la palabra?

11. ¿Qué posición ocupa la letra *Ú*?

Usa patrones de diez para hallar la suma o la diferencia. (páginas 134–135)

12. 23 + 10 + 10

13. 48 − 10 − 10

Escribe *verdadero* o *falso*. Convierte las oraciones falsas en verdaderas. (páginas 130–131)

14. Hay 10 unidades en una decena.

15. Hay 10 monedas de 1¢ en 1 dólar.

▶ Resolución de problemas

Halla la solución. (páginas 136–139)

ELIGE una estrategia y un método.

- Hacer un modelo
- Estimar y comprobar
- Escribir un enunciado numérico
- Volver sobre los pasos

 Lápiz y papel   Calculadora   A mano   Cálculo mental

16. Trey gastó $17 en un juego. Cuando regresó a la casa todavía le quedaban $15. ¿Cuánto dinero tenía al principio?

17. Nora usó una caja de baldosas. ¿Aproximadamente cuántas cajas más se necesitan para cubrir el piso?

Preparación para la prueba

Elige la mejor respuesta.

1. El Sr. Ricardo compró una bicicleta de segunda mano. Le costó $35. La pagó con dos billetes de $20. ¿Cuánto cambio recibió?

 A $20   **B** $25   **C** $15   **D** $5

2. Hannah va a depositar monedas en el banco. Puede llevar unas 20 monedas en la mano. ¿Cuántas monedas puede llevar al banco en 5 puñados?

 F 105   **G** 100   **H** 45   **J** 25

3. Jason es el quinto en la cola del cine. ¿Cuántas personas hay delante de él?

 A 2   **B** 6   **C** 4   **D** 5

4. La casa de Mei Ling es la número 34. Los números de las 3 casas siguientes son 36, 38 y 40. ¿Cuál es el número de la siguiente casa?

 F 32   **G** 42   **H** 52   **J** 22

5. Jared tiene 13 sellos. Ha comprado 2 cuadernillos con 20 sellos en cada uno. ¿Qué enunciado numérico representa cuántos sellos tiene ahora?

 A 13 + 2 + 20
 B 13 + 20 + 20
 C 13 + 20 + 2
 D 20 + 20 + 2

6. Usa el calendario para hallar el tiempo transcurrido

Febrero						
Dom	Lun	Mar	Mié	Jue	Vie	Sáb
	1	2	3	4	5	6
7	8	9	10	11	12	13
14	15	16	17	18	19	20
21	22	23	24	25	26	27
28	29	30	31			

Hoy es 4 de febrero. Las vacaciones de Sue empiezan hoy y terminan dentro de 2 semanas. ¿Qué día terminan sus vacaciones?

 F 19 de feb   **G** 17 de feb
 H 18 de feb   **J** 25 de feb

7. Troy ha metido 25 monedas de 1¢ en un frasco. Estima el número de monedas de 1¢ que ha reunido Lisa.

 A 25   **B** 50   **C** 75   **D** 200

8.   800
      −459

 F 331   **G** 339   **H** 439   **J** 341

9. El vendedor de palomitas de maíz llenó 32 bolsas grandes y 29 pequeñas. ¿Cuántas bolsas llenó en total?

 A 57   **B** 41   **C** 61   **D** 51

9 VALOR POSICIONAL DE NÚMEROS ENTEROS

Hacer un censo es contar el número de personas que viven en un país. En un censo se recogen diferentes datos sobre la población. En 1790, en Estados Unidos vivían unos 4 millones de personas. En 1990 Estados Unidos tenía ya unos 249 millones de habitantes.

El censo

Un gobierno necesita saber cuántas personas viven en su país para anticipar los servicios que necesitarán. La población de Estados Unidos fue contada por primera vez en 1790. Desde entonces, cada 10 años se hace un nuevo censo.

Determina qué años fueron años de censo contando de diez en diez a partir de 1790.

- Dibuja una recta numérica desde 1790 a nuestros días.

- Marca todos los años de censo.

- Identifica el año en que fuiste contado por primera vez en el censo.

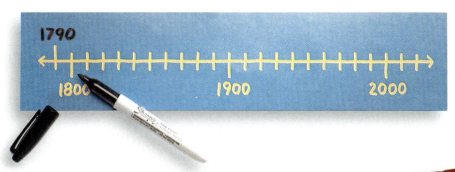

¿TE ACORDASTE DE

☑ contar de diez en diez desde 1790?

☑ dibujar y marcar una recta numérica con los años de censo usando la cuenta salteada?

☑ identificar el primer censo en que fuiste contado?

Valor de un dígito

¿Por qué es importante? Podrás entender el valor de los números que usas a diario, por ejemplo los que indican distancias.

Se llama **dígitos** a los símbolos 0, 1, 2, 3, 4, 5, 6, 7, 8 y 9. Los números formados por dígitos pueden nombrar distancias.

¿Sabías que el planeta Plutón necesita 248 años terrestres para dar una vuelta completa alrededor del Sol?

Indica 248 con bloques de base diez.

Centenas	Decenas	Unidades
2	4	8

RECUERDA:

Valor posicional es el valor de cada una de las posiciones en un número.

posición de las centenas ⎫
posición de las decenas ⎬ 248
posición de las unidades ⎭

Forma desarrollada: $200 + 40 + 8$

Forma normal: 248

Se lee: doscientos cuarenta y ocho

Entonces, 248 significa 2 centenas, 4 decenas y 8 unidades ó $200 + 40 + 8$ ó doscientos cuarenta y ocho.

Explica lo que sabes

- ¿Cuál es el valor de 3 en 375?

- ¿Cuál es la forma desarrollada de 527?

▶ COMPRUEBA

1. ¿Cuál es la forma normal de $800 + 10 + 9$?

2. ¿Cuáles son la forma desarrollada y la forma normal de trescientos setenta y cinco?

3. ¿Cuál es la forma desarrollada de 986?

LA CIENCIA Y LOS NÚMEROS

Plutón es un planeta muy frío porque está a mucha distancia del Sol. Este planeta fue descubierto en 1930, es decir hace unos 70 años. ¿Cuál es el valor de 7 en 70?

Escribe la forma desarrollada y la forma normal del número que indican los bloques de base diez.

4.

5.

6.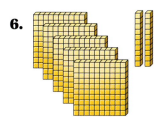

Escribe la forma desarrollada de cada número.

7. 349   **8.** 819   **9.** 704   **10.** 625   **11.** 731   **12.** 540

Escribe el valor del dígito en azul.

13. 8**4**6   **14.** **2**67   **15.** 49**3**   **16.** **9**23

17. 1**9**1   **18.** **3**07   **19.** 16**9**   **20.** 85**0**

21. **1**80   **22.** 4**1**8   **23.** **5**76   **24.** 2**0**1

Resolución de problemas • Aplicaciones mixtas

25. Estudios sociales Yvette vive en un pueblo de 748 habitantes. El año pasado había 10 personas más viviendo en el pueblo. ¿Cuántas personas vivían en el pueblo el año pasado?

26. Razonamiento Un artista necesita 382 azulejos para cubrir una pared de mosaicos. Compra 3 cajas de 100 mosaicos cada una y 2 mosaicos sueltos. ¿Cuántas cajas de 10 mosaicos necesita?

27. Li hace con bloques un modelo del número 453. Joy le da 2 bloques más de base diez. ¿Cuál es el valor de los bloques de Li ahora?

28. ✏️ **Por escrito** Bev piensa que 300 + 2 es 32. Arthur piensa que 300 + 2 es 302. ¿Quién tiene razón? Explica.

Repaso y preparación para las pruebas

Halla la suma. (páginas 4–5)

29. 6 + 7 = __?__   **30.** 3 + 2 = __?__   **31.** 4 + 4 = __?__

Elige la letra de la hora correcta. (páginas 76–77)

32.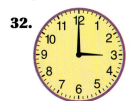
A 12:00
B 12:15
C 3:00
D 3:15

33.
F 9:00
G 8:00
H 8:40
J 12:40

34.
A 12:00
B 2:00
C 11:00
D 1:00

Comprender millares

Investigarás el tamaño de 1,000.

Puedes mostrar 100 usando un bloque de centenas o un papel cuadriculado de diez por diez. ¿Cómo puedes mostrar 1,000?

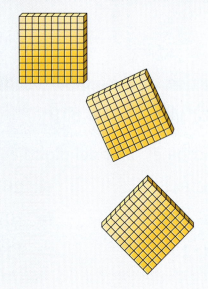

▶ EXPLORA

MATERIALES: bloques de base diez, cuadrículas de papel de 10 por 10, pegamento, engrapadora

Usa bloques de base diez para construir un modelo de 1,000. Luego forma un libro de 1,000 cuadrados para indicar lo que hiciste.

- Determina cuántos bloques de centenas vas a necesitar.

- Apila los bloques hasta que hayas formado un cubo de 1,000.

- Usa una cuadrícula de 10 por 10 por cada bloque de centenas que hayas usado.

- Pega cada cuadrícula en una hoja de papel aparte. Engrapa las hojas y numéralas en el extremo inferior.

- Numera los cuadrados de las cuadrículas de 1 a 1,000 de la manera que más te guste. Asegúrate de que puedes encontrar la posición de cualquier número en el libro.

Anota

Explica cómo numeraste tus cuadrados.

Explica lo que sabes

- ¿Cuántos bloques de centenas necesitaste para construir un bloque de millares?

- ¿Por qué la cantidad de bloques de centenas es igual a la cantidad de páginas de tu libro de 1,000 cuadrados?

- Si numeraste cada cuadrado, ¿cuáles serían el primer y último números en la primera página del bloque? ¿Cuáles serían en la segunda página?

Tecnología

Puedes encontrar números cuya suma es 1,000 usando E-Lab, Actividad 9. Disponible en CD-ROM e Internet: **www.hbschool.com/elab**

▶ INTÉNTALO

Combina tu libro de 1,000 cuadrados con algunos de los libros de tus compañeros para hacer un libro de 3,000 cuadrados.

1. ¿Cuántos libros usaste?

2. **Por escrito** ¿Cuántos libros necesitarías para hacer un libro de 4,000 cuadrados? Explica por qué.

▶ PRÁCTICA

Observa tu libro de 1,000 cuadrados. Escribe el número de la página en que se encuentra cada uno de los siguientes números.

3. 87   4. 148   5. 317   6. 101

7. 599   8. 808   9. 618   10. 791

Resolución de problemas • Aplicaciones mixtas

Usa tu libro de 1,000 cuadrados para resolver los Problemas 11–13.

11. **Sentido numérico** Escribe tres números que podrían estar en la página 3.

12. Gina tiene 701 adhesivos. ¿En qué página de tu libro está el número 701?

13. **Por escrito** ¿Cuál es el número más grande de la quinta página de tu libro? Explica por qué.

Patrones de centenas y de millares

¿Por qué es importante? Podrás usar patrones numéricos para sumar y restar más fácilmente usando el cálculo mental.

¿Cuántos bloques tendrá Gene si suma 2 bloques de centenas a 146?

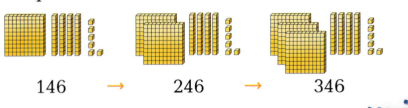

146 → 246 → 346

¿Cuánto es 146 + 200?

- Puedes sumar los números.
  146 + 100 + 100 = 346

- Puedes contar de 100 en 100.
  146, 246, 346

Entonces, Gene tendrá 346 bloques.

Explica lo que sabes

RAZONAMIENTO CRÍTICO ¿De qué manera los patrones de centenas y el cálculo mental te ayudan a hallar el total de la suma?

- Si Gene tuviera 2,945 bloques y les sumara 1 bloque de millares, ¿cuántos bloques tendría?

EJEMPLOS

Los patrones de centenas y millares te pueden ayudar a restar.

A	B
395	3,430
− 200	− 2,000
195	1,430

Piensa:
395 − 100 − 100

Piensa:
3,430 − 1,000 − 1,000

- En el ejemplo A, ¿de qué manera el patrón de las centenas te ayuda a restar 200 de 395? Explica tu respuesta.

Tecnología

Puedes practicar sumas y restas de centenas con el juego *Annie's Jungle Trail*, de **Mighty Math Zoo Zillions.** Usa Grow Slide Nivel T.

▶ COMPRUEBA

Usa patrones y cálculo mental para hallar la suma o la diferencia.

1. $212 + 300$ **2.** $498 - 200$ **3.** $2{,}119 - 1{,}000$

▶ PRÁCTICA

Usa patrones de centenas y millares para hallar la suma o la diferencia.

4. $612 + 300$ **5.** $226 + 100$ **6.** $515 + 200$

7. $456 + 200$ **8.** $887 + 100$ **9.** $702 + 400$

10. $804 - 100$ **11.** $761 - 300$ **12.** $299 + 300$

13. $624 - 400$ **14.** $598 - 500$ **15.** $946 - 300$

16. $3{,}218 + 1{,}000$ **17.** $2{,}914 + 3{,}000$ **18.** $4{,}123 + 2{,}000$

19. $5{,}002 + 4{,}000$ **20.** $8{,}217 - 1{,}000$ **21.** $6{,}459 - 1{,}000$

22. $9{,}801 - 8{,}000$ **23.** $5{,}305 - 5{,}000$ **24.** $7{,}119 - 3{,}000$

Resolución de problemas • Aplicaciones mixtas

25. Cálculo mental Hank tenía 200 clips. Luego compró 3 cajas de cien clips. ¿Cuántos clips tiene Hank ahora?

26.  **Escribe un problema** con lo que sabes de las cajas de clips.

Repaso y preparación para las pruebas

Usa patrones de diez para hallar la suma o la diferencia. (páginas 134–135)

27. $54 + 10 + 10$ **28.** $76 - 10 - 10$ **29.** $43 - 20$

30. $16 + 30$ **31.** $69 - 20$ **32.** $23 + 50$

Elige la letra de la hora correcta. (páginas 80–81)

33.
   A 3:30
   B 4:30
   C 5:30
   D 6:20

34.
   F 8:23
   G 6:23
   H 4:35
   J 7:23

35.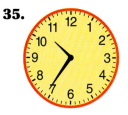
   A 11:36
   B 7:52
   C 10:36
   D 9:36

Comprender números grandes

¿Por qué es importante? Podrás comprender el tamaño y el valor de números grandes, y entonces podrás resolver problemas acerca del número de habitantes.

Hiciste un libro que muestra 1,000. ¿Cuántos libros de 1,000 necesitas para hacer un modelo de 10,000?

Dos 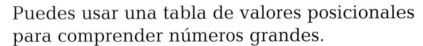 hacen 2,000.

Tres hacen 3,000.

Seis hacen 6,000.

Diez hacen 10,000.

Entonces, se necesitan diez libros de 1,000 para hacer un modelo de 10,000.

- ¿Cuántos libros de 1,000 necesitarías para hacer un modelo de 15,000? ¿Cuántos para hacer uno de 23,000?

Puedes usar una tabla de valores posicionales para comprender números grandes.

En 1990 en Estados Unidos nacieron 93,889 mellizos. ¿Qué valor tiene cada dígito?

Una coma separa el lugar de los millares y el de las centenas.

Decenas de millar	Millares	Centenas	Decenas	Unidades
9	3	8	8	9

90,000   +   3,000   +   800 + 80 +   9

Se dice: noventa y tres mil ochocientos ochenta y nueve

Explica lo que sabes

- ¿Qué representa el 9 en la primera columna?

- ¿Cuál es el valor del 3?

- ¿Cuántos libros de 1,000 se necesitarían para mostrar este número? Explica tu respuesta.

Compara esta tabla de valor posicional con la tabla de la página 150. ¿En qué se parecen? ¿En qué se diferencian?

Centenas de millar	Decenas de millar	Millares	Centenas	Decenas	Unidades
2	9	3 ,	8	8	9

200,000 + 90,000 + 3,000 + 800 + 80 + 9

Se dice: doscientos noventa y tres mil ochocientos ochenta y nueve

Explica lo que sabes

- ¿Qué representa el 2 de la primera columna?

- ¿Cuál es el valor del 9 en la segunda columna?

- Imagina que hubiera un 3 en la primera columna. ¿Cómo dirías ese número?

RAZONAMIENTO CRÍTICO ¿Cuántos libros de 1,000 se necesitan para formar este número? Explica tu respuesta.

▶ COMPRUEBA

Escribe cada número en forma normal.

1. 20,000 + 6,000 + 700 + 30 + 4

2. 300,000 + 20,000 + 6,000 + 700 + 40 + 4

3. quinientos sesenta y siete mil

4. doscientos cuarenta y seis mil ciento diez

Escribe cada número en forma desarrollada.

Centenas de millar	Decenas de millar	Millares	Centenas	Decenas	Unidades
5.			3	4	7
6.	2	5 ,	6	1	3
7. 3	1	4 ,	9	6	1
8.	4	2 ,	9	7	0

LA LECCIÓN CONTINÚA

Escribe cada número en forma normal.

9. $50,000 + 4,000 + 300 + 1$

10. $30,000 + 9,000 + 200 + 60 + 5$

11. $10,000 + 5,000 + 30 + 7$

12. $60,000 + 800 + 10 + 6$

13. $80,000 + 4,000 + 100 + 5$

14. $70,000 + 700 + 7$

15. $100,000 + 30,000 + 4,000 + 900 + 20 + 1$

16. $600,000 + 70,000 + 1,000 + 400 + 70 + 9$

17. cincuenta y cuatro mil novecientos veintiséis

18. setenta y un mil doscientos cuarenta y ocho

19. noventa mil trescientos sesenta y uno

20. catorce mil ochocientos veinte

21. treinta y seis mil setecientos cincuenta y cinco

22. ochenta y un mil cuatrocientos setenta y nueve

Escribe el valor del dígito en azul.

23. 81,465

24. 26,817

25. 43,912

26. 9,273

27. 52,391

28. 30,625

29. 16,509

30. 85,098

31. 18,350

32. 48,905

33. 57,623

34. 71,436

35. 62,417

36. 43,901

37. 78,396

38. 90,086

Resolución de problemas • Aplicaciones mixtas

39. Dinero Tara tenía 4,053 monedas de 1¢. Un amigo le regaló 200 más. ¿Cuántas monedas de 1¢ tiene Tara ahora?

40. Dinero El Sr. Popper tenía que pagar $3,145 por la renovación de su cocina. Ya pagó $1,000. ¿Cuánto le queda por pagar?

41. Consumidor Ed compró un carro por catorce mil novecientos sesenta y ocho dólares. Escribe esa cantidad en dígitos.

42. 🖊 **Por escrito** ¿Cómo le describirías 10,000 a alguien que no conoce el tamaño de ese número?

Muchas personas viven en ciudades. Se usan números muy grandes para contar los habitantes.

43. En 1990 Indianápolis tenía 731,327 habitantes. Escribe el número en forma desarrollada.

44. En 1990 Álamo, Texas, tenía 8,352 habitantes. Huntsville, Texas, tenía 27,925 habitantes. ¿Cuántos más habitantes había en Huntsville que en Álamo? Sugerencia: usa una calculadora.

45. Guadalupe, México, tenía 535,332 habitantes. ¿Cuántos habitantes tendría si vinieran 20,000 personas más a esta ciudad?

46. **Por escrito** Busca qué población tiene tu pueblo o ciudad. Escribe ese número en forma normal y desarrollada.

Repaso y preparación para las pruebas

Escribe los números. Indica si son *pares* o *impares*.
(páginas 132–133)

47. 65   **48.** 44   **49.** 17

50. 98   **51.** 101   **52.** 756

53. 1,980   **54.** 3,563

Elige la letra de la operación de *resta relacionada* correcta. (páginas 12–13)

55. 7 + 8 = 15
  A 15 − 7 = 8
  B 7 + 1 = 8
  C 15 − 15 = 0
  D 15 − 0 = 15

56. 6 + 7 = 13
  F 13 − 0 = 13
  G 13 − 8 = 5
  H 13 − 7 = 6
  J 7 + 7 = 14

57. 5 + 9 = 14
  A 14 − 14 = 0
  B 5 + 4 = 9
  C 14 − 5 = 9
  D 14 − 0 = 14

58. 8 + 4 = 12
  F 12 − 0 = 12
  G 12 − 8 = 4
  H 4 + 4 = 8
  J 12 − 12 = 0

Usar números grandes

¿Por qué es importante? Podrás comprender números muy grandes, como los que se usan para indicar la cantidad de habitantes de una ciudad.

¿Usarías millares o decenas de millar para describir la población de una ciudad?

Para que la tarea sea más fácil puedes usar números de referencia. Piensa en el libro de 1,000 y en el modelo de 10,000 que hiciste.

La ciudad de Kermit tiene una población de menos de 10,000 habitantes. Por lo tanto, para estimar su tamaño se puede usar 1,000 como número de referencia.

La ciudad de Sugar Land tiene una población de más de 10,000 habitantes. Por lo tanto, para estimar su tamaño se puede usar 10,000 como número de referencia.

Entonces, usa millares para describir la población de Kermit, y decenas de millar para describir la población de Sugar Land.

> **RECUERDA:**
>
> Un *número de referencia* te ayuda a estimar el tamaño de un número sin necesidad de contar. Si conoces el tamaño de 1,000 y de 10,000, entonces puedes hacer estimaciones de números grandes.

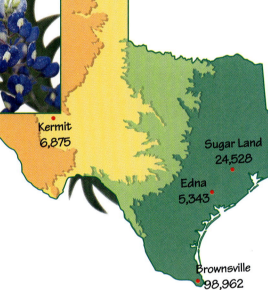

Kermit
6,875

Sugar Land
24,528

Edna
5,343

Brownsville
98,962

Explica lo que sabes   RAZONAMIENTO CRÍTICO

- ¿Usarás 1,000 ó 10,000 como número de referencia para contar o estimar la población de Edna? Explica tu respuesta.

- ¿Usarás 1,000 ó 10,000 como número de referencia para contar o estimar la población de Brownsville? Explica tu respuesta.

▶ COMPRUEBA

Escribe *sí* o *no* para indicar si cada número es suficientemente grande para ser contado usando un número de referencia de 1,000 o uno de 10,000.

1. la cantidad de jugadores en un partido de fútbol

2. la cantidad de espectadores en un estadio durante un partido

Elige 1,000 ó 10,000 como número de referencia
para contar o estimar cada número.

3. 3,479   **4.** 1,425   **5.** 52,419   **6.** 42,411

7. 18,275   **8.** 2,910   **9.** 30,618   **10.** 61,597

11. 47,613   **12.** 58,342   **13.** 5,173   **14.** 89,056

15. 23,468   **16.** 6,814   **17.** 73,527   **18.** 91,125

Escribe *sí* o *no* para indicar si cada número es suficientemente grande
para ser contado usando un número de referencia de 1,000 o de 10,000.

19. la cantidad de estudiantes de tu clase

20. la cantidad de estudiantes de tu estado

21. la cantidad de carros en el estacionamiento de la escuela

22. la población de una ciudad

23. la cantidad de libros en un anaquel

24. la cantidad de libros en una biblioteca

Resolución de problemas • Aplicaciones mixtas

25. **Deportes** El equipo de fútbol marcó 14 puntos en la primera mitad del juego. En la segunda mitad marcó 17 puntos. ¿Cuántos puntos marcó en total?

26. **Estimación** La población de Canyon Lake, Texas, era de 9,975 habitantes en 1990. ¿Usarías 1,000 ó 10,000 como número de referencia para estimar la población? Explica.

27. **Tiempo** Un partido comenzó a las 4:30 y duró 3 horas. ¿A qué hora terminó el partido?

28. **Dinero** Juan tiene $5.00. Gasta $2.49 en el almuerzo. ¿Cuánto tiene ahora?

29. En Tidewater School hay 439 estudiantes. ¿Qué número de referencia podría usarse para estimar la cantidad de estudiantes?

30. Escribe un problema con un número de referencia para estimar la población de Alice, Texas, en 1990, que era de 19,788 habitantes.

LA LECCIÓN CONTINÚA

Estrategia para resolver problemas: Usar una tabla

▶ **PROBLEMA** Eres un alpinista. Todos los años subes a una montaña más alta que el año anterior. El año pasado subiste al Monte Marcy. El año anterior a ése subiste a Black Mountain. ¿Cómo puedes decidir qué montaña subir este año?

COMPRENDER

- ¿Qué debes hacer?

- ¿Qué información vas a usar?

- ¿Hay alguna información que no vas a usar? Si es así, ¿cuál?

RECUERDA:

COMPRENDER

PLANEAR

RESOLVER

REVISAR

PLANEAR

- ¿Qué estrategia puedes usar?

  Puedes *usar una tabla* para tomar más fácilmente una decisión.

RESOLVER

- ¿Cómo te puede ayudar el uso de una tabla para resolver el problema?

  Halla qué montañas son más altas que el Monte Marcy usando 1,000 y 10,000 como números de referencia.

  El Monte Washington tiene una altura cercana a la del Monte Marcy. Para estimar la altura del Monte Hood y del Monte Cloud se debe usar 10,000 como número de referencia. Entonces ambos son mucho más altos que el Monte Marcy.

  Entonces, este año puedes subir al Monte Washington.

MONTAÑAS DE ESTADOS UNIDOS	
Montaña	**Altura**
Cloud	13,175 pies
Hood	11,235 pies
Washington	6,288 pies
Marcy	5,344 pies
Black Mountain	4,145 pies

LA CIENCIA Y LOS NÚMEROS

La montaña más alta de América del Norte es el Monte McKinley en Alaska. Los pobladores originarios de Alaska lo llamaban Denali, o el Alto. El pico del Monte McKinley alcanza los 20,320 pies de altura. ¿Qué lugar ocuparía el Monte McKinley en la tabla?

REVISAR

- ¿Por qué es útil usar una tabla?

- ¿Qué otra estrategia puedes usar?

Usa la siguiente tabla para hallar la solución.

Libros de la biblioteca	
Ficción	22,204
Historia	17,691
Biografía	5,924
Ciencia	2,189
Pasatiempos	1,038

Entradas vendidas	
Abril	1,983
Mayo	5,280
Junio	12,406
Julio	21,316
Agosto	7,132

1. La computadora de la biblioteca puede mostrar unos 10,000 títulos de libros en una hora. ¿Qué clase de libros necesitan *más* de una hora?

2. El parque de diversiones contrata personal extra cuando hay más de 10,000 visitantes. ¿Durante qué meses se necesita ayuda extra?

3. En un disquete se puede almacenar datos sobre unos 1,000 libros. ¿Cuántos disquetes se necesitan para almacenar información sobre los libros de biografía? Explica tu respuesta.

4. Por cada 1,000 entradas vendidas, se regala un pase válido para toda la temporada. ¿Cuántos pases se regalaron en agosto? Explica tu respuesta.

Aplicaciones mixtas

Halla la solución.

ELIGE una estrategia y un método.

- Usar una tabla
- Escribir un enunciado numérico
- Estimar y comprobar
- Representar
- Volver sobre los pasos

 Lápiz y papel   Calculadora   A mano   Cálculo mental

5. ¿Cuánto cambio recibirá Jen de $5.00 si compra este libro?

6. En una taza caben unas 10 uvas. ¿Aproximadamente cuántas uvas caben en 3 tazas?

7. La suma de dos números es 25. Su diferencia es 3. ¿Cuáles son esos dos números?

8. Ed tiene 280 carritos de juguete. Le regaló varios a su hermano. Ahora tiene 148. ¿Cuántos carritos regaló?

9. La parte superior del estadio está abierta al público cuando se venden más de 10,000 entradas. ¿Qué días estará abierta?

Ventas de entradas	
Jueves	9,136
Viernes	11,570
Sábado	12,136
Domingo	10,085

▶ **Comprensión**

VOCABULARIO

1. Los símbolos 0, 1, 2, 3, 4, 5, 6, 7, 8 y 9 son __?__. **(página 144)**

Escribe la forma desarrollada de cada número. **(páginas 144–145)**

2. 834   **3.** 235   **4.** 306   **5.** 819   **6.** 712   **7.** 270

Escribe cada número en forma normal. **(páginas 150–153)**

8. 90,000 + 7,000 + 500 + 30 + 1

9. Cuarenta y siete mil quinientos trece

Elige 1,000 ó 10,000 como número de referencia para contar o hacer una estimacíon de cada número. **(páginas 154–155)**

10. 3,479   **11.** 1,425   **12.** 52,419   **13.** 42,411

▶ **Destrezas**

Escribe el valor del dígito en azul. **(páginas 144–145, 150–153)**

14. 493   **15.** 620   **16.** 879   **17.** 712

18. 14,037   **19.** 31,952   **20.** 58,916   **21.** 50,743

Usa patrones de centenas o millares para hallar la suma o la diferencia. **(páginas 148–149)**

22. 498 + 400   **23.** 415 − 300   **24.** 3,127 + 6,000

▶ **Resolución de problemas**

Halla la solución. **(páginas 156–157)**

ELIGE una estrategia y un método.

• **Representar**   • **Usar una tabla**
• **Estimar y comprobar**

Lápiz y papel   Calculadora   A mano   Cálculo mental

25. Soy un número entre 5,700 y 5,800. Si me sumas centenas, llegarás a 6,032. ¿Qué número soy?

26. Decide si cada tipo de lápiz debe ser transportado en grupos de 1,000 o de 10,000.

Tipo de lápiz	Cantidad
Corriente #2	21,145
Calidad Superior #2	12,107
Calidad Máxima	4,989
Multicolor	1,245

Preparación para la prueba

Elige la mejor respuesta.

1. Carlos está al principio de la fila. Jason está detrás de él. Juanita está detrás de Jason. Mariel está detrás de Juanita. ¿Quién es el tercero de la fila?

A Mariel   **B** Carlos

C Jason   **D** Juanita

2. ¿Cuál es la forma desarrollada de 667?

F 6 centenas, 6 decenas, 70 unidades

G 60 centenas, 6 decenas, 7 unidades

H 6 centenas, 6 decenas, 7 unidades

J 7 centenas, 6 decenas, 6 unidades

3. En esta tabla se muestra el número de victorias y derrotas.

Equipo	Victorias	Derrotas
Blue Jays	8	4
Cardinals	7	5
Hawks	9	3
Roadrunners	6	6

¿Qué equipo ha ganado más partidos?

A Blue Jays   **B** Cardinals

C Hawks   **D** Roadrunners

4. Allyson compró una cartera por $5.75 y una camiseta por $10.25. ¿Cuánto cambio recibió de $20.00?

F $1.50   **G** $4.00

H $2.50   **J** $5.50

5. Darryl tenía 175 hojas de papel. Luego compró 500 hojas. ¿Cómo podrías hallar cuántas hojas tiene ahora?

A 175 + 200

B 175 + 500

C 500 − 175

D 175 + 400

6. ¿En qué situación podrías usar 10,000 como número de referencia?

F número de personas que juegan un partido de béisbol

G número de personas que ven una película en el cine

H número de espectadores en un partido de fútbol profesional

J número de estudiantes que hay en tu clase

7. Elige la forma normal de 9,000 + 500 + 70 + 6.

A 9,756

B 7,965

C 6,759

D 9,576

8. Elige la forma normal de 8 centenas, 9 decenas y 3 unidades.

F 893

G 983

H 839

J 398

10 COMPARAR, CLASIFICAR Y REDONDEAR NÚMEROS

Jóvenes inventores anticipan llegada de autobús escolar

¿Qué es el Bus-o-Matic? Dos estudiantes de segundo grado de New Jersey te lo podrían decir. ¡Ellos lo inventaron!

Un día lluvioso de primavera, Jordan Wompierski y Carly Snyder no llegaron a tiempo para tomar el autobús de su escuela. Fue entonces cuando se les ocurrió la idea de inventar un aparato para que eso no volviera a ocurrir.

El Bus-o-Matic de J.C. (por las iniciales de Jordan y Carly) avisa a los niños cuando el autobús de la escuela está a media milla de su casa. En un día de lluvia, los niños pueden esperar adentro, sin mojarse, hasta que el invento les avisa que el autobús está cerca.

Los inventores envían sus ideas a la Oficina de Patentes y Marcas en Washington, D.C. para registrarlas. Cada inventor recibe un documento que certifica que él o ella es el dueño del invento.

Grandes inventos

Un invento es una gran idea puesta en práctica. Todos los días nos beneficiamos usando algún invento y damos por sentado que siempre ha existido. En esta actividad, aprenderás más sobre la historia de los inventos.

MATERIALES: la lista de inventos que se muestra en esta página o una lista tomada de algún almanaque u otro libro, una tabla de valor posicional, un lápiz

INVENTO	Año de invención	Edad en el año 2000
Aeroplano con motor	1903	97
Automóvil de gasolina	1889	11
Calculadora de bolsillo	1972	28
Reloj de péndulo	1657	313
Computadora	1960	10
Paracaídas	1785	215
Patines en línea	1991	9
Teléfono	1876	124
Telescopio	1609	391
Televisión	1927	73

Selecciona 10 inventos favoritos.

• Ordena por edad cada invento en una tabla de valor posicional.

• Ordena los inventos del más antiguo al más reciente en otra tabla de valor posicional.

• Haz un cartel con dibujos de tus inventos favoritos y sus edades.

¿TE ACORDASTE DE

☑ seleccionar 10 inventos e incluirlos en una tabla de valor posicional?

☑ ordenar los inventos del más antiguo al más reciente en otra tabla?

☑ hacer un cartel para mostrárselo a los demás equipos?

Cartel de grandes inventos
por Chris y Pat

Patines en línea 9 años

Televisión 73 años

Aeroplano 97 años

Teléfono 124 años

Automóvil 111 años

Reloj de péndulo 343 años

Comparar números

Investigarás cómo hacer modelos de números y cómo compararlos.

Usa bloques de base diez para comparar 45 y 62.

MATERIALES: bloques de base diez

- Decide qué bloques necesitarás para hacer un modelo de 45.

- Decide qué bloques necesitarás para hacer un modelo de 62.

- Haz un modelo de cada número.

- Compara las decenas.

Decenas	Unidades
4	5
6	2

Como 6 decenas es más que 4 decenas, 62 es mayor que 45.

RECUERDA:

Compara los números empezando por la izquierda.

4 5
6 2

▶ **EXPLORA**

Usa bloques de base diez para comparar 316 y 278. Usa una tabla de valor posicional para anotar tu trabajo.

Anota

Dibuja tus modelos copiando los bloques de base diez.

Explica qué número es mayor.

Explica lo que sabes

- ¿Cuántas centenas dibujaste para indicar 316? ¿Cuántas para 278?

- ¿Cómo se pueden comparar los dos números?

- ¿Qué harías si los dos números tuvieran las mismas centenas?

Ahora haz modelos para comparar otros números.

▶ INTÉNTALO

1. Haz modelos para comparar 263 y 236. ¿Qué número es mayor?

2. ¿Por qué es necesario comparar las centenas y las decenas?

3. 🖉 **Por escrito** Indica cómo usarías bloques de base diez para comparar 527 y 503.

▶ PRÁCTICA

Dibuja bloques de base diez para mostrar tus modelos. Encierra en un círculo el dibujo que muestre el número mayor.

4. 48 y 51

5. 90 y 87

6. 105 y 111

7. 141 y 114

8. 206 y 216

9. 189 y 198

10. 210 y 167

11. 321 y 312

12. 285 y 291

Usa modelos para hallar la solución.

13. Sally tiene 3 centenas, 2 decenas y 4 unidades. Morris tiene 4 centenas, 2 decenas y 3 unidades. ¿Quién tiene el modelo con el número más grande?

14. Susana hizo un modelo de 5 centenas, 1 decena y cero unidades en un tapete rojo y otro de 4 centenas, 9 decenas y 8 unidades en un tapete azul. ¿Qué modelo muestra el número más grande?

Resolución de problemas • Aplicaciones mixtas

15. **Historia** El piano se inventó en el año 1709. ¿Cuántos años hace de esto?

16. **Medidas** John viajó 285 millas y Tina viajó 185 millas. ¿Quién viajó más millas? ¿Cuántas millas más?

17. **Razonamiento lógico** Tienes 4 centenas, 9 decenas y 8 unidades. Con 2 unidades más, puedes reagrupar y tener 5 bloques de base diez. ¿Cómo lo haces?

Tecnología

💿 Puedes comparar números usando E-Lab, Actividad 10. Disponible en CD-ROM e Internet: **www.hbschool.com/elab**

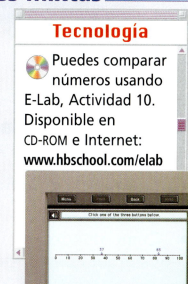

Más sobre la comparación de números

¿Por qué es importante? Podrás hallar la distancia más corta o el precio más bajo.

Beth vive a 75 millas de Disney World y a 69 millas de Universal Studios. ¿De qué parque de diversiones vive más cerca Beth?

Compara 75 y 69.

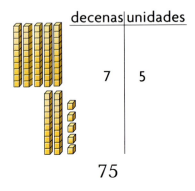

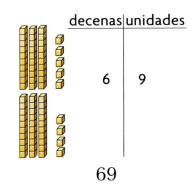

Compara el número de decenas.
Como 7 decenas > 6 decenas, 75 > 69, ó 69 < 75.
Entonces, Beth vive más cerca de Universal Studios.

Una tabla de valor posicional puede ayudarte a comparar números.

Centenas	Decenas	Unidades
8	3	1
8	1	9

Comienza por la izquierda. Los dígitos de las centenas son iguales. Los dígitos de las decenas no son iguales.
3 decenas > 1 decena.
Entonces, 831 > 819, ó 819 < 831.

Explica lo que sabes

Imagina que quieres comparar 427 y 428.

- ¿En qué valor posicional encuentras el número mayor?

- ¿Cómo puedes comparar los números usando el símbolo *mayor que*?

- ¿Cómo puedes comparar los números usando el símbolo *menor que*?

RECUERDA:

> significa "mayor que".

< significa "menor que". El símbolo apunta al número más pequeño.

25 > 23

Se dice: Veinticinco es mayor que veintitrés.

LOS ESTUDIOS SOCIALES Y LOS NÚMEROS

Universal Studios en Hollywood ofrece visitas turísticas desde hace más de 30 años. Universal Studios en Orlando ofrece visitas turísticas desde hace 10 años. Compara la cantidad de años de los dos estudios.

Una tabla de valor posicional también te sirve para comparar números grandes.

Millares	Centenas	Decenas	Unidades
2 ,	4	8	5
2 ,	6	4	9

Empieza por la izquierda.
Los dígitos de los millares son iguales.
Los dígitos de las centenas no son iguales.
6 centenas > 4 centenas.
Entonces, 2,649 > 2,485 ó 2,485 < 2,649.

Explica lo que sabes

- ¿Cómo comparas los números de arriba usando bloques de base diez?

- Si hubiera un 4 en el lugar de las centenas, ¿cómo sabrías cuál es el número mayor?

RAZONAMIENTO CRÍTICO Compara 997 y 1,997. ¿Qué número es mayor? Explica.

► COMPRUEBA

Compara los números. Escribe < o > en cada ●.

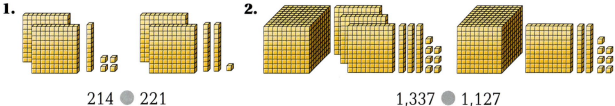

1. 214 ● 221

2. 1,337 ● 1,127

3.

D	U
2	9
9	2

29 ● 92

4.

C	D	U
7	6	4
6	7	4

764 ● 674

5.

M	C	D	U
5 ,	4	2	9
5 ,	1	4	2

5,429 ● 5,142

6. 46 ● 48

7. 301 ● 299

8. 1,376 ● 1,736

9. 214 ● 241

10. 961 ● 691

11. 3,724 ● 3,427

12. 712 ● 721

13. 141 ● 114

14. 4,291 ● 4,921

LA LECCIÓN CONTINÚA

Compara los números. Escribe $<$, $>$ o $=$ para cada ●.

15.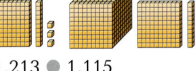
68 ● 98

16.
71 ● 71

17.
54 ● 52

18.
203 ● 195

19.
170 ● 159

20.
214 ● 218

21.
1,213 ● 1,115

22.
1,411 ● 1,421

23.

D	U
9	2
8	3

92 ● 83

24.

C	D	U
1	0	1
1	1	0

101 ● 110

25.

C	D	U
4	2	8
4	2	8

428 ● 428

26. 629 ● 631

27. 758 ● 750

28. 439 ● 438

29. 3,425 ● 3,799

30. 5,712 ● 5,412

31. 2,411 ● 2,412

Resolución de problemas • Aplicaciones mixtas

32. Dinero La familia de Beth gastó $17 en la comida y $14 en el cine. ¿Cuánto gastó en total?

33. Consumidor Lori gastó $3.75 en un sombrero, $3.59 en un broche y $5.00 en un par de medias. ¿Qué cuesta menos, el sombrero o el broche?

34. Deportes Jami puede cambiar 385 entradas por una pelota de softbol o 402 entradas por una pelota de fútbol. ¿Qué pelota cuesta más entradas?

35. 📝 **Por escrito** Una persona debe medir al menos 50 pulgadas para poder montar en la montaña rusa. Jake mide 48 pulgadas. ¿Podrá montar en la montaña rusa? Explica.

En algunos lugares hay tan pocos caminos que se usan los ríos a modo de carreteras. En otros lugares, los ríos se utilizan para divertirse.

36. Imagina que haces dos viajes en canoa por el río Mississippi. En primavera recorres 237 millas y en otoño 207 millas. ¿Qué viaje es el más largo?

37. El río Mississippi mide 2,348 millas de largo. El río Missouri mide 2,315 millas de largo. Si quisieras viajar por el río más largo ¿cuál elegirías?

38. Cálculo mental El río Grande mide 1,885 millas de largo. Ken recorrió todo el curso del río excepto un tramo de 200 millas. ¿Cuántas millas recorrió?

39. Estimación Imagina que el primer año recorres 95 millas en una canoa, el segundo año recorres 120 millas y el tercero recorres 190 millas. ¿Aproximadamente, cuántas millas recorres en los tres años?

LOS ESTUDIOS SOCIALES Y LOS NÚMEROS

El río Mississippi mide 2,348 millas de largo; es el río más largo de Estados Unidos. Nace como un pequeño riachuelo en el noroeste de Minnesota, y recibe el agua de varios lagos y ríos a medida que fluye hacia el sur hasta desembocar en el Golfo de México.

El río Yukón de Alaska, mide 1,979 millas de largo. ¿Cuál de estos dos ríos es más largo?

Repaso y preparación para las pruebas

Halla la diferencia. (páginas 114–115)

40. $2.65 − 1.43	**41.** $4.37 − 0.16	**42.** $5.42 − 3.18	**43.** $6.68 − 2.59	**44.** $10.00 − 5.03
45. $8.41 − 3.55	**46.** $7.34 − 3.47	**47.** $8.13 − 4.99	**48.** $7.60 − 5.68	**49.** $8.00 − 0.44

Usa patrones de centenas y de millares para hallar la suma o la diferencia. Elige la letra de la respuesta correcta. (páginas 148–149)

50. $515 + 200 = \underline{\ ?\ }$ **A** 520   **B** 700   **C** 715   **D** 720

51. $775 − 100 = \underline{\ ?\ }$ **F** 700   **G** 577   **H** 675   **J** 765

52. $692 − 200 = \underline{\ ?\ }$ **A** 395   **B** 492   **C** 892   **D** 592

53. $479 + 300 = \underline{\ ?\ }$ **F** 179   **G** 579   **H** 679   **J** 779

Ordenar números

¿Por qué es importante? Podrás ordenar números, por ejemplo la altura de los edificios.

¿Qué edificio tiene más pisos?

Una recta numérica puede ayudarte a ordenar los números.

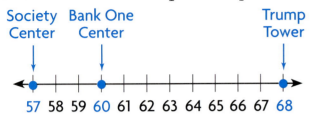

Estado	Edificio	Pisos	Altura
Texas	Bank One Center	60	787 pies
Ohio	Society Center	57	888 pies
New York	Trump Tower	68	664 pies

Al moverte de izquierda a derecha los números crecen de menor a mayor.

$$57 < 60 < 68$$

Entonces, el edificio Trump Tower es el que tiene más pisos.

Usa una recta numérica para hallar el edificio más alto.

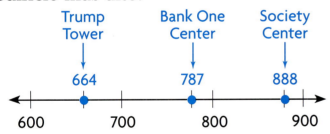

Al moverte de derecha a izquierda los números disminuyen de mayor a menor.

$$888 > 787 > 664$$

Entonces, el edificio más alto es el Society Center.

Un edificio muy alto

Se pueden ordenar números comparando los dígitos.

MODELO

Paso 1	Paso 2
Comparar los millares.	Comparar las centenas.
7,613	7,613
7,551	7,551
7,435	7,435
igual número de millares	6 > 5 > 4

Entonces, $7,613 > 7,551 > 7,435$.

▶ COMPRUEBA

Escribe los números en orden de *menor a mayor.*
Usa las rectas numéricas para que te sea más fácil.

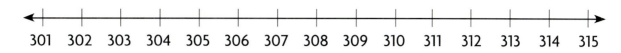

301 302 303 304 305 306 307 308 309 310 311 312 313 314 315

1. 309, 315, 310 **2.** 301, 312, 308 **3.** 314, 304, 312

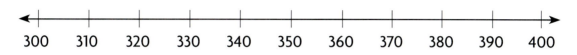

300 310 320 330 340 350 360 370 380 390 400

4. 400, 330, 370 **5.** 310, 390, 340 **6.** 339, 394, 349

▶ PRÁCTICA

Escribe los números en orden de *mayor a menor.*

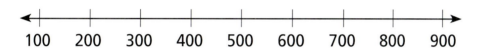

100 200 300 400 500 600 700 800 900

7. 298, 417, 345 **8.** 684, 799, 701 **9.** 387, 227, 412

10. 59, 62, 80 **11.** 107, 99, 111 **12.** 562, 498, 526

13. 2,500; 4,007; 2,498 **14.** 3,531; 3,815; 3,726

Resolución de problemas • Aplicaciones mixtas

15. Medidas Tres rascacielos miden 594, 612 y 691 pies de altura respectivamente. Ordena las alturas de mayor a menor.

16. Dinero ¿Cuánto cambio recibirías de $5.00 si compras un souvenir de Trump Tower por $2.95?

17. En dos horas 807 personas subieron al último piso de Sears Tower. Durante la primera hora, subieron 315 personas. ¿Cuántas personas subieron durante la segunda hora?

18. En una excursión, Luis gastó $8.25 en la comida y su hermana Mary gastó $8.20. ¿Quién gastó menos? ¿Cuánto menos?

19. ✏ **Por escrito** Explica cómo sabes que 56 > 48 > 35.

LA LECCIÓN CONTINÚA ⟹

Estrategia para resolver problemas: Hacer un dibujo

▶ **PROBLEMA** Samantha, Kyle y Annie estimaron los frijoles que había en dos frascos. El frasco pequeño tenía 243 y el grande 483. ¿Quién se acercó más en su estimación a la cantidad real de frijoles en el frasco grande?

| Samantha 412 | Kyle 502 | Annie 444 |

RECUERDA:
- COMPRENDER
- PLANEAR
- RESOLVER
- REVISAR

COMPRENDER

- ¿Qué debes hallar?

- ¿Qué información vas a usar?

- ¿Hay información que no vas a usar? ¿cuál?

PLANEAR

- ¿Qué estrategia puedes usar?

  Puedes *hacer un dibujo* para hallar quién se acercó más en su estimación a la cantidad real.

RESOLVER

- ¿Cómo puedes resolver el problema?

Traza una recta numérica de 400 a 540 para mostrar la estimación de cada uno y la cantidad real.

Señala con puntos dónde estarían en la recta numérica las estimaciones y la cantidad real.

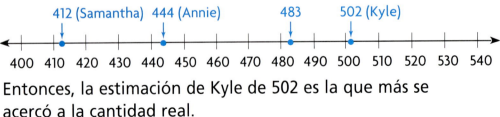

412 (Samantha) 444 (Annie) 483 502 (Kyle)

400 410 420 430 440 450 460 470 480 490 500 510 520 530 540

Entonces, la estimación de Kyle de 502 es la que más se acercó a la cantidad real.

REVISAR

- ¿Por qué te ayuda hacer un dibujo?

- ¿Qué otra estrategia puedes usar?

Haz un dibujo para hallar la solución.

1. Craig estima que hay 892 frijoles en un frasco y Roy estima que hay 925. Si hay 900 frijoles en el frasco, ¿qué estimación se acerca más?

2. En *All-Tees,* los precios de las camisetas son $5.98, $6.50 y $5.75. Ordena los precios del menos caro al más caro.

3. El cereal Yummies viene en cajas de 24, 18 y 30 onzas. Ordena los tamaños de las cajas de menor a mayor.

4. Pat vive a 257 millas de Grinville, a 193 millas de Gladtown y a 204 millas de Smiley. Ayuda a Pat a ordenar las ciudades de la más cercana a la más lejana.

Aplicaciones mixtas

Halla la solución.

ELIGE una estrategia y un método.

- **Hacer un dibujo** • **Representar** • **Hallar el patrón**
- **Hacer un modelo** • **Usar una tabla**

Lápiz y papel   Calculadora   A mano   Cálculo mental

5. En la calle de Julie tres casas en hilera tienen los números 1201, 1205 y 1209. ¿Cuál es el número de la próxima casa?

6. En marzo una planta medía 13 centímetros de largo. Cuatro semanas más tarde, medía 42 centímetros. ¿Cuánto creció la planta?

7. Ordena los días según la cantidad de entradas vendidas, de mayor a menor.

8. ¿Cuántas entradas más se vendieron el martes que el lunes ? ¿Y que el miércoles?

9. El año pasado se vendieron 219 entradas para *Family Fun Night.* ¿Se vendieron más o menos entradas este año? ¿Cuántas más o cuántas menos?

10. David compró un perrito caliente por $1.25, un vaso de limonada por $0.75 y un dulce por $0.50. ¿Cuánto cambio recibió David de $5.00?

ENTRADAS PARA *FAMILY FUN NIGHT*	
Lunes	79 entradas
Martes	104 entradas
Miércoles	93 entradas

Redondear a decenas y centenas

¿Por qué es importante? Podrás redondear para estimar tamaños o cantidades, por ejemplo la cantidad de muñecos de peluche.

Bette tiene 25 muñecos de peluche. ¿Aproximadamente cuántos muñecos de peluche tiene Bette?

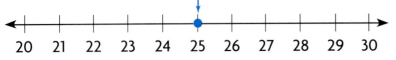

En la recta numérica 25 está a mitad de camino entre 20 y 30.

Cuando un número está exactamente a mitad de camino entre dos decenas, redondéalo a la decena superior. Decimos: 25 redondeado a la decena más próxima es 30.

Entonces, Bette tiene unos 30 muñecos de peluche.

En la juguetería Cuddle Toys hay 378 muñecos de peluche en venta. Redondeando a la centena más próxima, ¿cuántos muñecos hay en Cuddle Toys?

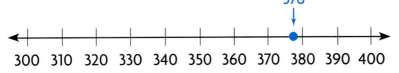

El número 378 está entre 300 y 400. Está más cerca de 400 que de 300. Decimos: 378, redondeado a la centena más próxima, es 400.

Entonces, en Cuddle Toys hay unos 400 muñecos de peluche.

Explica lo que sabes

- ¿Qué dígito te ayuda a encontrar las centenas entre las que se encuentra el número?

- ¿Qué dígito te ayuda a encontrar la centena más próxima?

- Imagina que Cuddle Toys vende 350 muñecos de peluche. Redondeando a la centena más próxima, ¿cuántos muñecos vende?

Tecnología

Puedes comparar números con el juego *Giggle Factory, Mighty Math Carnival Countdown*. Usa Grow Slide Niveles O y U.

Redondea cada número a la centena más próxima.

1. 521   **2.** 693   **3.** 642   **4.** 561

5. 675   **6.** 599   **7.** 550   **8.** 650

▶ **PRÁCTICA**

Redondea cada número a la centena más próxima.

9. 413   **10.** 256   **11.** 173   **12.** 911

13. 565   **14.** 350   **15.** 750   **16.** 949

Indica entre qué dos decenas o dos centenas está
el número y redondea.

17. 45   **18.** 95   **19.** 750

Resolución de problemas • Aplicaciones mixtas

20. Estimación Héctor tiene 451 fichas. Redondeando a la centena más próxima, ¿cuántas fichas tiene Héctor?

21. Tiempo Cuddle Toys está abierto 8 horas al día, a partir de las 10:00 a.m. ¿A qué hora cierra la tienda?

22. Sentido numérico Evan vendió 27 ositos de peluche y 74 leoncitos. ¿Vendió más de 100 animales de peluche? Explica.

23. ✏ **Por escrito** Un juego de bloques de construcción tiene, redondeando, unas 200 piezas. ¿Podría ser la cantidad real 139 piezas? Explica.

Repaso y preparación para las pruebas

Escribe cada número en forma normal. (páginas 150–153)

24. 40,000 + 5,000 + 600 + 5   **25.** 50,000 + 400 + 80 + 7

26. 70,000 + 3,000 + 20 + 1   **27.** 60,000 + 6,000 + 60

Usa patrones de decenas para hallar la suma o la diferencia.
Elige la letra de la respuesta correcta. (páginas 134–135)

28. 52 + 10 + 10 = __?__   **A** 54   **B** 521   **C** 61   **D** 72

29. 45 − 10 = __?__   **F** 44   **G** 35   **H** 40   **J** 36

30. 61 − 20 = __?__   **A** 51   **B** 71   **C** 41   **D** 63

Más sobre el redondeo

¿Por qué es importante? Podrás usar el redondeo en tu vida diaria, por ejemplo cuando vas de compras.

Stephanie compra una cámara que cuesta $47. Redondeando a los diez dólares más próximos, ¿cuánto cuesta la cámara?

Redondear a los diez dólares más próximos es como redondear a la decena más próxima.

REGLAS PARA REDONDEAR
• Decide qué dígito vas a redondear.
• Observa el dígito que está a su derecha.
• Si el dígito de la derecha es *menor que* 5, el dígito que vas a redondear se queda como está.
• Si el dígito de la derecha es 5 o *mayor que* 5, el dígito que vas a redondear se incrementa en 1.

Piensa: 47 está entre 40 y 50.
47 está más cerca de 50 que de 40.

Entonces, la cámara de Stephanie cuesta unos $50.

La Srta. Novak quiere comprar una cámara de vídeo que cuesta $219. Redondeando a los cien dólares más próximos, ¿cuánto cuesta la cámara de vídeo?

Piensa: 219 está entre 200 y 300.
219 está más cerca de 200 que de 300.

Entonces, la cámara de vídeo cuesta unos $200.

Explica lo que sabes   RAZONAMIENTO CRÍTICO

• ¿Por qué los dígitos de las decenas y las unidades te ayudan a redondear a los 10 dólares más próximos?

• ¿Qué dígitos te ayudan a hallar la centena más próxima? Explica.

▶ COMPRUEBA

Redondea a la decena más próxima o a los diez dólares más próximos.

1. 67	**2.** 44	**3.** $23	**4.** $85
5. 26	**6.** $94	**7.** $15	**8.** $74
9. 58	**10.** $97	**11.** 77	**12.** 19

► PRÁCTICA

Redondea a la decena más próxima o a los diez dólares más próximos.

13. 59 **14.** 93 **15.** 55 **16.** 31

17. $15 **18.** $22 **19.** $88 **20.** $44

Redondea a la centena más próxima o a los cien dólares más próximos.

21. 238 **22.** 919 **23.** 583 **24.** 419

25. $150 **26.** $471 **27.** $660 **28.** $802

Usa los dígitos 1, 3 y 5. Escribe un número que se redondee al número que se da.

29. 100 **30.** 200 **31.** 300 **32.** 400

Resolución de problemas • Aplicaciones mixtas

33. Estimación Susana compra una funda de $12 para su cámara fotográfica. ¿Gasta unos $10 o unos $20?

34. Susana quiere comprar una funda para su cámara y 4 rollos de película. ¿Será suficiente llevar $20? Explica.

35. Sentido numérico Soy un número entre 345 y 360. Si se me redondea a la centena más próxima, soy 300. ¿Qué números puedo ser?

36. 🖉 **Por escrito** ¿Cuándo se necesita saber una cantidad exacta? ¿Cuándo es una estimación suficiente? Escribe un ejemplo de cada caso.

Repaso y preparación para las pruebas

Escribe la forma desarrollada de cada número.
(páginas 144–145)

37. 124 **38.** 235 **39.** 340 **40.** 656 **41.** 904

Elige la forma normal del número que indican los bloques de base diez. (páginas 144–145)

42.

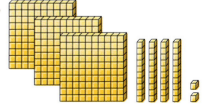

A 332 **B** 242 **C** 341 **D** 342

43.

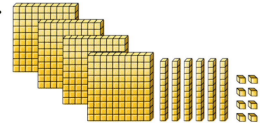

F 456 **G** 466 **H** 468 **J** 478

CAPÍTULO 10

Repaso/Prueba

▶ Comprensión

Compara los números. Escribe $<$, $>$, ó $=$ para cada ●. (páginas 164–167)

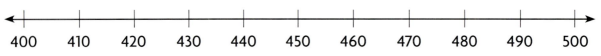

1. 328 ● 289

2. 102 ● 99

3. 243 ● 243

Redondea cada número a la centena más próxima. Usa la recta numérica para que te sea más fácil. (páginas 172–173)

```
400   410   420   430   440   450   460   470   480   490   500
```

4. 450   **5.** 421   **6.** 489   **7.** 444

▶ Destrezas

Escribe los números ordenados de mayor a menor. (páginas 168–169)

```
700 710 720 730 740 750 760 770 780 790 800 810 820 830 840 850
```

8. 795, 812, 767   **9.** 717, 723, 709   **10.** 811, 802, 816

Indica entre qué decenas o qué centenas está cada número. Luego redondea. (páginas 172–173)

11. 35   **12.** 75   **13.** 250   **14.** 550

▶ Resolución de problemas

Halla la solución. (páginas 170–171)

ELIGE una estrategia y un método.

• Hacer un dibujo • Escribir un enunciado numérico
• Hacer una tabla • Hacer un modelo

 Lápiz y papel    Calculadora   A mano   Cálculo mental

15. Ana tenía $63 antes de ir de compras. Ahora tiene $16. ¿Cuánto gastó?

16. El puntaje de Ana en el juego de bolos es 87, 79 y 91. Ordena los puntos de mayor a menor.

Preparación para la prueba

Elige la mejor respuesta.

1. ¿Qué serie de números está ordenada de *menor* a *mayor?*

A 324   456   423   439

B 552   455   659   569

C 393   450   484   540

D 498   389   524   601

2. La familia Lu viajó 8,539 millas durante sus vacaciones. ¿Cuál es el valor del 5?

F 5 millares

G 5 decenas

H 5 unidades

J 5 centenas

3. La tabla muestra el número de personas que visitaron el parque.

VISITAS AL PARQUE	
Mes	**Visitantes**
mayo	4,559
junio	6,845
julio	7,850
agosto	5,500
septiembre	4,295

¿En qué meses hubo más de 5,000 visitantes?

A mayo, junio, septiembre

B junio, julio, agosto

C julio, agosto, septiembre

D mayo, julio, agosto

4. El Sr. Marshall compró una puerta nueva. Le costó $237. ¿Cuánto es este dinero redondeado a la centena más próxima?

F $300   **G** $100   **H** $200   **J** $400

5. ¿Cuál es el grupo de números impares?

A 23, 25, 27, 29

B 92, 93, 98, 100

C 87, 89, 90, 92

D 41, 43, 48, 51

6. Mikala compró unos pantalones por $25 y una camiseta por $12. ¿Cuánto gastó redondeando a los diez dólares más próximos?

F $30   **G** $40   **H** $50   **J** $60

7. ¿Qué expresión es la correcta?

A $492 < 489$

B $737 > 641$

C $325 = 339$

D $171 < 117$

8. Tilly tiene 33 monedas de 10¢. Yvonne tiene 28 monedas de 10¢. ¿Cuál es la mejor manera de estimar cuántas monedas de 10¢ tienen las dos juntas?

F $40 + 30$

G $35 + 25$

H $30 + 30$

J $30 + 20$

DIVERSIÓN

BUSCAR UN PATRÓN

PROPÓSITO Usar el razonamiento lógico para descubrir patrones en números hasta el 100

1. Si escribes los números del 1 al 100, ¿cuántas veces habrás usado el dígito 9?

2. Si escribes los números del 1 al 100, ¿cuántas veces habrás usado el dígito 0?

3. Si escribes los números del 1 al 100. ¿cuántas veces habrás usado el dígito 1?

NÚMEROS ROMANOS

PROPÓSITO Comprender el valor de un dígito

Los romanos usaban letras para representar números. Estos son algunos ejemplos de números romanos. Con estas letras se formaban otros números mediante la suma y la resta.

$1 = I$ $5 = V$ $10 = X$

¿Puedes escribir los números que faltan en la gráfica?

De Salto en Salto

PROPÓSITO Comprender y comparar el valor de los dígitos

MATERIALES una flecha giratoria del 0 al 9, una tabla u hoja de papel con los valores posicionales, un lápiz

El juego consiste en formar el número más grande que puedan. Juega con un compañero y túrnense en hacer girar la flecha.

- Haz girar la flecha y escribe en tu tabla el dígito que salga.

- Haz girar de nuevo la flecha y escribe el dígito en otro lugar de tu tabla.

- Continúa hasta que hayas formado un número de cinco dígitos.

- Lean y comparen sus números. El jugador que haya sacado el número más grande gana un punto.

- El primer jugador en anotarse cinco puntos gana.

Decenas de millar	Millares	Centenas	Decenas	Unidades

PARA LA CASA Juega con algún miembro de tu familia para ver quien forma el número de cinco dígitos más grande.

Dígitos que desaparecen

Aplica el valor posicional para convertir un número en otro haciendo desaparecer un dígito.

EJEMPLOS

A Convierte 1,620 en 1,020.

Piensa: Los millares, las decenas y las unidades son iguales en los dos números. Para que desaparezca el 6 hay que restar 6 centenas, ó 600.

B Convierte 1,970 en 1,000.

Piensa: Los millares y las unidades son iguales en los dos números. Para que desaparezcan el 9 y el 7 hay que restar 9 centenas y 7 decenas, ó 970.

▶ PRÁCTICA

Indica la cantidad que has restado para que desaparezcan los dígitos.

1. Convierte 845 en 45.

2. Convierte 398 en 308.

3. Convierte 725 en 700.

4. Convierte 4,297 en 297.

5. **Usar la calculadora** Inventa un juego de Desaparición de Dígitos. Teclea un número en la calculadora. Un compañero teclea ese mismo número.

Aplica el valor posicional para hacer que desaparezcan uno o más dígitos. Muéstrale a tu compañero el nuevo número. Tu compañero debe conseguir ese número. Túrnense.

Repaso y guía de estudio

CAPÍTULOS 8-10

Repaso del vocabulario

Elige un término del recuadro de vocabulario para completar la oración.

VOCABULARIO
cardinal
número de referencia
ordinal

1. Un número __?__ indica cantidad. (página 128)

2. Un número __?__ indica posición u orden. (página 128)

3. Números como 10, 25, 50 y 100 que te ayudan a ver su relación con otros números son __?__. (página 136)

Estudia y resuelve

CAPÍTULO 8

EJEMPLO

Usa patrones de decenas para hallar el total de la suma.

$33 + 10 + 10$
$43 + 10 = 53$

Usa la palabra LETRA para resolver los Problemas 4–6. Después indica si tu respuesta es un número *cardinal* u *ordinal*. (páginas 128–129)

4. ¿Cuántas letras hay en la palabra?

5. ¿En qué posición está la letra L?

6. ¿En qué posición está la letra A?

Escribe *verdadero* o *falso* para resolver los Problemas 7–9. Cambia las palabras incorrectas por las palabras correctas para transformar en verdaderas las oraciones falsas. (páginas 130–131)

7. En 1 centena hay 100 unidades.

8. Una moneda de 10¢ equivale a 10 monedas de 1¢.

9. En 1 centena hay 10 unidades.

Para resolver los Problemas 10–12 usa patrones de decenas para hallar el total de la suma o la diferencia. (páginas 134–135)

10. $22 + 10 + 10$

11. $29 - 10 - 10$

12. $37 - 10 - 10$

Halla la solución. (páginas 136–139)

13. Una caja de lápices queda vacía hasta la mitad después de que Joan saca 10 lápices. ¿Aproximadamente cuántos lápices hay en una caja llena?

CAPÍTULO 9

EJEMPLO

Escribe el valor del dígito en azul.

24,069   4 millares, ó 4,000

Para resolver los Problemas 14–17, escribe cuántas centenas, decenas y unidades hay en el número. (páginas 144–145)

14. 734

15. 805

16. 120

17. 692

Para resolver los Problemas 18–19, usa patrones de centenas o millares para hallar el total de la suma o la diferencia. (páginas 148–149)

18. $617 - 400$

19. $4,135 + 3,000$

Para resolver los Problemas 20–23, escribe el valor del dígito en azul.

(páginas 144–145, 150–153)

20. 490

21. 683

22. 65,408

23. 31,987

Para resolver los Problemas 24–27, escribe cada número en forma normal. (páginas 150–159)

24. $80,000 + 6,000 + 400 + 2$

25. $30,000 + 7,000 + 500 + 60 + 3$

26. veinticuatro mil seiscientos diecinueve

27. quince mil novecientos diez

Para resolver los Problemas 28–31, elige 1,000 ó 10,000 como número de referencia para estimar o contar cada número. (páginas 154–155)

28. $2,531$

29. $23,650$

30. $65,022$

31. $3,291$

CAPÍTULO 10

EJEMPLO

Redondea a la centena más próxima.

436 Fíjate en el dígito de la derecha del dígito que estás redondeando.

400 $3 < 5$, entonces redondea 436 a 400.

Para resolver los Problemas 32–33, compara los números.

Escribe $<$, $>$ o $=$. (páginas 164–167)

32.

C	D	U
	9	9
1	0	1

99 ● 101

33.

M	C	D	U
4,	3	1	2
3,	2	9	8

4,312 ● 3,298

Para resolver los Problemas 34–36, escribe los números ordenados de menor a mayor. (páginas 168–169)

34. $495, 513, 476$

35. $512, 503, 514$

36. $387, 415, 407$

Para resolver los Problemas 37–38, redondea el número a la centena más próxima. (páginas 172–173)

37. 419

38. 550

Para resolver los Problemas 39–42, indica entre qué dos decenas o centenas está cada número. Indica a qué se redondea el número.

(páginas 172–173)

39. 45

40. 320

41. 84

42. 760

43. 67

44. 440

Evaluación del rendimiento

Conceptos: Demuestra lo que sabes

1. Dibuja 7 monedas de 10¢ y 30 monedas de 1¢. Usa tu dibujo para explicar que 7 monedas de 10¢ y 30 monedas de 1¢ es lo mismo que $1.00. (páginas 130–131)

2. Haz un modelo de 359 con bloques de base diez. Usa los bloques para explicar la forma desarrollada de 359. (páginas 144–145)

3. Explica cómo podrías usar bloques de base diez o una tabla de valor posicional para comparar 67 y 64. Luego escribe <, > o = para comparar los números. Lee la comparación. (páginas 164–167)

67 ⬤ 64

Resolución de problemas

Halla la solución. Explica el método que usaste.

ELIGE una estrategia y un método.

- Hallar el patrón
- Hacer un modelo
- Escribir un enunciado numérico
- Representar
- Hacer una tabla
- Hacer un dibujo

 Lápiz y papel   Calculadora   A mano   Cálculo mental

4. Tina tiene dos frascos de igual tamaño llenos de canicas. Diez canicas llenan un frasco hasta la mitad. Dibuja un modelo para mostrar los frascos. Indica cuántas canicas en total tiene Tina. (páginas 136–137)

5. Los programas para los partidos de béisbol vienen en cajas de mil. ¿Cuántas cajas de programas se necesitaron para cada partido? (páginas 156–157)

ENTRADAS VENDIDAS	
Martes	4,805
Viernes	10,236
Sábado	12,479
Domingo	9,625

6. Cuatro jugadores de fútbol pesan 235 libras, 196 libras, 228 libras y 231 libras respectivamente. Ordénalos del más pesado al más liviano. (páginas 170–171)

Repaso acumulativo

Resuelve el problema. Después escribe la letra de la respuesta correcta.

Estima la suma redondeando.

1.
$$\begin{array}{r} 43 \\ +58 \\ \hline \end{array}$$
A. 80
B. 90
C. 100
D. 110
(páginas 24–27)

Halla el total de la suma.

2.
$$\begin{array}{r} 648 \\ +476 \\ \hline \end{array}$$
A. 172
B. 1,014
C. 1,024
D. 1,124
(páginas 52–53)

Usa el horario para resolver los Problemas 3–4.

HORARIO DE REUNIONES DE MONTE		
Persona	**Hora**	**Duración**
Srta. Jones	9:00–9:30	30 min
Sr. Sprague	9:30–10:00	?
Srta. Gardi	?	30 min
Sr. Ross	10:30–11:15	45 min

(páginas 92–97)

3. ¿A qué hora se reúne Monte con la Srta. Gardi?

A. 9:00–9:30   **B.** 9:30–10:00
C. 10:00–10:30   **D.** 10:30–11:15

4. ¿Cuánto tiempo dura la reunión de Monte con el Sr. Sprague?

A. 15 minutos   **B.** 30 minutos
C. 45 minutos   **D.** 55 minutos

5. Un número __?__ indica posición u orden.

A. cardinal   **B.** ordinal
(página 128)

6. En un dólar hay 100 __?__ .

A. monedas de 1¢   **B.** monedas de 5¢
C. monedas de 10¢   **D.** monedas de 25¢
(páginas 130–131)

Usa patrones de millar para hallar la diferencia.

7. $4{,}254 - 2{,}000$

A. 2,254   **B.** 4,054
C. 4,234   **D.** 6,254
(páginas 148–149)

¿Cuál es el valor del dígito en azul?

8. 54,307

A. 4 decenas
B. 4 centenas
C. 4 millares
D. 4 decenas de millar
(páginas 144–145, 150–153)

Escribe el número en forma normal.

9. $4{,}000 + 300 + 5$

A. 4,305   **B.** 4,355
C. 40,305   **D.** 40,350
(páginas 150–153)

10. Redondea 350 a la centena más próxima.

A. 300
B. 350
C. 360
D. 400
(páginas 174–175)

11 OPERACIONES DE MULTIPLICACIÓN DE 0 A 5

Mucha gente piensa que las arañas son insectos. Las arañas tienen 8 patas, mientras que los insectos tienen sólo 6. Un ciempiés es un animal que tiene un par de patas en cada segmento de su cuerpo.

Patas y más patas

¿Alguna vez te has preguntado cómo sería tener más de dos patas? Los animales usan sus patas para moverse de un lugar a otro y para buscar comida, agua y refugio.

Observa las fotos de los animales que aparecen en estas páginas. Cuéntalos de dos en dos.

- ¿Cuántos grupos de dos patas tiene cada animal?

- ¿Cuántas patas tiene cada animal?

MATERIALES: cartón, revistas, tijeras, pegamento, marcadores

Busca cuantas fotos puedas de animales que tengan 2, 4, 6, 8 o más patas. Agrupa los animales que tengan la misma cantidad de patas y haz un cartel sobre los animales.

¿TE ACORDASTE DE

✓ buscar fotos de animales con 2, 4, 6, 8 o más patas?

✓ agrupar los animales que tienen la misma cantidad de patas?

✓ hacer un cartel sobre los animales?

¿Cuántas patas tengo?

Hacer grupos iguales

Investigarás objetos que existen en grupos iguales.

Los zapatos y guantes se venden en grupos de 2. Los dedos de tus manos y de tus pies forman grupos de 5. Haz modelos que representen grupos iguales.

▶ EXPLORA

MATERIALES: fichas, papel de dibujo

Usa fichas para indicar la cantidad de patas que hay en un grupo de 3 patos.

MODELO

Haz un modelo dibujando un círculo por cada pato. Coloca fichas en cada círculo para representar las patas.

Anota

Dibuja tu modelo. Escribe lo que el modelo representa. Cuenta las fichas para hallar el total.

4 grupos de 2 es _?_ .

▶ INTÉNTALO

Haz modelos para representar:

1. la cantidad de zapatos que usan 4 personas.

2. la cantidad de dedos en 2 pies.

3. la cantidad de dedos en 2 manos.

4. la cantidad de dedos en 4 manos.

5. Observa tus modelos. Indica cuántos grupos hay y cuántos elementos hay en cada grupo.

6. ✏️ **Por escrito** Explica cómo dibujar un modelo para representar la cantidad de zapatos que usan 6 jugadores de fútbol.

▶ PRÁCTICA

Usa fichas para que te sea más fácil hallar la cantidad total. Haz un dibujo de tu modelo.

7. 2 grupos de 5 **8.** 3 grupos de 5 **9.** 1 grupo de 2

10. 5 grupos de 2 **11.** 7 grupos de 2 **12.** 5 grupos de 5

Observa los dibujos. Escribe cuántos hay en total.

Tecnología

💿 Puedes multiplicar grupos iguales usando E-Lab, Actividad 11. Disponible en CD-ROM e Internet: **www.hbschool.com/elab**

13. 2 grupos de 5 = ? **14.** 7 grupos de 2 = ?

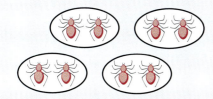 

15. 4 grupos de 2 = ? **16.** 3 grupos de 2 = ?

Resolución de problemas • Aplicaciones mixtas

17. Cálculo mental Cada niño tiene 2 palitos chinos. ¿Cuántos palitos tienen 9 niños?

18. Sentido numérico Tim trabaja en un taller de bicicletas. Colocó ruedas nuevas a 5 bicicletas. ¿Cuántas ruedas nuevas colocó?

19. Razonamiento Alicia necesita 12 duraznos. ¿Tendrá suficientes duraznos si compra 2 paquetes de 5 duraznos cada uno? Explica.

20. Consumidor Las ciruelas se venden en paquetes de 2 ó 5 ciruelas. Jason necesita 10 ciruelas. ¿Cuántos paquetes deberá comprar?

Multiplicar por 2 y por 5

¿Por qué es importante? Podrás usar la multiplicación como una manera rápida de contar cuando hay grupos iguales.

Los cinco miembros de la familia de Brett fueron a un partido de fútbol. Brett llevó 2 latas de jugo para cada uno. ¿Cuántas latas llevó en total?

Usa fichas para hallar la respuesta.

MODELO

¿Cuánto es 5 × 2?

Paso 1

Dibuja 5 círculos, 1 círculo por cada persona.

Paso 2

Coloca dos fichas en cada círculo, 1 ficha por cada lata de jugo.

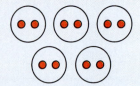

Paso 3

Hay 5 grupos de 2 cada uno.

- Puedes sumar para hallar la cantidad total.
  2 + 2 + 2 + 2 + 2 = 10

- Puedes contar salteado para hallar la cantidad total. **2, 4, 6, 8, 10**

- Cuando los grupos tienen el mismo número de elementos, puedes multiplicar para hallar la cantidad total. **5 veces 2 es igual a 10**

Entonces, Brett llevó 10 latas en total.

LA EDUCACIÓN FÍSICA Y LOS NÚMEROS

El fútbol es el deporte de equipo que más se practica en el mundo. Si en cada equipo hay 3 defensas, ¿cuántos defensas hay en 2 equipos?

factor factor producto

El enunciado de multiplicación es 5 × 2 = 10.

- Los números que multiplicas son **factores**.

- La respuesta a un problema de multiplicación es el **producto**.

Explica lo que sabes RAZONAMIENTO CRÍTICO

- ¿En qué se parecen la suma y la multiplicación? ¿En qué se diferencian?

- ¿Cómo sabes si debes sumar o multiplicar para hallar la cantidad total?

▶ COMPRUEBA

Suma y multiplica para hallar el total.

1.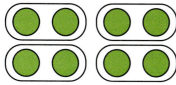

$2 + 2 + 2 + 2 = \underline{\ ?\ }$

$4 \times 2 = \underline{\ ?\ }$

2.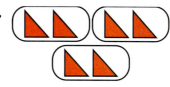

$2 + 2 + 2 = \underline{\ ?\ }$

$3 \times 2 = \underline{\ ?\ }$

3.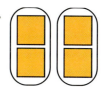

$2 + 2 = \underline{\ ?\ }$

$2 \times 2 = \underline{\ ?\ }$

▶ PRÁCTICA

Suma y multiplica para hallar el total.

4.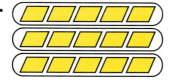

$5 + 5 + 5 = \underline{\ ?\ }\ 15$

$3 \times 5 = \underline{\ ?\ }\ 15$

5.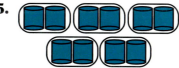

$2 + 2 + 2 + 2 + 2 = \underline{10}$

$5 \times 2 = \underline{\ ?\ }\ 10$

6.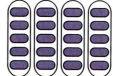

$5 + 5 + 5 + 5 = \underline{\ ?\ }$

$4 \times 5 = \underline{\ ?\ }$

Copia y completa la tabla.

	×	1	2	3	4	5	6	7	8	9
7.	2	?	?	?	?	?	?	?	?	?
8.	5	?	?	?	?	?	?	?	?	?

Halla el producto. Puedes hacer un dibujo.

9. $8 \times 2 = \underline{\ ?\ }$ **10.** $4 \times 5 = \underline{\ ?\ }$ **11.** $2 \times 2 = \underline{\ ?\ }$ **12.** $5 \times 5 = \underline{\ ?\ }$

13. $9 \times 5 = \underline{\ ?\ }$ **14.** $1 \times 2 = \underline{\ ?\ }$ **15.** $6 \times 5 = \underline{\ ?\ }$ **16.** $7 \times 5 = \underline{\ ?\ }$

Resolución de problemas • Aplicaciones mixtas

17. Consumidor Samuel compró 3 paquetes de carros de juguete. En cada paquete hay 2 carros. ¿Cuántos carros compró?

18. Rebecca compró 2 manzanas rojas y 5 verdes. ¿Cuántas manzanas compró?

19. Drew tiene 5 pares de medias blancas y 2 de negras. ¿Cuántos pares más de medias blancas que de negras tiene?

20. ▭ **Escribe un problema** acerca de 6 equipos de relevos con 5 niños en cada equipo.

LA LECCIÓN CONTINÚA ▷

Estrategia para resolver problemas: Hacer un dibujo

▶ **PROBLEMA** Antes del partido de fútbol, 6 jugadores practicaron entre ellos. Cada uno hizo 5 tiros de práctica. ¿Cuántos tiros hicieron en total?

COMPRENDER

- ¿Qué debes hallar?

- ¿Qué información vas a usar?

- ¿Hay alguna información que no vas a usar? Si es así, ¿cuál?

RECUERDA:
· · · · · · · · · · · · · · · · · ·
COMPRENDER
PLANEAR
RESOLVER
REVISAR

PLANEAR

- ¿Qué estrategia puedes usar?

  Puedes *hacer un dibujo* para hallar cuántos tiros hicieron en total.

RESOLVER

- ¿Cómo puedes usar la estrategia para resolver el problema?

  Puedes hacer un dibujo para mostrar los 6 jugadores y los 5 tiros hechos por cada jugador.

- Dibuja 6 círculos para representar los 6 jugadores.

- Dibuja 5 puntos en cada círculo para representar los 5 tiros hechos por cada jugador.

  Entonces, hicieron 30 tiros de práctica.

REVISAR

- ¿Cómo puedes saber si tu respuesta tiene sentido?

- ¿Qué otra estrategia puedes usar?

Haz un dibujo para hallar la solución.

1. Imagina que 8 jugadores hicieron tiros de práctica. Cada uno hizo 5 tiros. ¿Cuántos tiros de práctica hicieron en total?

2. Beth y su mamá hicieron un tablero. Usaron 5 filas de baldosas de 5 baldosas cada una. ¿Cuántas baldosas usaron?

3. Ted leyó 7 libros en agosto, 4 libros en septiembre y 9 en octubre. ¿Cuántos libros leyó en los tres meses?

4. Melanie tiene 7 monedas en el bolsillo. El valor total de las monedas es 33¢. ¿Qué monedas tiene Melanie?

Resolución de problemas • Aplicaciones mixtas

Halla la solución.

ELIGE una estrategia y un método.

- **Hacer un dibujo** • **Representar**
- **Hacer un modelo** • **Escribir un enunciado**
- **Hallar un patrón**   **numérico**

Lápiz y papel Calculadora A mano Cálculo mental

5. Julie hace 5 vestidos. Necesita 2 botones para cada vestido. ¿Cuántos botones necesita?

6. Ana dice una adivinanza a 3 amigos. Cada amigo se la dice a otros 2 amigos. ¿Cuántas personas conocen la adivinanza?

7. En un autobús hay 12 personas. Cuando el autobús para, 4 personas bajan y 8 personas suben. ¿Cuántas personas hay en el autobús ahora?

8. Pat compró un libro que costó $2.59. Si pagó con $5.00, ¿cuánto cambio recibió?

9. Sam lee 2 horas al día y juega en la computadora 1 hora al día. ¿Cuántas horas lee en 5 días?

10. ¿Cuántos cubos necesitarías para construir esta escalera?

11. Sari usó este patrón para hacer un collar: 1 cuenta negra y luego 4 cuentas plateadas. Usó 20 cuentas en total. ¿Cuántas cuentas negras usó?

Multiplicar por 3

VOCABULARIO

propiedad de orden de la multiplicación

¿Por qué es importante? La propiedad de orden te ayudará a memorizar las operaciones de multiplicación.

Lía y Kim practicaron para la competencia de natación de primavera.

Lía practicó 2 horas al día durante 3 días. ¿Cuántas horas practicó en total?

Para representar 2 horas, avanza 2 espacios. Para representar 3 días, da 3 saltos de 2 espacios.

3 saltos

2 espacios por cada salto

Multiplica. $3 \times 2 = 6$

Kim practicó 3 horas al día durante 2 días. ¿Cuántas horas practicó en total?

Para representar 3 horas, avanza 3 espacios. Para representar 2 días, da 2 saltos de 3 espacios

2 saltos

3 espacios por cada salto

Multiplica. $2 \times 3 = 6$

¿Quién practicó más horas: Lía o Kim?

Entonces, cada niña practicó durante 6 horas.

La **propiedad de orden de la multiplicación** permite multiplicar dos números en cualquier orden. El producto es el mismo.

EJEMPLO

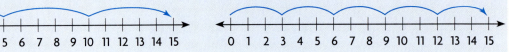

Multiplica. $3 \times 5 = 15$

Multiplica. $5 \times 3 = 15$

Entonces, el producto de 3×5 y 5×3 es el mismo.

Explica lo que sabes

- ¿Cambia el producto si cambias el orden de los factores? Da un ejemplo.

- ¿Cambia la suma si cambias el orden de los sumandos? Da un ejemplo.

- ¿Se pueden restar números en cualquier orden? Da un ejemplo.

RECUERDA:

Sumandos son los números que se suman. La respuesta es **la suma**.

sumando sumando suma

$5 + 2 = 7$

Kim y Lía están aprendiendo a saltar del trampolín.

Lía salta 4 veces al día durante 3 días. Kim salta 3 veces al día durante 4 días. ¿Qué recta numérica representa los saltos de Lía? ¿Y los de Kim? ¿Cuántas veces salta cada niña?

A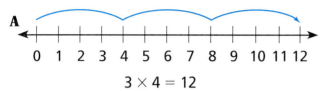

$$3 \times 4 = 12$$

B

$$4 \times 3 = 12$$

La recta numérica A muestra los saltos de Lía.
La recta numérica B muestra los saltos de Kim.
Cada niña salta 12 veces.

Explica lo que sabes

RAZONAMIENTO CRÍTICO Imagina que Kim salta 8 veces cada día durante 3 días, y que Lía salta 3 veces al día durante 8 días. ¿Cuántas veces salta cada niña?

- ¿Cómo usarías las rectas numéricas para hallar cuántas veces saltan?

▶ COMPRUEBA

Completa los enunciados numéricos usando la recta numérica.

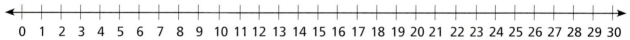

1. $3 \times 6 =$ ___?___   **2.** $6 \times 3 =$ ___?___   **3.** $3 \times 9 =$ ___?___

4. $9 \times 3 =$ ___?___   **5.** $3 \times 7 =$ ___?___   **6.** $7 \times 3 =$ ___?___

7. $3 \times 5 =$ ___?___   **8.** $5 \times 3 =$ ___?___   **9.** $2 \times 3 =$ ___?___

10. $3 \times 8 =$ ___?___   **11.** $1 \times 3 =$ ___?___   **12.** $8 \times 3 =$ ___?___

Copia cada recta numérica. Dibuja los saltos para hallar cada producto.

13.

$$2 \times 4 =$$ ___?___

14.

$$4 \times 2 =$$ ___?___

15. ✏️ **Por escrito** Usa una recta numérica para explicar por qué $1 \times 5 = 5 \times 1$.

LA LECCIÓN CONTINÚA

193

▶ PRÁCTICA

Completa el enunciado de multiplicación para cada recta numérica.

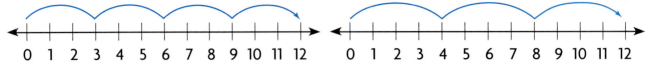

16. $4 \times 3 = $ _?_

17. $3 \times 4 = $ _?_

Usa la recta numérica. Halla el producto.

18. $6 \times 3 = $ _?_

19. $5 \times 4 = $ _?_

20. $9 \times 3 = $ _?_

21. $2 \times 9 = $ _?_

22. $3 \times 3 = $ _?_

23. $4 \times 3 = $ _?_

24. $8 \times 2 = $ _?_

25. $5 \times 2 = $ _?_

26. $5 \times 5 = $ _?_

27. $3 \times 9 = $ _?_

28. $5 \times 1 = $ _?_

29. $2 \times 3 = $ _?_

30. $3 \times 6 = $ _?_

31. $8 \times 3 = $ _?_

32. $9 \times 2 = $ _?_

33. $3 \times 4 = $ _?_

34. $2 \times 8 = $ _?_

35. $1 \times 8 = $ _?_

36. $3 \times 2 = $ _?_

37. $3 \times 7 = $ _?_

38. $2 \times 4 = $ _?_

39. $7 \times 3 = $ _?_

40. $4 \times 2 = $ _?_

41. $3 \times 8 = $ _?_

Resolución de problemas • Aplicaciones mixtas

42. Observación ¿Cuántas pelotas de tenis tienes si compras 4 envases de pelotas?

43. Razonamiento Jody necesita 25 pelotas de Ping-Pong®. En cada paquete hay 5 pelotas. Si ella compra 5 paquetes, ¿tendrá la cantidad que necesita? Explica.

44. Tiempo Sam jugó al tenis 2 horas y 30 minutos. Comenzó a jugar a las 3:30 p.m. ¿A qué hora terminó de jugar?

45. Dinero Jody gastó $6.35 en la tienda de deportes. Pagó con un billete de $10.00. ¿Cuánto cambio recibió?

46. Lógica Carl tiene $4 más que Susan. Susan tiene $6. Ray tiene $5 más que Carl. ¿Cuánto dinero tiene Ray?

47. ▭ **Escribe un problema** con la información sobre las pelotas de tenis o de Ping-Pong®.

CAPÍTULO 12

EJEMPLO

$6 \times 4 = 24$

Una matriz te puede ayudar a multiplicar.

Puedes dividir esta matriz en 2 más pequeñas.

Completa la tabla.

15. (páginas 208–215)

×	5	6	7	8	9
9	45	?	?	?	?

Halla el producto para resolver los Problemas 16–19. (páginas 208–215)

16. $6 \times 6 = \underline{\ ?\ }$ **17.** $7 \times 8 = \underline{\ ?\ }$

18.
$$\begin{array}{r} 7 \\ \times 9 \\ \hline \end{array}$$

19.
$$\begin{array}{r} 8 \\ \times 9 \\ \hline \end{array}$$

Halla la solución. (páginas 216–217)

20. Matt compró 4 paquetes de tarjetas deportivas. Cada paquete tiene 8 tarjetas. ¿Cuántas tarjetas tiene?

CAPÍTULO 13

EJEMPLO

$12 \div 4 = \underline{\ ?\ }$

La división es una resta repetida.

$$\begin{array}{ccc} 12 & 8 & 4 \\ -4 & -4 & -4 \\ \hline 8 & 4 & 0 \end{array}$$ entonces $12 \div 4 = 3$.

Escribe el enunciado de división que indica la resta repetida. (páginas 228–229)

21.
$$\begin{array}{cccc} 20 & 15 & 10 & 5 \\ -5 & -5 & -5 & -5 \\ \hline 15 & 10 & 5 & 0 \end{array}$$

Para resolver los Problemas 22–23, escribe la familia de operaciones para el conjunto de números.

(páginas 232–233)

22. 6, 2, 12   **23.** 9, 4, 36

Para resolver los Problemas 24–25, escribe la operación de multiplicación que usas para hallar el cociente. Escribe el cociente. (páginas 234–235)

24. $24 \div 3 = \underline{\ ?\ }$ **25.** $25 \div 5 = \underline{\ ?\ }$

Halla la solución. (páginas 238–239)

26. Bob tiene 12 lápices y 3 cajas. Puso la misma cantidad de lápices en cada caja. ¿Cuántos lápices puso en cada caja?

CAPÍTULO 14

EJEMPLO

Una matriz te puede ayudar a dividir.

$28 \div 7 = 4$

Halla el cociente para resolver los Problemas 27–28. (páginas 244–245, 250–251)

27. $72 \div 8 = \underline{\ ?\ }$ **28.** $45 \div 5 = \underline{\ ?\ }$

Halla la solución. (páginas 252–255)

29. Ana tiene 3 primos. Ella cocinó 2 pastelitos para cada uno de ellos. ¿Cuántas pastelitos hizo Ana?

Evaluación del rendimiento

CAPÍTULOS 11–14

Conceptos: Demuestra lo que sabes

1. Escribe un enunciado de suma y un enunciado de multiplicación para la ilustración. Explica cómo están relacionados los enunciados.

(páginas 188–190)

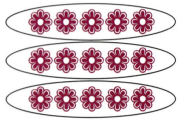

2. Usa fichas cuadradas para hacer matrices que indiquen el producto de cada operación básica. Explica tu método.

(páginas 206–213)

$3 \times 6 = \underline{\ ?\ }$ $6 \times 7 = \underline{\ ?\ }$
$5 \times 8 = \underline{\ ?\ }$ $4 \times 5 = \underline{\ ?\ }$

3. Explica cómo puedes usar la resta para hallar la solución.
$12 \div 2 = \underline{\ ?\ }$ **(páginas 228–229)**

4. Explica qué demuestran estas operaciones acerca del uso de 0 y 1 en la división.

(páginas 246–247)

$7 \div 7 = 1$
$7 \div 1 = 7$
$0 \div 7 = 0$

Resolución de problemas

Halla la solución. Explica el método que usaste.

ELIGE una estrategia y un método.

- Hallar un patrón
- Hacer una tabla
- Escribir un enunciado numérico
- Hacer un dibujo
- Hacer un modelo

 Lápiz y papel    Calculadora   A mano   Cálculo mental

5. En la escuela King hay 4 equipos de basquetbol. Cada equipo tiene 5 jugadores. ¿Cuántos jugadores hay en total? **(páginas 190–191)**

6. En la clase hay 9 filas de mesas. En cada fila hay 6 mesas. ¿Cuántas mesas hay en la clase? **(páginas 216–217)**

7. La Sra. Palmer compró 4 paquetes de 6 latas de refrescos. ¿Cuántas latas de refrescos compró?

(páginas 238–239)

8. Sugar Tops Cereal se vende en cajas de 12, 20 y 36 onzas. ¿Cuántas porciones de 4 onzas hay en cada caja? **(páginas 252-253)**

Repaso acumulativo

Resuelve el problema. Escribe la letra de la respuesta correcta.

1. $7 + 5 + 5 = \underline{\ ?\ }$

A. 16   **B.** 17
C. 18   **D.** 27

(páginas 18–19)

2.
$$\begin{array}{r} \$8.00 \\ -\ 5.95 \end{array}$$

A. $2.05
B. $2.15
C. $3.95
D. $13.95

(páginas 56–57, 62–65)

3. ¿Qué hora se indica?

A. 3:27   **B.** 3:52
C. 4:27   **D.** 5:17

(páginas 82–83)

4.
$$\begin{array}{r} \$2.46 \\ +\ 3.52 \end{array}$$

A. $5.78
B. $5.98
C. $5.99
D. $6.98

(páginas 114–115)

5. ¿Cuál de los siguientes es un número ordinal?

A. Quinto   **B.** 7
C. 28   **D.** 413

(páginas 128–129)

Elige el número.

6. diez mil diecinueve

A. 1,019   **B.** 10,009
C. 10,019   **D.** 10,190

(páginas 150–153)

7. $5 \times 0 = \underline{\ ?\ }$

A. 0   **B.** 1
C. 5   **D.** 50

(páginas 196–197)

8. ¿Qué dos matrices más pequeñas puedes usar para hallar $8 \times 3 = 24$?

A. 3×3 y 2×3
B. 5×3 y 2×3
C. 4×3 y 4×1
D. 4×3 y 4×3

(páginas 212–213)

9.
$$\begin{array}{r} 7 \\ \times 9 \end{array}$$

A. 16
B. 54
C. 63
D. 78

(páginas 214–215)

Escribe el número que falta en cada enunciado numérico.

10. $5 \times \underline{\ ?\ } = 45$
$45 \div 5 = \underline{\ ?\ }$

A. 6, 6   **B.** 7, 7
C. 8, 8   **D.** 9, 9

(páginas 230–231)

Escribe el enunciado de multiplicación que puedes usar para hallar el cociente.

11. $24 \div 4 = \underline{\ ?\ }$

A. $24 \div 3 = 8$ **B.** $4 \times 5 = 20$
C. $4 \times 6 = 24$ **D.** $4 \times 20 = 80$

(páginas 234–235)

12. $72 \div 9 = \underline{\ ?\ }$

A. 8   **B.** 9
C. 63   **D.** 81

(páginas 250–251)

15 REUNIR Y ANOTAR DATOS

En un acre de terreno pueden vivir hasta un millón de lombrices. La acción de las lombrices hace que la tierra endurecida se afloje. Las lombrices se alimentan de hojas y plantas marchitas y producen nutrientes para las plantas.

Científicos de la tierra

La tierra está compuesta de partículas de polvo, piedritas y organismos vivos y en descomposición.

Analiza una muestra de tierra tomada de la escuela o los alrededores.

MATERIALES: taza de cartón llena de tierra, pinzas o tenedores y cucharas de plástico, platos de cartón

- Recoge con cuidado una muestra de tierra usando los utensilios.

- Clasifica la muestra en cuatro grupos: piedras, plantas (hierbas, plantitas), materiales en descomposición (raíces, ramitas) y otros (insectos, cáscaras).

- Cuenta o mide cada elemento y lleva la cuenta.

- Organiza los datos en una tabla de frecuencia.

- Deja la muestra de tierra donde la tomaste.

¿TE ACORDASTE DE

☑ recoger y clasificar la muestra en cuatro categorías?

☑ llevar la cuenta de cada elemento?

☑ organizar los datos en una tabla de frecuencia?

☑ mostrar los resultados?

Muestra de tierra

piedras   plantas marchitas

plantas vivas   otros

Reunir y organizar datos

Investigarás cómo reunir datos y organizarlos en una tabla.

VOCABULARIO

datos

tabla de conteo

tabla de frecuencia

Se llama **datos** a la información sobre personas o cosas. Los datos pueden ser organizados y clasificados con diferentes propósitos.

Una manera de organizar datos es en una **tabla de conteo**. Este tipo de tabla usa marcas para mostrar la frecuencia con la que ocurre algo.

Otra manera de organizar datos es en una **tabla de frecuencia**. Este tipo de tabla usa números para mostrar la frecuencia con la que ocurre algo.

RECUERDA:

Las *marcas de conteo* se distribuyen en grupos de cinco para que después sea más fácil contarlas. Haz cuatro marcas verticales y una marca diagonal encima por cada grupo de cinco.

CÓMO NOS ATAMOS LOS ZAPATOS	
Tipo	**Marcas**
Cordones	卌 II
Hebillas	III
Velcro®	卌 IIII
Sin atadura	II

CÓMO NOS ATAMOS LOS ZAPATOS	
Tipo	**Número**
Cordones	7
Hebillas	3
Velcro®	9
Sin atadura	2

- ¿En qué se parecen las dos tablas? ¿En qué se diferencian?

▶ EXPLORA

Reúne datos sobre tus compañeros de clase. Organiza los datos en una tabla de conteo. Después haz una tabla de frecuencia.

MODELO

Paso 1

Elige una pregunta que hacer a tus compañeros de clase. Haz una tabla de conteo para anotar las respuestas. Incluye en la tabla las opciones de respuesta de tus compañeros.

Paso 2

Haz la pregunta a cada uno de tus compañeros. Por cada respuesta, haz una marca de conteo al lado de la opción. Después haz una tabla de frecuencia con los datos.

▶ INTÉNTALO

1. Describe en palabras los datos que recogiste sobre tus compañeros de clase. Explica lo que anotaste en las tablas.

2. ¿Por qué una tabla de conteo es buena para reunir datos?

3. 🖊 **Por escrito** ¿Por qué una tabla de frecuencia es buena para mostrar datos?

▶ PRÁCTICA

Haz una tabla de conteo de cinco actividades para hacer después de clase. Pregunta a cada compañero qué actividad prefiere y haz una marca al lado de cada actividad según la respuesta. Luego haz una tabla de frecuencia con los mismos datos.

4. ¿Qué actividad eligió la mayor cantidad de estudiantes? ¿Qué actividad tiene la menor cantidad de votos?

> Pasear en bicicleta IIII
> Mirar la TV IIII II
> Jugar con videojuegos IIII
> Dibujar II
> Practicar deportes IIII IIII

5. Compara tus tablas con las de tus compañeros. ¿Obtuvieron ellos también los mismos resultados?

Resolución de problemas
• Aplicaciones mixtas

Para resolver los Problemas 6–7 y 9 usa la tabla de conteo.

6. Transforma esta tabla de conteo en una tabla de frecuencia.

7. ¿Cuántas personas respondieron a la pregunta sobre su sándwich preferido?

8. Tania tiene 12 rebanadas de pan para hacer sándwiches. Usa 2 rebanadas para cada sándwich. ¿Cuántos puede hacer?

9. 🖊 **Escribe un problema** con la información de la tabla de conteo.

SÁNDWICHES PREFERIDOS	
Sándwich	**Marcas**
Jalea y mantequilla de cacahuate	IIII III
Queso fundido	IIII IIII I
Atún	IIII
Jamón y queso	IIII I

Tecnología

💿 Puedes reunir y organizar datos usando E-Lab, Actividad 15. Disponible en CD-ROM e Internet: **www.hbschool.com/elab**

Anotar datos

¿Por qué es importante? Podrás ver los resultados cuando haces un experimento.

Un **experimento** es una prueba que se hace para descubrir algo.

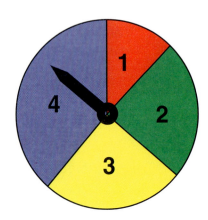

Greg y Emma hicieron un experimento con una flecha giratoria. Querían saber qué número saldría más veces y cuál menos.

Hicieron girar la flecha 50 veces. En una tabla de conteo, hicieron una marca al lado de cada número donde se detuvo la flecha.

EXPERIMENTO CON FLECHA GIRATORIA	
Número	**Veces que salió**
1	𝍮 𝍫
2	𝍮 𝍮 𝍮
3	𝍮 𝍮 𝍪
4	𝍮 𝍮 𝍮 𝍫

Explica lo que sabes

- ¿Qué número sacaron más veces Greg y Emma? ¿Qué número sacaron menos veces?

- ¿Resultó una buena idea hacer una tabla de conteo para anotar los resultados? Explica.

RAZONAMIENTO CRÍTICO ¿Qué tipo de tabla usarías para mostrar los resultados de un experimento? ¿Por qué?

▶ COMPRUEBA

1. Sarah hace un experimento lanzando 50 veces una moneda al aire. Ella anota cada vez que sale cara o cruz. Haz una tabla que pueda servirle para anotar los resultados.

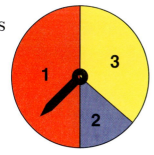

2. Colin quiere mostrar los resultados de su experimento con esta flecha giratoria. ¿Qué tipo de tabla debe usar para mostrar los resultados a la clase? ¿Por qué?

▶ PRÁCTICA

Para resolver los Problemas 3–6, indica qué clase de tabla se debe usar. Escribe *tabla de conteo* o *tabla de frecuencia.*

3. Denise hizo un experimento con un cubo numerado. Ahora quiere mostrar los resultados.

4. Jim va a hacer un experimento con una flecha giratoria. Va a anotar el color donde se detendrá la flecha cada vez que la haga girar.

5. La Sra. Putnam va a mostrar a sus estudiantes cómo anotar los resultados de un experimento con un cubo numerado y una moneda.

6. En su experimento Alec lanzó una ficha de dos colores e hizo girar una flecha giratoria. Quiere mostrar a la clase los resultados del experimento.

Resolución de problemas • Aplicaciones mixtas

7. Bobby hizo un experimento con una flecha giratoria de cuatro colores. La hizo girar 20 veces y sacó 5 veces rojo, 4 veces amarillo, 8 veces verde y 3 veces azul. Haz una tabla de frecuencia que muestre los resultados.

8. María tiró 25 veces un cubo numerado. Sacó un 1 en tres ocasiones, un 2 en cuatro ocasiones, un 3 en dos ocasiones, un 4 en cinco ocasiones, un 5 en siete ocasiones y un 6 en cuatro ocasiones. Haz una tabla de conteo que muestre los resultados.

9. ✏️ **Por escrito** Explica cuándo usar una tabla de conteo y cuándo usar una tabla de frecuencia.

LA LECCIÓN CONTINÚA ➡

Estrategia para resolver problemas:

Hacer una tabla

▶ **PROBLEMA** Greg y Emma tiran 50 veces dos cubos numerados y restan los dos números que sacan para hallar cuál es la diferencia que sale con mayor y menor frecuencia. ¿Cuál sería la mejor manera de organizar y anotar lo que sucede en el experimento?

COMPRENDER

- ¿Qué debes hallar?

- ¿Qué información vas a usar?

- ¿Hay alguna información que no vas a usar? Si es así, ¿cuál?

PLANEAR

- ¿Qué estrategia puedes usar?

  Puedes *hacer una tabla* para organizar los datos.

RESOLVER

- ¿Qué deberías poner en la tabla?

  Como Greg y Emma están anotando diferencias en su experimento, una de las columnas de la tabla puede llamarse *Diferencias.* En esa columna se escriben todas las diferencias que salgan al lanzar los dos cubos. La segunda columna puede llamarse *Tiradas.* Usa marcas de conteo para anotar cada diferencia a medida que salga.

$$4 - 2 = 2$$

EXPERIMENTO CON CUBO NUMERADO	
Diferencias	Tiradas
0	
1	
2	I
3	
4	
5	

REVISAR

- ¿Cómo puedes comprobar tu respuesta?

- ¿Qué otra estrategia puedes usar?

Halla la solución usando una tabla.

1. Jeremy y Kate están haciendo un experimento con estas dos flechas giratorias. Hacen girar las dos flechas 20 veces y cada vez anotan la suma de los dos números que salen. Muestra cómo podrían organizar una tabla sobre su experimento.

2. Heather y Sam están haciendo un experimento con una flecha giratoria que tiene una sección roja, una azul, una verde y una amarilla. En el experimento hacen girar 30 veces la flecha giratoria y anotan los resultados. Muestra cómo podrían organizar una tabla sobre el experimento.

Aplicaciones mixtas

Halla la solución.

ELIGE una estrategia y un método.

- Volver sobre los pasos
- Estimar y comprobar
- Escribir un enunciado numérico
- Representar
- Hacer una tabla

 Lápiz y papel   Calculadora   A mano   Cálculo mental

3. En un juego de tablero, Allen está detrás de Marie. Pam está delante de Steve. Pam está entre Allen y Steve. ¿Cuál es el orden de los participantes?

4. Carol recorrió en bicicleta 3 millas más que Connie. Entre las dos recorrieron 19 millas. ¿Cuántas millas recorrió cada una?

5. ¿Qué hora era hace 2 horas y 15 minutos?

6. Lauren gastó $5 en el cine. Le quedaban $7 cuando volvió a su casa. ¿Cuánto tenía cuando salió de su casa?

7. Ashley está haciendo un experimento con dos cubos numerados. Tira los cubos 25 veces y suma los dos números que salen. Muestra cómo puede organizar y anotar su experimento.

8. Hay 3 anaqueles con 8 ositos de peluche en cada uno. ¿Cuántos ositos hay en total?

Interpretar datos

¿Por qué es importante? Podrás hallar qué le gusta a la gente y qué no.

Haciendo una encuesta

Una **encuesta** es un conjunto de preguntas que se hace a un grupo de personas. Las respuestas a las preguntas son los **resultados** de la encuesta.

Bruce y Gina hicieron una encuesta para hallar cuál era el día feriado preferido de sus compañeros de clase. Esta tabla de conteo muestra las opciones y los votos de los estudiantes.

DÍA FERIADO PREFERIDO	
Día feriado	**Votos**
Día de los Presidentes	ⅢⅢ
Memorial Day	
4 de julio	‖‖‖
Día de Acción de Gracias	ⅢⅢ ⅢⅢ I
Labor Day	ⅢⅢ ‖

Explica lo que sabes `RAZONAMIENTO CRÍTICO`

- Haz una lista de los días feriados, del más al menos preferido.

- ¿Cuántos estudiantes respondieron a la encuesta de Bruce y Gina? ¿Cómo lo sabes?

- ¿Por qué piensas que Bruce y Gina usaron una tabla de conteo para hacer su encuesta?

- ¿Cuál sería una buena manera para Bruce y Gina de mostrar a otros estudiantes los resultados de su encuesta? ¿Por qué?

▶ COMPRUEBA

1. Escribe dos oraciones sobre los resultados de la encuesta que aparecen en la tabla de la derecha.

LOS ESTUDIOS SOCIALES Y LOS NÚMEROS

En noviembre de 1621, los Peregrinos celebraron el primer Día de Acción de Gracias junto a indígenas americanos. El 3 de octubre de 1863, Abraham Lincoln decretó que el Día de Acción de Gracias debía celebrarse todos los años en noviembre. ¿Cuántos años después de su primera celebración se convirtió el Día de Acción de Gracias en una fiesta nacional?

¿TIENES COMPUTADORA EN CASA?	
Respuesta	**Cantidad de personas**
Sí	ⅢⅢ ⅢⅢ I
No	ⅢⅢ ⅢⅢ ⅢⅢ ‖

Para resolver los Problemas 2–5, usa los resultados de la encuesta que aparecen en la tabla de conteo.

CEREAL PREFERIDO	
Cereal	**Votos**
Yummy Pops	𝍷𝍷𝍷𝍷𝍷 𝍷
Oat Squares	𝍷𝍷𝍷𝍷𝍷 𝍷𝍷
Krispy Kritters	𝍷𝍷𝍷𝍷𝍷 𝍷𝍷𝍷𝍷𝍷 𝍷𝍷𝍷𝍷𝍷
Fruity Puffs	𝍷𝍷𝍷𝍷𝍷 𝍷𝍷𝍷𝍷𝍷 𝍷𝍷
Tasty Flakes	𝍷𝍷𝍷𝍷𝍷 𝍷𝍷𝍷𝍷𝍷

2. Haz una lista de los cereales en orden del más al menos preferido.

3. ¿Cuántas personas respondieron a la encuesta?

4. ¿Cuántas personas más prefieren Krispy Kritters que Fruity Puffs?

5. ¿Cuántas personas más prefieren Krispy Kritters que Tasty Flakes?

Para resolver los Problemas 6–9, usa la tabla de frecuencia.

6. ¿Cuántas personas más tocan el tambor que el piano?

7. ¿Cuál es el instrumento musical que más personas tocan?

8. ¿Cuántas personas respondieron a esta encuesta?

¿QUÉ INSTRUMENTO MUSICAL TOCAS?	
Instrumento musical	**Cantidad de personas**
Piano	24
Guitarra	38
Violín	11
Flauta	16
Tambor	30

9. 🖉 **Escribe un problema** con la información de la tabla.

Resolución de problemas • Aplicaciones mixtas

10. **Medidas** Jenny corrió dos veces en un día alrededor de una pista de 440 yardas. Al día siguiente corrió 1 vez alrededor de la pista. ¿Cuántas yardas corrió en los dos días?

11. **Dinero** Cada uno de los cuatro estudiantes compró 8 lápices de colores por 5¢ cada uno. ¿Cuánto gastó cada estudiante?

Repaso y preparación para las pruebas

Halla el producto. (páginas 198–201)

12. 1
   ×8

13. 4
   ×3

14. 2
   ×6

15. 3
   ×5

16. 7
   ×2

17. 5
   ×4

Elige la letra del cociente correcto. (páginas 246–247)

18. $5 \div 5 = $ ___?___   **A** 0   **B** 5   **C** 1   **D** 3

19. $0 \div 2 = $ ___?___   **F** 2   **G** 0   **H** 1   **J** 20

20. $4 \div 1 = $ ___?___   **A** 4   **B** 1   **C** 0   **D** 2

Agrupar datos en una tabla

¿Por qué es importante? Podrás organizar los datos de manera que te permita mostrar diferencias, por ejemplo de color y tamaño.

Los datos pueden ser agrupados de acuerdo a características comunes. El tamaño, el color y la forma son algunas de las características que se pueden usar para agrupar datos.

El Sr. Davis dio una taza con botones de colores a cada estudiante. Les pidió que piensen cómo podrían agruparlos en categorías y mostrar los datos con claridad.

Corey y Evan anotaron los grupos en esta tabla.

TAZA DE BOTONES			
	Pequeños	Medianos	Grandes
Amarillo	3	2	5
Azul	2	1	3
Rojo	2	2	5

Explica lo que sabes RAZONAMIENTO CRÍTICO

- ¿Cuántos botones hay en las tazas de Corey y de Evan? ¿Cómo lo sabes?

- ¿Cuántos botones pequeños y amarillos hay? ¿Cuántos botones azules hay? ¿Cuántos botones grandes hay?

- ¿Cómo se agruparon los datos en la tabla?

▶ COMPRUEBA

1. ¿De qué maneras puedes agrupar a tus compañeros de clase?

Tecnología

Puedes hacer tablas para agrupar datos en *Graph Links Plus Computer Software.*

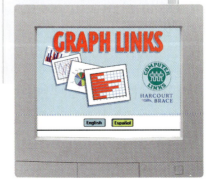

▶ PRÁCTICA

Usa la tabla para resolver los Problemas 2–6.

2. ¿Cuántos estudiantes tienen el pelo rubio y los ojos marrones?

3. ¿Cuántos estudiantes tienen los ojos azules?

4. ¿Cuántos estudiantes tienen el pelo castaño?

5. ¿Qué color de pelo tienen sólo 2 estudiantes?

6. ¿Cuántos estudiantes hay en la clase?

7. Observa las figuras de la derecha. Haz una tabla para agrupar las figuras.

ESTUDIANTES DE LA CLASE

	Pelo castaño	Pelo rubio	Pelo rojo	Pelo negro
Ojos azules	5	2	1	1
Ojos marrones	3	4	0	2
Ojos verdes	4	1	1	2

Resolución de problemas • Aplicaciones mixtas

8. Deportes En el equipo de softbol hay 8 niñas y 10 niños. De las niñas, 5 son buenas bateadoras y el resto son buenas lanzadoras. De los niños, 8 son buenos bateadores y el resto son buenos lanzadores. Haz una tabla para agrupar a los jugadores del equipo.

9. ✏️ **Escribe un problema** con los datos de la tabla.

DIBUJOS EN LA EXHIBICIÓN			
	Tiza	Creyón	Pintura
Personas	4	5	2
Paisajes	9	7	8

Repaso y preparación para las pruebas

Halla el cociente. (páginas 250–251)

10. $18 \div 6 =$?

11. $40 \div 8 =$?

12. $35 \div 5 =$?

13. $27 \div 3 =$?

14. $16 \div 4 =$?

15. $56 \div 8 =$?

Elige la letra del producto correcto. (páginas 196–197)

16. $4 \times 8 =$?
A 16
B 12
C 36
D 32

17. $7 \times 6 =$?
F 21
G 54
H 42
J 13

18. $9 \times 7 =$?
A 63
B 72
C 81
D 47

▶ Comprensión

VOCABULARIO

1. Para mostrar con qué frecuencia ocurre algo puedes organizar datos en una _?_ usando marcas de conteo o en una _?_ usando números. (página 266)

2. Los _?_ son la información sobre personas y cosas que puede ser organizada y clasificada. (página 266)

3. Un _?_ es una prueba que se hace para descubrir algo. (página 268)

4. Un conjunto de preguntas que se hace a un grupo de personas es una _?_ . Las respuestas a las preguntas son los _?_ de la encuesta. (página 272)

▶ Destrezas

Para resolver los Problemas 5–8, usa los resultados de la encuesta que aparecen en la tabla de conteo. (páginas 272–273)

5. ¿Qué pregunta se hizo en esta encuesta?

6. ¿Cuántas personas respondieron a la encuesta?

7. Haz una lista de los desayunos en orden del más preferido al menos preferido.

DESAYUNO PREFERIDO	
Desayuno	**Votos**
Panqueques	𝍷𝍷𝍷𝍷 |||
Tostadas	||||
Cereal	𝍷𝍷𝍷𝍷 𝍷𝍷𝍷𝍷
Huevos con tocino	𝍷𝍷𝍷𝍷	
Bagels con queso crema	||

8. ¿Cuántas personas más prefieren el cereal que los panqueques?

▶ Resolución de problemas

Halla la solución. (páginas 270–271)

ELIGE una estrategia y un método.

- Escribir un enunciado numérico
- Volver sobre los pasos
- Hacer una tabla
- Hallar el patrón

Lápiz y papel   Calculadora   A mano   Cálculo mental

9. Una flecha giratoria tiene secciones roja, verde y azul. Muestra cómo organizarías los resultados de un experimento con la flecha giratoria.

10. Dibuja las cuatro figuras que siguen en el patrón.

Preparación para la prueba

Elige la mejor respuesta.

1. Una clase de 25 estudiantes se fue de excursión, con 5 padres como guías. Si cada padre guió al mismo número de estudiantes, ¿a cuántos niños guió cada padre?

A 10   **B** 5

C 20   **D** 25

2. Los estudiantes lavaron 9 carros. Cobraron $3 por cada carro. ¿Cuánto dinero ganaron?

F $18   **G** $12

H $30   **J** $27

3. Dave se gastó $86 en una cámara. ¿Cuánto costó la cámara redondeando a la decena más próxima?

A $60   **B** $10

C $90   **D** $70

4. ¿Cuál es el valor de 3 en 1,367?

F 3 unidades

G 3 decenas

H 3 centenas

J 3 millares

5. El autobús tiene 9 filas de asientos. Cada fila tiene 2 asientos. ¿Cuántos pasajeros pueden ir sentados en el autobús?

A 9   **B** 36   **C** 18   **D** 27

6. Quieres meter unos 60 caramelos en una piñata. ¿Qué frasco de caramelos usarías como referencia?

F frasco de 50 caramelos

G frasco de 500 caramelos

H frasco de 5,000 caramelos

J frasco de 5 caramelos

7. Esta tabla muestra las 4 razas de perros favoritos de una ciudad.

PERROS FAVORITOS	
Raza	Cantidad
Shepherd	26
Retriever	58
Poodle	65
Cocker Spaniel	42

¿Cuál es la raza favorita?

A poodle   **B** retriever

C shepherd   **D** cocker spaniel

8. Esta tabla muestra cómo van a la escuela los estudiantes.

DE CASA A LA ESCUELA	
Transporte	Estudiantes
Carro	43
Autobús	335
Bicicleta	85
A pie	167

¿Cuál es el medio de transporte más común?

F a pie   **G** bicicleta

H autobús   **J** carro

16 REPRESENTAR DATOS

El perfil de Abraham Lincoln se usó por primera vez en las monedas de 1¢ en 1909 para celebrar el primer centenario de su nacimiento.

Coleccionar monedas de 1¢

Es muy divertido coleccionar monedas de 1¢.
Los coleccionistas tienen en cuenta la fecha,
si la moneda está gastada o nueva y la
marca de la casa de la moneda (la inicial que
aparece debajo de la fecha) antes de decidir
si la conservarán o no. Las monedas de 1¢
son acuñadas en Philadelphia (sin marca) y en
Denver (D). Hasta 1975, también se acuñaban
en San Francisco (S).

Busca la fecha y la marca de la casa de la moneda
en varias monedas de 1¢. Haz una tabla y una gráfica
que muestren información acerca de tus monedas.

MATERIALES: lupa, 25 monedas de 1¢, papel y lápiz

- Haz una tabla de conteo para las fechas.

- Haz una tabla de conteo para las marcas de las casas de
  la moneda. ¿Qué marca aparece con mayor frecuencia?

- Haz una gráfica de barras verticales con los datos sobre
  las marcas de las casas de la moneda.

- Comenta y compara las conclusiones
  de toda la clase.

¿TE ACORDASTE DE

✓ hacer tablas de conteo para
las fechas y las marcas de las
casas de la moneda?

✓ hacer una gráfica de barras
verticales?

✓ participar en el debate sobre
los resultados?

✓ compartir los resultados
entre todos?

Mis monedas de 1¢

Cantidad de monedas de 1¢

Denver   San Francisco   Philadelphia

Casas de la moneda de EE.UU.

Pictografías y multiplicaciones

¿Por qué es importante? Podrás entender las pictografías que ves en revistas y periódicos.

En una **pictografía** se muestran datos usando dibujos. La **clave** que aparece debajo de una pictografía indica la cantidad que cada dibujo representa. La siguiente pictografía muestra cómo van a la escuela los estudiantes de tercer grado de la escuela Ocean View.

CÓMO VAMOS A LA ESCUELA

A pie	✳ ✳ ✳
En bicicleta	✳ ✳ ✳ ✳
En autobús	✳ ✳ ✳ ✳ ✳ ✳
En carro	✳ ✳

Clave: Cada ✳ = 10 estudiantes.

LOS ESTUDIOS SOCIALES Y LOS NÚMEROS

Antes de que existieran los carros, la gente viajaba en coches tirados por caballos. En 1896 Henry Ford fabricó un cuadriciclo, un carro con ruedas de bicicleta. En 1908 Ford fabricó el primer carro de gasolina, el Modelo T. ¿Cómo crees que iban a la escuela la mayoría de los estudiantes en 1908?

Observa que

⇨ en la clave cada dibujo representa 10 estudiantes.

⇨ cada fila tiene un nombre, por ejemplo *A pie*, que indica cómo van a la escuela los estudiantes.

Explica lo que sabes

• ¿Cuántos estudiantes van a la escuela a pie? ¿Cómo lo sabes?

• ¿Cuántos estudiantes van en bicicleta a la escuela? ¿Cuántos van en autobús? ¿Cuántos van en carro?

▶ COMPRUEBA

1. ¿Cómo representarías en la pictografía 50 estudiantes que van en autobús a la escuela?

Usa la pictografía para resolver los Problemas 2–6.

2. ¿Cuántos estudiantes representa cada envase de jugo?

3. ¿Cuántos estudiantes prefieren cada tipo de jugo?

4. ¿Cuál es el jugo que prefieren más estudiantes? ¿Cuál el que prefieren menos?

5. ¿Cuántos estudiantes más prefieren el jugo de naranja que el ponche de frutas? ¿Cuántos más prefieren el jugo de manzana que el de toronja?

NUESTRO JUGO PREFERIDO	
Naranja	🧃🧃🧃🧃
Uva	🧃🧃🧃🧃🧃🧃🧃
Manzana	🧃🧃🧃🧃
Ponche de frutas	🧃🧃🧃
Toronja	🧃

Clave: Cada 🧃 = 5 estudiantes.

6. **Por escrito** Imagina que se añade la categoría de *Jugo de piña* con 6 dibujos en la pictografía. Indica cuántos estudiantes representan esos dibujos. ¿Cómo lo sabes?

Resolución de problemas • Aplicaciones mixtas

7. **Dinero** La Srta. Hale gastó $6.85 en jugo de manzana y $4.56 en jugo de uva. ¿Cuánto gastó en total?

8. **Tiempo** La fiesta empezó a la 1:30 y terminó 1 hora y 15 minutos más tarde. ¿A qué hora terminó?

9. **Sentido numérico** La clave de una pictografía indica que cada dibujo representa 4 estudiantes. En una fila hay 7 dibujos. ¿Cuántos estudiantes representan?

10. En una clase 17 estudiantes coleccionan monedas. En otra clase 18 estudiantes coleccionan monedas. ¿Cuántos estudiantes coleccionan monedas en total?

Repaso y preparación para las pruebas

Escribe *verdadero* o *falso*. Cambia la palabra incorrecta por la palabra correcta para transformar las oraciones falsas en verdaderas. (páginas 130–131)

11. En un dólar hay 100 monedas de 10¢.

12. En una centena hay 10 decenas.

Elige la letra del producto correcto. (páginas 214–215)

13. $8 \times 7 = $?
  A 72 **B** 35
  C 56 **D** 54

14. $9 \times 5 = $?
  F 36 **G** 54
  H 18 **J** 45

15. $6 \times 3 = $?
  A 18 **B** 15
  C 12 **D** 14

16. $7 \times 6 = $?
  F 36 **G** 42
  H 54 **J** 63

Hacer una pictografía

Investigarás cómo mostrar datos con una pictografía.

▶ EXPLORA

Haz una pictografía que muestre los datos de esta tabla de frecuencia.

MATERIALES: creyones, regla

NUESTRAS CASAS

Tipo de vivienda	Cantidad de estudiantes
Apartamento	14
Casa con jardín	20
Condominio	8
Casa sin jardín	6

MODELO

Paso 1

Copia la gráfica que aparece abajo. Incluye el título, las categorías y la clave. Observa que como todos los números de la tabla son pares, se eligió el 2 como clave.

NUESTRAS CASAS

Apartamento	
Casa con jardín	
Condominio	
Casa sin jardín	

Clave: Cada 🏠 = 2 estudiantes.

Paso 2

La clave indica que cada dibujo representa 2 estudiantes. Piensa cuántos dibujos hay que hacer para cada tipo de casa y completa la pictografía.

NUESTRAS CASAS

Apartamento	🏠 🏠 🏠 🏠 🏠 🏠 🏠
Casa con jardín	
Condominio	
Casa sin jardín	

Clave: Cada 🏠 = 2 estudiantes.

Anota

Explica cómo determinaste cuántos dibujos tenías que hacer para cada tipo de casa.

Explica lo que sabes

- ¿Por qué es útil la clave de una pictografía?

- ¿Cómo se usó cada parte de la tabla en la pictografía?

Ahora, investiga cómo mostrar en una pictografía la cantidad de entradas vendidas para la obra de teatro de la escuela.

▶ INTÉNTALO

1. Haz una pictografía para mostrar los datos de la tabla. Piensa en un símbolo para la clave que represente las entradas. Cada símbolo debe representar 5 entradas. Escribe un título y un nombre para las filas.

ENTRADAS VENDIDAS PARA LA OBRA DE TEATRO	
Día	Entradas
Lunes	20
Martes	35
Miércoles	50
Jueves	40
Viernes	25

2. **Por escrito** Explica en qué se parecen una pictografía y una tabla de frecuencia y en qué se diferencian.

Portafolio

▶ PRÁCTICA

3. Piensa en una idea para hacer una pictografía. Haz una encuesta o reúne datos sobre un tema que te interese. Luego haz una pictografía. Escoge un símbolo y una clave para la gráfica e incluye un título y categorías.

4. Indica cómo escogiste el tema de tu pictografía.

5. Explica cómo escogiste el símbolo y la clave de tu pictografía.

"Ideas para una pictografía"
1. Nuestros libros preferidos
2. Tamaño de nuestras familias
3. Nuestros colores preferidos

Resolución de problemas • Aplicaciones mixtas

6. **Dinero** Mike pagó por una revista con un billete de $10. Recibió $6.84 de cambio. ¿Cuánto costó la revista?

7. **Razonamiento lógico** En una carrera Lisa le ganó a Frank. Alan llegó después que Jill. Frank les ganó a Alan y a Jill. ¿En qué orden terminaron?

8. **Cálculo mental** Jeremy tiene 4 veces más años que Tom. Tom tiene 2 años. ¿Cuántos años tiene Jeremy?

9. **Dinero** Larry ganó $6 rastrillando hojas durante 2 horas. ¿Cuánto ganó por hora?

Interpretar gráficas de barras

¿Por qué es importante? Podrás entender las gráficas de barras que ves en revistas y periódicos.

Una **gráfica de barras** representa datos usando barras. Tiene una **escala** de números para interpretar la cantidad que representa cada barra.

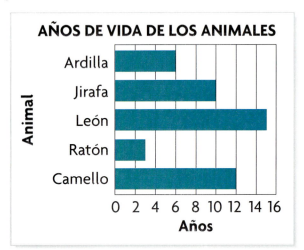

AÑOS DE VIDA DE LOS ANIMALES

En una gráfica de barras **horizontal**, las barras van de izquierda a derecha.

En una gráfica de barras **vertical**, las barras van de abajo hacia arriba.

Observa que

⇨ las dos gráficas muestran los mismos datos.

⇨ las categorías y la escala están en un lugar diferente en cada gráfica.

⇨ la barra para *Ratón* termina entre las líneas que marcan el 2 y el 4. Por lo tanto, esta barra llega hasta el 3.

▶ COMPRUEBA

1. ¿Qué escala se usa en estas gráficas de barras?

2. ¿Cuántos años vive una ardilla? ¿Y una jirafa? ¿Y un camello?

3. ¿Cuántos años vive un león? ¿Cómo lo sabes?

Tecnología

Puedes convertir la gráfica en una gráfica de barras vertical u horizontal con el programa de computadora *Graph Link Plus*.

▶ PRÁCTICA

Usa la gráfica de barras para resolver los Problemas 4–8.

4. ¿Qué tipo de gráfica de barras es ésta?

5. ¿Cuántos estudiantes eligieron el Laberinto como su juego preferido? ¿Cuántos eligieron saltar a la cuerda? ¿Y la rayuela?

6. ¿Cuál es el juego más preferido? ¿Cuál es el menos preferido?

7. Imagina que la gráfica se transforma en una gráfica de barras vertical. ¿Cómo cambiaría la gráfica?

JUEGOS PREFERIDOS

Juego: Columpio, Tobogán, Laberinto, Sube y baja, Saltar a la cuerda, Rayuela

Cantidad de votos: 0 2 4 6 8 10 12 14 16

8. ⬛ **Por escrito** Indica cuántos estudiantes eligieron el columpio como su juego preferido. Explica.

Resolución de problemas • Aplicaciones mixtas

9. Samantha escribió 3 cuentos. Donna escribió tres veces más cuentos. ¿Cuántos escribió Donna?

10. **Patrones** Halla los próximos tres números en el patrón: 3, 8, 13, 18, 23, 28, _?_, _?_, _?_.

11. **Tiempo** Melissa tocó el piano desde las 3:30 hasta las 4:15. Silvia tocó desde las 4:00 hasta las 4:40. ¿Quién tocó más tiempo? ¿Cuánto más?

12. **Consumidor** Hassan tiene un cupón de descuento de $5. Compra pegamento por $4, pinturas por $6 y un cuaderno por $2. ¿Cuánto pagará Hassan si usa el cupón?

Repaso y preparación para las pruebas

Escribe el enunciado de división que se muestra en la resta repetida. (páginas 228–229)

13.

$$20 \quad 15 \quad 10 \quad 5$$
$$\underline{-\ 5} \quad \underline{-\ 5} \quad \underline{-\ 5} \quad \underline{-5}$$
$$15 \quad 10 \quad 5 \quad 0$$

14.

$$16 \quad 12 \quad 8 \quad 4$$
$$\underline{-\ 4} \quad \underline{-\ 4} \quad \underline{-4} \quad \underline{-4}$$
$$12 \quad 8 \quad 4 \quad 0$$

Elige la letra del producto correcto. (páginas 188–189)

15. $2 \times 7 = $ _?_   **A** 9   **B** 18   **C** 14   **D** 12

16. $6 \times 5 = $ _?_   **F** 25   **G** 35   **H** 11   **J** 30

Hacer gráficas de barras

Investigarás cómo mostrar datos con una gráfica de barras.

▶ EXPLORA

Haz una gráfica de barras horizontal con los datos de esta tabla de frecuencia. Usa el título de la tabla como título de la gráfica. Usa los nombres de los deportes para las barras. La cantidad de votos sirve para elegir la escala.

DEPORTES PREFERIDOS	
Deporte	**Votos**
Fútbol americano	12
Basquetbol	6
Fútbol	4
Béisbol	8
Voleibol	6

MATERIALES: papel cuadriculado, marcadores

MODELO

Paso 1

Copia la gráfica de abajo en un papel cuadriculado. Incluye el título, los nombres y los números de la escala.

Paso 2

Completa la gráfica de barras dibujando la barra correspondiente a cada deporte. La longitud de la barra debe representar la cantidad de votos.

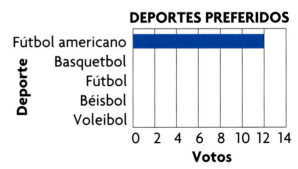

Anota

Explica cómo calculaste la longitud de la barra del basquetbol.

Explica lo que sabes

- Explica cómo hacer una pictografía para mostrar los deportes favoritos.

- Observa la tabla de frecuencia de la página 286. ¿Cómo se usa cada parte de la tabla en la gráfica de barras?

Tecnología

Puedes hacer gráficas de barras usando E-Lab, Actividad 16. Disponible en CD-ROM e Internet: www.hbschool.com/elab

▶ INTÉNTALO

1. Haz una gráfica de barras con los datos de la tabla para mostrar las carreras seleccionadas por algunos estudiantes. Usa una escala numerada de dos en dos (0, 2, 4, 6, 8). Acuérdate de ponerle un título y nombres a la gráfica.

2. ¿Qué otra escala podrías usar para los datos de la gráfica de arriba?

▶ PRÁCTICA

Busca una gráfica de barras en una revista o periódico. Recorta la gráfica y pégala en una hoja de papel. Usa la gráfica para resolver los Problemas 3–5.

3. ¿Qué muestra la gráfica?

4. ¿Qué escala se usa en la gráfica?

5. ¿Hay alguna diferencia entre esta gráfica y las gráficas que estudiaste en las dos últimas lecciones?

QUÉ QUEREMOS SER	
Carrera	**Cantidad de estudiantes**
Maestro	6
Dentista	2
Actor	6
Médico	7
Enfermero	5
Abogado	4

Resolución de problemas • Aplicaciones mixtas

6. **Sentido numérico** El libro de Dana tiene 45 páginas. Cada cuento ocupa 5 páginas. ¿Cuántos cuentos tiene el libro?

7. **Dinero** Sam gastó $1.75 en el almuerzo. Recibió $3.25 de cambio. ¿Cuánto dinero tenía antes de almorzar?

8. **Tiempo** Son las 3:20. El próximo autobús llega a las 4:00. ¿Cuánto falta para el próximo autobús?

9. **Cálculo mental** José tiene 36 fichas. Hace grupos de 4 fichas. ¿Cuántos grupos hace?

Comparar datos

¿Por qué es importante? Podrás comparar la altura y el peso de animales.

Blake hizo esta gráfica de barras para mostrar la altura de algunos animales

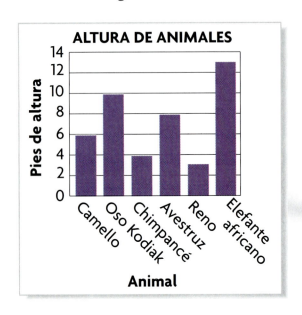

6 pies

Explica lo que sabes [RAZONAMIENTO CRÍTICO]

• ¿Es ésta una gráfica de barras horizontal o vertical?

• ¿Cuánto mide un chimpancé? ¿Y un camello? ¿Y un reno?

• ¿Cuál es el animal más pequeño? ¿Cuál es el más alto?

▶ COMPRUEBA

Usa la gráfica de barras para resolver los Problemas 1–3.

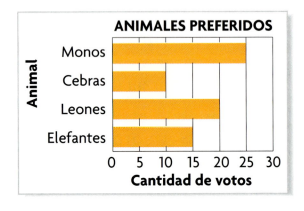

1. ¿Cuántos estudiantes prefieren los monos? ¿Cuántos prefieren los leones?

2. ¿Qué prefieren más los estudiantes: las cebras o los leones?

3. ¿Cuántos estudiantes más prefieren los monos que los elefantes?

▶ PRÁCTICA

Usa la pictografía para resolver los Problemas 4–8.

4. ¿Cuántas tarjetas de béisbol tiene Chaz? ¿Y Chris? ¿Y Lisa?

5. ¿Quién tiene más tarjetas de béisbol? ¿Quién tiene menos?

6. ¿Quién tiene más tarjetas: Chris o Lisa?

7. ¿Cuántas tarjetas de béisbol tienen Chaz y Marc juntos?

TARJETAS DE BÉISBOL

Jake	🂠 🂠 🂠 🂠 🂠
David	🂠 🂠 🂠
Chris	🂠 🂠 🂠 🂠 🂠 🂠
Chaz	🂠 🂠 🂠 🂠 🂠 🂠 🂠 🂠
Marc	🂠 🂠 🂠 🂠
Lisa	🂠 🂠 🂠 🂠 🂠 🂠 🂠

Clave: Cada 🂠 = 10 tarjetas.

8. 🖊️ **Escribe un problema** con la información de la pictografía.

Resolución de problemas • Aplicaciones mixtas

9. Razonamiento lógico En un corral de la granja hay 6 puercos. En otro corral hay el doble de pollos. ¿Cuántos pollos hay?

10. Tiempo Lacey llegó a la fiesta con 1 hora de retraso. Eran las 8:15. ¿A qué hora empezó la fiesta?

11. Razonamiento En el Club Deportivo de Springdale hay 63 estudiantes en los equipos de béisbol. Hay 7 equipos con la misma cantidad de jugadores. ¿Cuántos estudiantes hay en cada equipo?

12. Deportes En un juego de béisbol Kris anotó 4 carreras más que Jon, Jon anotó una menos que Carl y Carl anotó 3. ¿Cuántas carreras anotaron Jon y Kris cada uno?

13. Lógica En una fila hay 8 personas. María es la primera. Entre María y Jeff hay 3 personas. Max está detrás de Jeff y entre ellos hay una persona. ¿Cuál es la posición de Max?

14. 🖊️ **Escribe un problema** acerca de las plantas, arbustos y árboles del vivero de Carlos

LA LECCIÓN CONTINÚA ➡

Estrategia para resolver problemas:

Usar una gráfica

RECUERDA:

COMPRENDER

PLANEAR

RESOLVER

REVISAR

▶ **PROBLEMA** Imagina que hiciste una encuesta para saber qué hortalizas prefieren los estudiantes de tu escuela. Para mostrar los resultados, hiciste una gráfica de barras. ¿Cuáles son las hortalizas que más prefieren los estudiantes? ¿Cuáles son las que menos prefieren?

COMPRENDER

- ¿Qué debes hallar?

- ¿Qué información vas a usar?

- ¿Hay alguna información que no vas a usar? Si es así, ¿cuál?

PLANEAR

- ¿Qué estrategia puedes usar?

  Se puede usar una *gráfica para* saber qué hortaliza prefieren más estudiantes y cuál prefieren menos.

RESOLVER

- ¿Cómo puedes usar la gráfica para resolver el problema?

  Observa las barras de la gráfica que aparece en la parte de arriba de la página.

  La barra más larga es la del maíz. Entonces, el maíz es la hortaliza que más estudiantes prefieren.

  La barra más corta es la barra de los frijoles. Entonces, los frijoles son la hortaliza que menos estudiantes prefieren.

REVISAR

- ¿Qué otra estrategia puedes usar?

Usa las gráficas para resolver los Problemas 1–4.

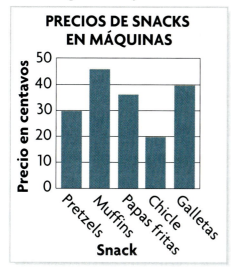

PRECIOS DE SNACKS EN MÁQUINAS

CAJAS DE GALLETAS VENDIDAS

Tammy	🥔🥔🥔🥔
Julia	🥔🥔🥔🥔🥔🥔🥔🥔
Tasha	🥔🥔🥔🥔🥔🥔
Katelyn	🥔🥔🥔
Felicia	🥔🥔🥔🥔🥔

Clave: Cada 🥔 **= 5 cajas.**

1. ¿Cuál es el snack que cuesta más? ¿Cuál es el que cuesta menos?

2. ¿Cuánto cuestan en total 2 paquetes de papas fritas y 1 de galletas?

3. ¿Cuántas cajas de galletas vendió Julia?

4. ¿Cuántas cajas más vendió Felicia que Tammy?

Aplicaciones mixtas

Halla la solución.

ELIGE una estrategia y un método.

- Escribir un enunciado numérico
- Usar una gráfica
- Representar
- Hallar el patrón

 Lápiz y papel    Calculadora   A mano   Cálculo mental

5. Val y Theresa comenzaron el proyecto de matemáticas a las 4:00. Val terminó en 15 minutos y Theresa terminó 8 minutos más tarde. ¿A qué hora terminó Theresa?

6. Carol compró un libro por $1.80. Pagó con 9 monedas. ¿Qué monedas usó?

7. Dibuja las dos próximas figuras del patrón

8. ¿Cuántos más libros de cuentos que de poesía se vendieron?

LIBROS VENDIDOS

▶ Comprensión

VOCABULARIO

1. Una gráfica que muestra datos por medio de dibujos es una __?__. (página 280)

2. Al pie de una pictografía se indica la cantidad que representa cada dibujo por medio de la __?__ (página 280)

3. Una gráfica que representa datos usando barras es una __?__ (página 284)

4. En una gráfica de barras __?__ las barras van de abajo hacia arriba. (página 284)

5. La __?__ de números de una gráfica de barras sirve para interpretar la longitud de cada barra. (página 284)

6. En una gráfica de barras __?__ las barras van de izquierda a derecha. (página 284)

▶ Destrezas

Usa la gráfica de barras para resolver los Problemas 7–9 (páginas 284–287)

7. ¿Quién tiene más discos compactos? ¿Quién tiene menos?

8. ¿Cuántos discos compactos tiene Sarah?

9. ¿Cuántos más discos compactos tiene Zach que Leslie?

DISCOS COMPACTOS

(Gráfica de barras: Cantidad de discos compactos vs. Estudiante — Sarah: 15, Zach: 20, Leslie: 10, Cole: 25)

▶ Resolución de problemas

Halla la solución. (páginas 290–291)

ELIGE una estrategia y un método.

- Usar una gráfica
- Estimar y comprobar
- Hacer un modelo

 Lápiz y papel   Calculadora   A mano   Cálculo mental

10. ¿Cuántos estudiantes escogieron el azul como su color preferido?

COLORES PREFERIDOS

(Gráfica de barras: Color vs. Cantidad de votos — Rojo, Azul, Amarillo)

11. El tablero de un juego tiene 27 casillas. Las casillas son de color rojo o azul y hay el doble de casillas rojas que de casillas azules. ¿Cuántas casillas hay de cada color?

Preparación para la prueba

Elige la mejor respuesta.

1. La Sra. Dennis ha puesto 5 juguetes en cada uno de los 3 estantes. ¿Qué enunciado numérico representa cuántos juguetes hay?

A $5 + 3 = 7$ **B** $5 - 3 = 2$

C $3 \times 5 = 15$ **D** $15 \div 3 = 5$

2. En esta tabla se muestran algunas comidas de la escuela.

COMIDAS DE LA ESCUELA	
Comida	Votos
Taco	87
Pizza	98
Ensalada	55
Perrito Caliente	65

¿En qué lista están las comidas ordenadas de la más preferida a la menos preferida?

F perrito caliente, pizza, taco, ensalada

G pizza, taco, perrito caliente, ensalada

H taco, ensalada, pizza, perrito caliente

J ensalada, perrito caliente, taco, pizza

3. Esta pictografía representa deportes que se practican en la escuela.

DEPORTES DE LA ESCUELA	
Deporte	Estudiantes
Softbol	☺ ☺ ☺
Hockey hierba	☺ ☺
Basquetbol	☺ ☺ ☺ ☺
Gimnasia	☺
Clave: Cada ☺ = representa 10 estudiantes	

¿Cuántos estudiantes juegan al softbol?

A 30 **B** 40 **C** 20 **D** 10

4. Mathew invitó a 5 amigos a su fiesta. Tiene 3 gorras y 4 silbatos. ¿Qué expresión muestra cuántas más gorras necesita para que todos tengan una?

F $5 + 3 = 8$ **G** $5 - 4 = 1$

H $5 + 4 = 9$ **J** $6 - 3 = 3$

5. Hay 36 jugadores participando en el torneo de béisbol. Si hay 9 jugadores en cada equipo, ¿cuántos equipos hay?

A 9 **B** 4 **C** 27 **D** 45

6. ¿Cuál es el valor del dígito en azul en 26,917?

F 2 decenas **G** 2 centenas

H 2 millares **J** 2 decenas de millar

7. Gina hizo una encuesta para mostrar cuántos estudiantes usan la biblioteca pública.

USO DE LA BIBLIOTECA PÚBLICA	
Día	Estudiantes
Lunes	12
Martes	16
Miércoles	25
Jueves	10
Viernes	3

¿Qué ha usado para representar los resultados?

A tabla de conteo

B tabla de frecuencias

C pictografía

D gráfica de barras

17 PROBABILIDAD

Cuando tu estómago está vacío comienza a contraerse para indicar que necesita alimento. Las contracciones son rítmicas y se hacen cada vez más frecuentes y prolongadas hasta que comes algo.

El menú del almuerzo

Imagina que quieres decidir el almuerzo con tu papá usando dos flechas giratorias para seleccionar un menú. Si usan estas dos flechas giratorias, seguramente el almuerzo va a ser muy sabroso.

Diseña una flecha giratoria con tus comidas favoritas y una flecha giratoria con tus bebidas favoritas.

- Divide cada flecha giratoria en 2, 3, 4 ó 5 secciones.

- Haz una lista de todas las opciones posibles para el almuerzo.

- Muestra tu menú al resto de la clase.

¿TE ACORDASTE DE

☑ diseñar dos flechas giratorias?

☑ hacer una lista de opciones para el almuerzo?

☑ intercambiar con la clase ideas sobre el almuerzo?

jugo · batido de frutas · leche

pizza · bagel · sándwich

sándwich + leche
sándwich + jugo
sándwich + batido de frutas

pizza + leche
pizza + jugo
pizza + batido de frutas

bagel + leche
bagel + jugo
bagel + batido de frutas

Seguro e imposible

¿Por qué es importante? Podrás determinar qué es seguro y qué es imposible cuando saques canicas de una bolsa o hagas girar una flecha giratoria.

Un **suceso** es algo que ocurre.

Un suceso es **seguro** si siempre ocurre.

Un suceso es **imposible** si nunca va a ocurrir.

1. Hoy irás a la Luna.
2. Verás un dinosaurio vivo en el patio de la escuela.
3. El suelo se mojará si llueve.
4. Un trozo de hielo es frío.
5. Si dejas caer un ladrillo contra el suelo hará ruido.

- En esta lista de sucesos, ¿cuáles son seguros? ¿Cuáles son imposibles?

Explica lo que sabes RAZONAMIENTO CRÍTICO

- ¿Es seguro o imposible que sacarás una canica amarilla de esta bolsa?

- ¿Estás seguro de que sacarás una canica azul o verde? ¿Cómo lo sabes?

▶ **COMPRUEBA**

1. En esta flecha giratoria, ¿es seguro o imposible que la flecha caerá en rojo, en azul o en amarillo? ¿Y en verde?

2. ¿Es seguro o imposible que la flecha caiga en anaranjado? ¿Por qué?

Tecnología

Puedes elegir sucesos seguros e imposibles con el juego *Probability*, de **Mighty Math Number Heroes**. Usa Grow Slide Nivel A.

Lee cada suceso. Indica si es *seguro* o *imposible*.

3. Tocar un horno caliente hará que te quemes.

4. Irás a Marte mañana por la noche.

5. Sacar una canica verde o violeta de esta bolsa.

6. La flecha caerá en amarillo, anaranjado o verde en esta flecha giratoria.

Usa la flecha giratoria para resolver los Ejercicios 7–9.
Indica si cada suceso es seguro o imposible.

7. La flecha se detendrá sobre un número impar.

8. La flecha se detendrá sobre un número par.

9. La flecha se detendrá sobre un número mayor que 1.

Resolución de problemas • Aplicaciones mixtas

10. Dinero Daniel tiene 2 monedas de 25¢, 2 monedas de 10¢ y 4 monedas de 1¢. ¿Cuánto dinero necesita para tener 90¢?

11. Razonamiento Las secciones de una flecha giratoria están numeradas del 1 al 4. ¿Es seguro o imposible que la flecha caiga en un número menor que 6?

12. Reunir datos Sandy va a hacer un experimento lanzando al aire dos monedas. ¿Cómo podrá anotar los resultados?

13. 📝 **Por escrito** Piensa en los alimentos que comes y en tus hábitos al comer. Escribe dos sucesos que es seguro que ocurran mañana y dos que es imposible que ocurran.

Repaso y preparación para las pruebas

Escribe el número. Indica si es *impar* o *par*. (páginas 132–133)

14. 13   **15.** 26   **16.** 44   **17.** 51   **18.** 77   **19.** 98

20. 17   **21.** 31   **22.** 58   **23.** 67   **24.** 84   **25.** 93

Usa patrones de centenas y de millares. Elige la letra de la suma o la diferencia correcta. (páginas 148–149)

26. $412 + 300$
   A 442
   B 430
   C 700
   D 712

27. $841 + 100$
   F 741
   G 941
   H 900
   J 951

28. $335 - 100$
   A 235
   B 325
   C 324
   D 435

Anotar resultados posibles

¿Por qué es importante? Podrás ver que los sucesos pueden tener varios resultados posibles, por ejemplo al hacer girar una flecha giratoria.

Un **resultado posible** es algo que tiene alguna posibilidad de ocurrir.

Lisa y Trevor quieren hacer un experimento con la flecha giratoria. ¿Cuáles son los resultados posibles al hacer girar la flecha?

Una manera de anotar los resultados es en una tabla de conteo. A medida que hacen girar la flecha, Lisa y Trevor anotan el color sobre el que la flecha se detiene.

Color	Conteo
Rojo	IIII
Amarillo	‖‖‖ I
Verde	‖‖‖
Azul	III

Un suceso es **más probable** que ocurra si tiene más posibilidades de ocurrir que otros sucesos. Un suceso es **menos probable** que ocurra si tiene menos posibilidades de ocurrir que otros sucesos.

Explica lo que sabes RAZONAMIENTO CRÍTICO

- ¿Cuáles son los resultados posibles si sacas una canica de esta bolsa?

- ¿Qué color de canica tienes más probabilidades de sacar de esta bolsa? ¿Y menos probabilidades?

▶ COMPRUEBA

1. ¿Cuáles son los resultados posibles para esta flecha giratoria?

2. ¿Qué color tiene más probabilidades de salir? ¿Cuál tiene menos?

3. Haz una tabla para anotar los resultados posibles de tirar al aire esta ficha.

Haz una lista de los resultados posibles de cada suceso.

4. jugar un juego de mesa con un amigo

5. probarse zapatos en una tienda

6. tirar un cubo numerado

7. sacar un bloque de una caja que contiene 2 bloques amarillos y 5 bloques violeta

Indica qué resultado es *más probable* que ocurra.

8.

Haces girar esta flecha giratoria.

9.

Sacas una canica de esta bolsa.

10.

Haces girar esta flecha giratoria.

Resolución de problemas • Aplicaciones mixtas

11. Razonamiento Había 28 estudiantes en la clase de Laura. Durante el año, 6 estudiantes se marcharon y 4 nuevos estudiantes se unieron a la clase. ¿Cuántos estudiantes tenía la clase al finalizar el año?

12. Reunir datos Haz una tabla para anotar los resultados posibles de esta flecha giratoria.

13. Lógica Sobre un círculo dividido en seis secciones con los números pares menores de 14 hay una flecha giratoria. ¿Sobre qué números puede detenerse la flecha?

14. Tiempo Lisa y Trevor iniciaron su experimento a la 1:30. Terminaron 15 minutos más tarde. ¿A qué hora terminaron?

15. Dinero Larry pagó con un billete de $1 y recibió de cambio 3 monedas de 10¢ y una moneda de 5¢. ¿Cuánto cambio recibió Larry? ¿Cuánto costó lo que compró?

16. **Escribe un problema** sobre los resultados posibles de este suceso. Andrew midió su altura y la de su amigo Joe y las comparó.

LA LECCIÓN CONTINÚA

Estrategia para resolver problemas:
Hacer una lista

▶ **PROBLEMA** Tony y Anita van a hacer un experimento con dos monedas. Lanzan las monedas 50 veces y anotan el resultado de cada lanzamiento. Quieren saber si hay un resultado posible que ocurre con mayor frecuencia que los otros. ¿Cuáles son los resultados posibles al lanzar dos monedas?

RECUERDA:

COMPRENDER
PLANEAR
RESOLVER
REVISAR

COMPRENDER

- ¿Qué debes hallar?

- ¿Qué información vas a usar?

- ¿Hay información que no vas a usar? Si es así, ¿cuál?

PLANEAR

- ¿Cómo resolverás el problema?

  Puedes *hacer una lista* para hallar los resultados posibles al lanzar dos monedas.

RESOLVER

- ¿Cómo puedes hacer una lista de los resultados posibles?

  Sabes que los resultados posibles de lanzar una moneda son cara o cruz. Haz una lista de las combinaciones posibles al lanzar dos monedas juntas.

Moneda de 1¢	Moneda de 5¢	Resultados
Moneda 1	*Moneda 2*	
Cara	Cara	cara, cara
Cara	Cruz	cara, cruz
Cruz	Cara	cruz, cara
Cruz	Cruz	cruz, cruz

REVISAR

- ¿Cómo puedes saber si tu respuesta tiene sentido?

- ¿Qué otra estrategia puedes usar?

Haz una lista para hallar la solución.

1. Camille y Marty hacen un experimento. Lanzan una moneda al aire y sacan una canica de una bolsa. ¿Cuáles son los resultados posibles?

2. En un experimento Michelle hace girar estas dos flechas giratorias y anota cada resultado. ¿Cuáles son los resultados posibles?

Resolución de problemas • Aplicaciones mixtas

Halla la solución.

ELIGE una estrategia y un método.
- Hallar un patrón • Hacer un modelo
- Hacer una lista • Representar
- Usar una gráfica • Escribir un enunciado numérico

 Lápiz y papel   Calculadora   A mano   Cálculo mental

3. Holly hizo una flecha giratoria en 25 minutos. Tardó 10 minutos en hacer un experimento con ella y 12 minutos en escribir un informe sobre los resultados. ¿Cuánto tardó Holly en hacer todo?

4. En este experimento con canicas, ¿qué color salió con mayor frecuencia? ¿Y con menor frecuencia?

EXPERIMENTO CON CANICAS

5. Halla los próximos tres números en el patrón: 101, 110, 119, 128, 137, __?__, __?__, __?__.

6. Lynn empezó a leer a las 2:00 y leyó durante 45 minutos. Después pintó durante 30 minutos. ¿A qué hora terminó de pintar?

7. Sabrina practica fútbol 3 veces por semana. ¿Cuántas veces practicará en 6 semanas?

8. Candy hace un experimento sacando una canica de cada bolsa. ¿Cuáles son los resultados posibles?

Anotar los resultados de un experimento

Investigarás cómo anotar los resultados de un experimento.

▶ EXPLORA

Haz una de estas flechas giratorias. Determina qué resultado es el más probable que ocurra y cuál el menos probable en tu flecha giratoria. Hazla girar 20 veces y anota los resultados en una tabla. Luego hazla girar otras 50 veces y anota los resultados en otra tabla.

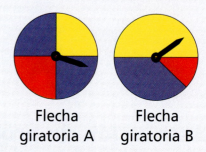

Flecha giratoria A   Flecha giratoria B

MATERIALES: flechas giratorias de 3 ó 4 secciones; una moneda de 1¢ y una moneda de 5¢; canicas, bloques o fichas de colores; una bolsa de papel

MODEL

Paso 1

Elige una flecha giratoria. Después haz una tabla. Determina con tu compañero qué resultado piensan que tiene más probabilidades de ocurrir y cuál menos. Anoten sus predicciones.

EXPERIMENTO 1	
Color	Conteo
Azul	
Rojo	
Amarillo	

Paso 2

Haz girar la flecha 20 veces. Haz una marca de conteo al lado del color que indique la flecha.

EXPERIMENTO 1	
Color	Conteo
Azul	||
Rojo	|||
Amarillo		

Repite el experimento con otra tabla y haciendo girar la flecha 50 veces. Titula la tabla *Experimento 2*.

Anota

Compara los resultados del Experimento 1 con los del Experimento 2.

• ¿Coinciden tus predicciones con el resultado final?

▶ INTÉNTALO

Resultado	Conteo
cara, cara	
cara, cruz	
cruz, cara	
cruz, cruz	

1. Lanza dos monedas juntas 20 veces. Anota los resultados en una tabla de conteo.

2. En el experimento con las monedas, ¿hay algún resultado con más probabilidades? ¿Y con menos?

3. Imagina que lanzas las monedas 50 veces. ¿Crees que los resultados serán diferentes? Explica tu respuesta.

4. **Por escrito** ¿En qué se parecen los experimentos con la flecha giratoria y las monedas? ¿En qué se diferencian?

▶ PRÁCTICA

Prepara un experimento para un compañero de clase. Usa canicas, bloques o fichas de colores. Elige 10 objetos en dos o tres colores diferentes y colócalos en una bolsa.

5. Haz una tabla para anotar los resultados. Pide a tu compañero que saque un objeto, anote el color del objeto y lo vuelva a poner en la bolsa 20 veces. Pídele que estime de qué color cree que hay más objetos en la bolsa. Repite el experimento, sacando, anotando y volviendo a poner el objeto en la bolsa 50 veces. Tu compañero puede cambiar su estimación.

6. ¿Estimó correctamente tu compañero el color al hacer el experimento 20 veces?

7. ¿Cambió su estimación al hacerlo 50 veces? ¿Por qué?

Tecnología

Puedes experimentar con flechas giratorias usando E-Lab, Actividad 17. Disponible en CD-ROM e Internet: www.hbschool.com/elab

Resolución de problemas • Aplicaciones mixtas

8. **Lógica** Cuatro amigos están en la fila del cine. Rafael está delante de Erin. Paul está detrás de Erin y Rafael está detrás de Jeremy. ¿Quién es el primero en la fila?

9. **Tiempo** Eric llegó al cine 10 minutos antes de que la película empezara. Si la película empezó a las 6:30, ¿a qué hora llegó Eric?

10. **Dinero** Paul compró un sombrero por $8.25. ¿Cuánto cambio recibió de $10.00?

11. **Cálculo mental** Hay 7 filas de 8 latas cada una en el estante. ¿Cuántas latas hay?

Juegos justos y juegos injustos

¿Por qué es importante? Podrás jugar cuando veas que el juego es justo.

Un juego es **justo** si todos los jugadores tienen la misma oportunidad de ganar. Los estudiantes de la clase de Evelyn inventaron varios juegos de matemáticas. Evelyn hizo un juego con una flecha giratoria en la que tres bicicletas dan vueltas alrededor de una pista. Cada vez que la flecha se detiene sobre el color de una bicicleta, la bicicleta se mueve un espacio hacia adelante. ¿Con cuál de estas dos flechas giratorias el juego de Evelyn será justo?

Flecha giratoria A

Flecha giratoria B

Explica lo que sabes

• ¿Por qué el juego es justo con la flecha giratoria A?

• ¿Por qué el juego no es justo con la otra flecha giratoria?

_____

En el juego de Greg, dos jugadores se turnan sacando una canica de una bolsa para avanzar una casilla. ¿Qué bolsa de canicas haría que el juego de Greg fuera justo?

La bolsa A

Explica lo que sabes RAZONAMIENTO CRÍTICO

• ¿Por qué el juego es justo si juegas con una de las bolsas?

• ¿Por qué el juego es injusto con la otra bolsa?

La bolsa B

▶ COMPRUEBA

1. ¿Con cuáles de estas flechas giratorias se puede tener un juego justo? ¿Por qué?

Flecha giratoria A

Flecha giratoria B

Flecha giratoria C

Flecha giratoria D

2. ¿Cuáles son los resultados más probables y menos probables que ocurran en los juegos injustos del Ejercicio 1?

3. ¿Con cuáles de estas bolsas de canicas tendrás un juego justo?

| Bolsa A | Bolsa B | Bolsa C | Bolsa D |

4. De las bolsas con las que no se podría jugar un juego justo, ¿cuáles son los resultados más y menos probables?

▶ PRÁCTICA

Elige una flecha giratoria o una bolsa de canicas para tener un juego justo. Escribe *A* o *B*.

5.

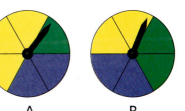

A   B

6.

A   B

7.

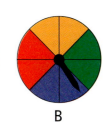

A   B

8.

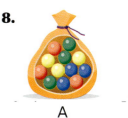

A   B

Resolución de problemas • Aplicaciones mixtas

9. Razonamiento lógico Soy un número entre 60 y 70. Si me restas decenas, llegarás a 2. ¿Qué número soy?

10. 📒 **Por escrito** Elige una de las flechas giratorias o bolsas de canicas de arriba para tener un juego injusto. Explica cómo hacer que el juego sea justo.

Repaso y preparación para las pruebas

Halla el producto. (páginas 196–197)

11. $3 \times 0 = \underline{\ ?\ }$ **12.** $7 \times 1 = \underline{\ ?\ }$ **13.** $1 \times 9 = \underline{\ ?\ }$ **14.** $0 \times 5 = \underline{\ ?\ }$

Elige la letra que muestra el valor del dígito en azul. (páginas 144–145)

15. 144
  A 4 unidades
  B 4 centenas
  C 4 decenas
  D 4 millares

16. 279
  F 7 unidades
  G 7 decenas
  H 7 centenas
  J 7 millares

17. 836
  A 8 unidades
  B 8 centenas
  C 8 decenas
  D 8 millares

CAPÍTULO 17

Repaso/Prueba

▶ Comprensión

VOCABULARIO

1. Un __?__ es algo que ocurre.
(página 296)

2. Un suceso es __?__ si siempre ocurre y es __?__ si nunca va a ocurrir. (página 296)

3. Un __?__ es algo que tiene alguna posibilidad de ocurrir. (página 298)

4. Un juego es __?__ si todos los jugadores tienen la misma posibilidad de ganar. (página 304)

5. Un suceso es __?__ que ocurra si tiene más posibilidades de ocurrir que otros sucesos. Un suceso es __?__ que ocurra si tiene menos posibilidades de ocurrir que otros sucesos. (página 298)

▶ Destrezas

Usa la flecha giratoria para resolver los Ejercicios 6–10. (páginas 296–299, 304–305)

6. ¿Cuáles son los resultados posibles al girar esta flecha giratoria?

7. ¿Es seguro o imposible que la flecha caiga en azul?

8. ¿Es seguro o imposible que la flecha caiga en rojo, anaranjado o amarillo?

9. ¿Es lo más probable o lo menos probable que la flecha caiga en amarillo? Explica por qué.

10. ¿Sirve esta flecha giratoria para tener un juego justo? Explica tu respuesta.

▶ Resolución de problemas

Halla la solución. (páginas 300–301)

ELIGE una estrategia y un método.

- Hacer un modelo   • Hacer una lista
- Representar   • Usar una tabla
- Volver sobre los pasos

 Lápiz y papel   Calculadora   A mano   Cálculo mental

11. Paul lanza una moneda al aire y hace girar una flecha giratoria con secciones en azul, verde, rojo y amarillo. ¿Cuáles son las combinaciones posibles?

12. Varias monedas están ordenadas siguiendo este patrón: 1 moneda de 25¢, 3 monedas de 1¢. ¿Cuál es la décima moneda?

Traza y completa cada dibujo para hacer una figura simétrica.

5. 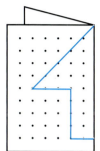   **6.** 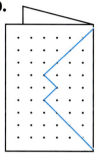   **7.** 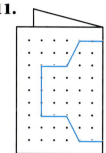   **8.**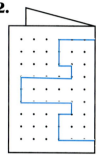

En cada ejercicio, dobla por la mitad una hoja de papel punteado y copia la figura. Luego desdobla el papel y dibuja la otra mitad para que la figura sea simétrica.

9.   **10.**   **11.**   **12.**

Resolución de problemas • Aplicaciones mixtas

13. Estimación La familia de Cathy está haciendo un viaje de 700 millas en carro. Si ya han recorrido 482 millas, ¿aproximadamente cuántas millas más tienen que recorrer?

14. Cálculo mental Meg y sus dos hermanos están ayudando en las tareas de la casa. Cada uno es responsable de 4 tareas. ¿Cuántas tareas hay en total?

15. Tiempo Las clases de Perry comienzan a las 8:15. El almuerzo se sirve 3 horas y 45 minutos más tarde. ¿A qué hora se sirve el almuerzo?

16. Observación Dibuja las próximas dos figuras del patrón.

17. Razonamiento lógico En una tienda de mascotas había 17 perros al comenzar el mes. Durante el mes, 12 perros fueron vendidos y la tienda trajo 8 perros más. ¿Cuántos perros había al final del mes?

18. Tiempo Después de un corte de luz, el reloj marca 10:15 a.m., cuando debería marcar 2:30 p.m. ¿Cuánto tiempo estuvo cortada la luz?

19. **Por escrito** Dibuja la mitad de una figura en papel punteado. Cambia el papel con un compañero y completa la otra mitad del dibujo de tu compañero para hacer una figura simétrica.

LA LECCIÓN CONTINÚA

Estrategia para resolver problemas:
Hacer un dibujo

▶ **PROBLEMA** Cheryl hizo un diseño con patrones de figuras geométricas. Le dijo a Scott que se trataba sólo de la mitad del dibujo y le pidió que hiciera la otra mitad. ¿Cómo será el dibujo cuando Scott lo complete?

RECUERDA:

COMPRENDER

PLANEAR

RESOLVER

REVISAR

COMPRENDER

• ¿Qué debes hallar?

• ¿Qué información vas a usar?

• ¿Hay alguna información que no vas a usar? Si es así, ¿cuál?

PLANEAR

• ¿Qué estrategia puedes usar?

Puedes *hacer un dibujo* para mostrar cómo será el dibujo completo.

RESOLVER

• ¿Cómo puedes resolver el problema?

Puedes completar el dibujo de Cheryl.

Consigue papel con punteado triangular y patrones de figuras geométricas.

Halla los patrones que Cheryl usó y trázalos sobre el papel.

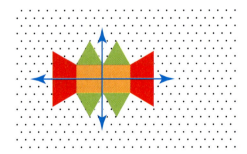

Luego coloca otro conjunto con los mismos patrones a la derecha del primer conjunto, pero en posiciones opuestas.

Verás la figura completa.

Traza los bloques y los ejes de simetría.

REVISAR

• ¿Cómo puedes saber si tu respuesta tiene sentido?

• ¿Qué otra estrategia puedes usar?

Haz un dibujo para hallar la solución.

1. Alec hizo este diseño con patrones de figuras geométricas. Gena hizo la otra mitad. ¿Cómo es el diseño completo?

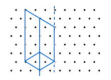

2. Carol está sentada al lado de Randy, Jay está entre Carol y Pam, Martha está al lado de Randy y Pam está en el extremo derecho. De izquierda a derecha, ¿en qué orden están sentados?

3. La casa de Elaine está en medio de la manzana. Ella dio una vuelta completa a la manzana. ¿Cuántas veces dobló a la derecha para volver a su casa?

4. Hunter cubrió la pared con espejos de 1 pie cuadrado. La pared mide 6 pies de ancho por 7 pies de alto. ¿Cuántos espejos colocó?

Aplicaciones mixtas

Halla la solución.

ELIGE una estrategia y un método.

- Hacer un dibujo
- Hallar el patrón
- Estimar y comprobar
- Representar
- Hacer un modelo

 Lápiz y papel   Calculadora   A mano   Cálculo mental

5. En una fila hay 10 personas. Bob es el primero de la fila. Entre él y Almir hay 4 personas. ¿Cuál es la posición de Almir en la fila?

6. El ángulo que se muestra en la figura de la derecha ¿es un *ángulo recto*, *menor que* un ángulo recto o *mayor que* un ángulo recto?

7. Michelle hizo la mitad de un dibujo, y Tony dibujó la otra mitad. ¿Cómo es el diseño completo?

8. Amy gastó en la feria $4 más que Tasha. Juntas gastaron $22. ¿Cuánto gastó cada una?

CAPÍTULO 20

Repaso/Prueba

▶ Comprensión

VOCABULARIO

1. Una línea imaginaria que divide una figura por la mitad es un __?__. (página 350)

2. La __?__ es como una imagen reflejada en un espejo. (página 354)

Indica qué tipo de movimiento se usó en cada figura plana. Escribe *traslación, inversión* o *giro.* (páginas 348–349)

3.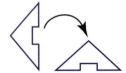

4.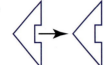

5.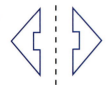

▶ Destrezas

¿Es un eje de simetría la línea azul? Escribe *sí* o *no*. (páginas 352–353)

6.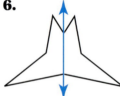

7.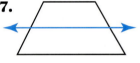

Dibuja la figura. Traza el eje o los ejes de simetría. ¿Cuántos ejes de simetría tiene? (páginas 352–353)

8.

▶ Resolución de problemas

Halla la solución. (páginas 356–357)

ELIGE una estrategia y un método.

- Hacer un dibujo
- Representar
- Usar una gráfica
- Hacer un modelo
- Hallar el patrón

 Lápiz y papel    Calculadora   A mano   Cálculo mental

9. Un carro de juguete cuesta $9.58. Jamal tiene un billete de $5, dos de $1, siete monedas de 25¢ y seis monedas de 5¢. ¿Cuánto dinero más necesita?

10. Nick dividió su colección de 27 tarjetas en 3 grupos. ¿Cuántas tarjetas hay en cada grupo?

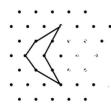

11. Copia y completa la otra mitad del dibujo de la derecha. Traza y nombra el eje o ejes de simetría.

Preparación para la prueba

Elige la mejor respuesta.

1. Esta tabla muestra los meses en que cumplen años los estudiantes de tercer grado.

CUMPLEAÑOS DE TERCER GRADO	
Mes	**Estudiantes**
Ene, Feb, Mar	4
Abr, May, Jun	7
Jul, Ago, Sept	6
Oct, Nov, Dic	5

¿Cuántos estudiantes hay en tercer grado?

A 22 **B** 13

C 7 **D** 4

2. Estas dos figuras son congruentes. ¿Cuál de las siguientes afirmaciones *no* es verdadera?

F Una está boca abajo.

G Tienen la misma forma y tamaño.

H Ambas son triángulos.

J Una es más grande que la otra.

3. Observa cómo se movió esta figura plana.

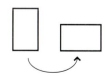

¿Qué tipo de movimiento se usó?

A traslación **B** inversión

C giro **D** eje de simetría

4. El ayuntamiento ha plantado árboles usando una cuadrícula.

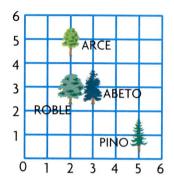

¿En qué par ordenado está el abeto?

F (5,2) **G** (2,3)

H (3,3) **J** (2,5)

5. ¿Cuál es la otra mitad de esta figura simétrica?

A **B**

C **D**

6. Daniel tiene 3 monedas de 25¢, 2 de 10¢ y 8 de 1¢. ¿Cuánto dinero necesita para tener $1.25?

F $1.03 **G** $1.25

H $0.25 **J** $0.22

7. Sam puso 45 bolas de nieve en 5 montones. Si se derritieron 16 de ellas, ¿cuántas bolas de nieve quedaron?

A $45 \div 5 = \underline{\ ?\ }$

B $45 + 16 = \underline{\ ?\ }$

C $16 - 5 = \underline{\ ?\ }$

D $45 - 16 = \underline{\ ?\ }$

DIVERSIÓN

LA LÍNEA DEL TESORO

PROPÓSITO: Poder reconocer segmentos y ángulos

MATERIALES papel y lápiz, reloj para contar 3 minutos

Juega con un grupo pequeño. Pon la alarma del reloj para que suene a los 3 minutos. Cada jugador debe buscar objetos a su alrededor que tengan segmentos y ángulos. Dibujen el contorno de cada forma, mostrando los segmentos y los ángulos. Intercambien papeles y vean si pueden identificar los dibujos. Se gana un punto por cada respuesta correcta.

PARA LA CASA Juega este juego en tu casa con tu familia. ¿Tus familiares son tan buenos como tú identificando segmentos y ángulos?

¿QUÉ ES?

PROPÓSITO Ubicar puntos en una cuadrícula

Copia la cuadrícula en una hoja de papel. Marca los puntos en la cuadrícula y luego conéctalos con líneas. Cuando hayas terminado, descubrirás algo que puede verse en la primavera. Coloréalo y añade las partes que faltan.

PUNTOS
(3,0)	(3,6)
(3,2)	(4,5)
(2,3)	(5,6)
(1,4)	(5,4)
(1,6)	(4,3)
(2,5)	(3,2)

TANAGRAMA

PROPÓSITO Reconocer figuras congruentes

MATERIALES papel y lápiz, tanagrama.

Haz figuras con los tanagramas. ¿Qué piezas son congruentes? ¿Cuántas figuras puedes hacer usando dos piezas congruentes? ¿Existe otro par de piezas congruentes que puedas usar para hacer más figuras? ¿Son diferentes estas figuras de las primeras o son iguales? Dibújalas y compáralas con los dibujos de tus compañeros.

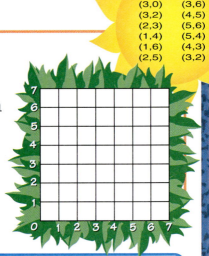

Congruencia: traslaciones, inversiones y giros

Hacer una pictografía

Carey está haciendo un borde para las páginas del boletín de la escuela. Está diseñando el borde con un programa de computadora. Carey creó varias figuras. ¿De qué color es la figura que presenta traslación? ¿E inversión? ¿Y giro?

Materiales
ALDUS® SuperPaint® o cualquier otro programa de dibujo

EJEMPLO

El programa de Carey tiene un menú llamado **Transform** que le permite invertir y girar las figuras.

Carey crea una figura y hace "clic" sobre ella para seleccionarla. Después copia y pega la figura con el menú de **Edit.**

> Para *invertir* la figura, elige "Flip Horizontal" o "Flip Vertical" en el menú de **Transform.**

> Para *girar* la figura hacia la derecha o hacia la izquierda elige "Rotate Left" o "Rotate Right" en el menú de **Transform.**

> Carey *traslada* la figura haciendo "clic" en ella y arrastrándola hacia el lugar que desee de su diseño.

Transform

Scale Selection . . .
Rotate Selection . . .

Flip Horizontal
Flip Vertical
Rotate Left
Rotate Right

▶ PRÁCTICA

1. Dibuja cada figura haciendo una inversión, un giro o una traslación.

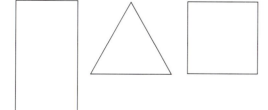

2. **En la computadora** Usa un programa de dibujo de computadora para diseñar una tarjeta de felicitación para un compañero o un familiar. Usa sólo tres figuras. Cambia el aspecto de las figuras haciendo inversiones, giros y traslaciones.

Repaso y guía de estudio

Repaso del vocabulario

Elige un término del recuadro de vocabulario para completar la oración.

1. La superficie plana de un cuerpo geométrico es una __?__ . **(página 316)**

2. Un __?__ es una superficie llana. **(página 322)**

3. Un __?__ se forma donde dos segmentos se cruzan o encuentran. **(página 332)**

4. Un __?__ es la parte de una recta que se encuentra entre dos extremos. **(página 332)**

5. Una línea imaginaria que divide una figura por la mitad es un __?__ . **(página 350)**

VOCABULARIO
ángulo
cara
eje de simetría
segmento
plano

Estudia y resuelve

CAPÍTULO 18

EJEMPLO

Identifica el cuerpo geométrico.

cono

Identifica el cuerpo geométrico para resolver los Problemas 6–9. Escribe *a*, *b*, *c* o *d*. **(páginas 316–317)**

　　a. cubo　　　b. cilindro
　　c. esfera　　d. pirámide cuadrada

6.

7.

8.

9.

Usa la figura para resolver los Problemas 10–13. **(páginas 316–319, 322–323)**

10. ¿Es esta figura un cuerpo geométrico o una figura plana?

11. ¿Cuántas caras tiene?

12. ¿Cuántas aristas tiene?

13. ¿Cuántos vértices tiene?

Usa la figura para resolver los Problemas 14–15. (páginas 322–323)

14. ¿Es esta figura un cuerpo geométrico o una figura plana?

15. ¿Está formada por líneas rectas, líneas curvas o por los dos tipos de línea?

CAPÍTULO 19

EJEMPLO

¿Cuántos segmentos hay en la figura? 8 segmentos

Usa la figura para resolver los Problemas 16–17. (páginas 332–333)

16. ¿Cuántos segmentos hay en la figura?

17. ¿Cuántos ángulos hay en la figura?

18. ¿Es este ángulo *un ángulo recto, menor que* un ángulo recto, o *mayor que* un ángulo recto? (páginas 332–333)

19. ¿Son congruentes estas dos formas geométricas? ¿Por qué? (páginas 342–343)

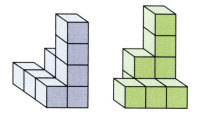

CAPÍTULO 20

EJEMPLO

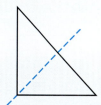

¿Cuántos ejes de simetría tiene esta figura? 1 eje de simetría

20. ¿Cuántos ejes de simetría tiene esta figura?
(páginas 352–353)

Evaluación del rendimiento

Conceptos: Demuestra lo que sabes

1. Diseña un patrón usando 12 patrones de figuras geométricas con tres o cuatro figuras diferentes. Dibuja el diseño en un papel y luego repite el patrón 3 veces. Describe la parte repetida de tu patrón y explica cómo se repite.

(páginas 324–327)

2. Dibuja sobre una hoja de papel cuadriculado dos figuras que sean congruentes. Explica por qué son congruentes. (páginas 336–337)

3. Escribe tu nombre y apellido en letras mayúsculas. Indica qué letras tienen ejes de simetría. Traza los ejes. Explica cómo sabes que esas letras tienen ejes de simetría.

(páginas 352–353)

Evaluación del rendimiento

Halla la solución. Explica el método que usaste.

ELIGE una estrategia y un método.

- Hallar el patrón
- Hacer una tabla
- Representar
- Hacer un dibujo
- Hacer una lista
- Hacer un modelo

 Lápiz y papel   Calculadora   A mano   Cálculo mental

4. Dibuja las figuras que faltan en el siguiente patrón.

(páginas 326–327)

5. ¿Son congruentes estas figuras geométricas? Explica por qué. (páginas 356–357)

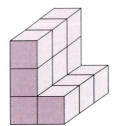 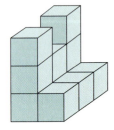

6. La mitad de esta figura falta. Dibuja la figura entera sobre papel punteado. (páginas 356–357)

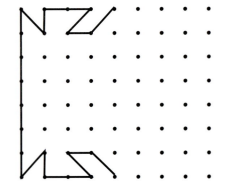

Repaso acumulativo

Resuelve el problema. Luego escribe la letra de la respuesta correcta.

1. 59
    $+44$

    A. 15
    B. 93
    C. 102
    D. 103

    (páginas 22–23)

2. Halla la hora de finalización. Hora de comienzo: 5:30; tiempo transcurrido: 2 h 15 min

    A. 6:45 **B.** 7:15
    C. 7:30 **D.** 7:45

    (páginas 90–91)

3. Escribe el valor del dígito en azul.

    84,230

    A. 8 **B.** 800
    C. 8,000 **D.** 80,000

    (páginas 144–145, 150–153)

4. La respuesta a un problema de multiplicación es el __?__ .

    A. divisor **B.** factor
    C. producto **D.** cociente

    (páginas 188–189)

5. $32 \div 8 = \underline{\ ?\ }$

    A. 3 **B.** 4
    C. 6 **D.** 24

    (páginas 250–251)

6. $54 \div 9 = \underline{\ ?\ }$

    A. 6 **B.** 7
    C. 8 **D.** 9

    (páginas 250–251)

Usa los resultados que aparecen en la tabla de conteo para resolver los Problemas 7–8.

COLOR PREFERIDO	
Color	**Votos**
Azul	卌 卌
Violeta	卌 I
Rojo	卌 III
Amarillo	II

7. ¿Cuántas personas respondieron a la encuesta?

    A. 14 personas **B.** 26 personas
    C. 30 personas **D.** 31 personas

8. ¿Cuál es el color preferido de las personas encuestadas?

    A. azul **B.** violeta
    C. rojo **D.** amarillo

    (páginas 272–273)

9. ¿Cómo se llama esta figura geométrica?

    A. cubo
    B. cilindro
    C. pirámide cuadrada
    D. esfera

    (páginas 316–317)

10. ¿En cuál de estas figuras geométricas una de las caras es un círculo?

     A. cono
     B. prisma rectangular
     C. pirámide cuadrada
     D. cubo

     (páginas 320–321)

21 FRACCIONES: PARTES DE UN ENTERO

Las notas musicales se combinan de acuerdo a la cantidad de tiempos que hay por compás. El compás de una pieza musical se indica con números al principio de la partitura. En un compás de $\frac{4}{4}$, hay 4 tiempos.

Fracciones musicales

"Yankee Doodle" es una canción tradicional norteamericana escrita en el siglo XVIII. Se convirtió en el himno del Ejército Continental durante la Revolución Americana.

Observa las notas musicales y escribe un enunciado de fracciones para cada compás. El final de cada compás se indica con una línea vertical. Usa la tabla para ver a cuántos tiempos equivale cada nota y haz un cartel de "Yankee Doodle".

MATERIALES: barras de fracciones o tiras fraccionarias que indican octavos, cuartos, mitades y enteros

- Copia la tabla e indica qué fracciones faltan para llegar a un entero.

- Escribe enunciados de suma. Usa fracciones como sumandos para cada uno de los 8 compases de "Yankee Doodle" que aparecen en la página anterior. La suma de cada enunciado debe ser un entero.

- Ilustra el cartel.

¿TE ACORDASTE DE

✓ decir qué fracciones faltan?

✓ escribir 8 enunciados de suma para los 8 compases de "Yankee Doodle"?

✓ hacer e ilustrar un cartel?

Notación musical		
Nota entera	$\circ$	$1 = 1$
Media nota	$\circ$	$\frac{1}{2} + ? = 1$
Cuarto de nota	$\circ$	$\frac{1}{4} + \frac{1}{4} + \frac{1}{4} + ? = 1$
Silencio	ξ	$\frac{1}{4}$ silencio

Hacer modelos de partes de un entero

¿Por qué es importante? Podrás dividir un entero en varias partes, por ejemplo un rompecabezas.

Puedes doblar una tira de papel para explorar partes iguales.

Recorta cuatro tiras de papel del mismo tamaño.

- Dobla una tira en 2 partes iguales. Colorea 1 parte de azul.

- Dobla una tira en 4 partes iguales. Colorea 1 parte de verde.

- Dobla una tira en 8 partes iguales. Colorea 1 parte de rojo.

- Dobla una tira en 16 partes iguales. Colorea 3 partes de amarillo.

Explica lo que sabes

- En la tira con una parte coloreada de verde, ¿cuántas partes hay en el entero? ¿Cuántas de esas partes son verdes?

- En la tira con una parte coloreada de rojo, ¿cuántas partes hay en el entero? ¿Cuántas de esas partes son rojas?

RAZONAMIENTO CRÍTICO ¿Qué tira de papel tiene las partes más grandes? ¿Cuál tiene las partes más pequeñas? ¿Por qué?

▶ COMPRUEBA

Indica cuántas partes forman la figura entera. Luego indica cuántas partes están coloreadas.

1.    **2.**    **3.**

Indica cuántas partes forman el entero. Luego indica cuántas partes están coloreadas.

4.

5.

6.

7.

8.

9.

Resolución de problemas • Aplicaciones mixtas

10. Calendario El 15 de marzo Judy comenzó un curso de costura de 2 semanas. ¿Qué día fue la última clase?

11. Tiempo Jacob tocó la trompeta 14 minutos más que Stacy. Si entre los dos tocaron durante 56 minutos, ¿cuántos minutos tocó cada uno?

12. Medidas Don, John y Ron dividen una cuerda en partes iguales. ¿En cuántas partes la dividieron? ¿Cuántas partes le tocaron a Ron?

13. ✏ **Por escrito** Janine dobló una tira de papel en 6 partes y otra tira igual de papel en 10 partes. ¿Cuál de las dos tiras tiene partes más grandes? Indica cómo lo sabes.

Repaso y preparación para las pruebas

Escribe cuántas centenas, decenas y unidades hay. (páginas 144–145)

14. 249   **15.** 384   **16.** 492   **17.** 891   **18.** 908

Nombra el cuerpo geométrico al que se parece cada uno de estos objetos. Elige la letra de la respuesta correcta. (páginas 316–317)

19.
A cubo
B prisma rectangular
C esfera
D cilindro

20.
F cono
G esfera
H cubo
J cilindro

21.
A cubo
B esfera
C cono
D cilindro

Otros modelos de fracciones

¿Por qué es importante? Podrás usar fracciones para repartir algo de manera justa.

Yvette y Gary dividen un sándwich en partes iguales. ¿Qué fracción del sándwich se come Yvette?

Una **fracción** es un número que indica las partes de un entero.

Usa barras de fracciones para mostrar cómo 1 entero puede ser dividido en dos partes iguales.

Parte de Yvette → **1**
Total de partes → **2**
     iguales

El **numerador** indica cuántas partes del entero se están usando.

El **denominador** indica cuántas partes iguales hay en un entero.

Se lee: un medio
uno de dos
uno dividido por dos

Se escribe: $\frac{1}{2}$

Entonces, Yvette se come $\frac{1}{2}$ del sándwich.

Aquí hay más ejemplos de otras fracciones.

1 de 4 está coloreado.
Un cuarto está coloreado.

$$\frac{1}{4}$$

5 de 6 están coloreados.
Cinco sextos están coloreados.

$$\frac{5}{6}$$

3 de 8 están coloreados.
Tres octavos están coloreados.

$$\frac{3}{8}$$

RAZONAMIENTO CRÍTICO ¿Por qué se puede describir $\frac{1}{4}$ como "uno dividido por 4"?

También se pueden representar partes de un entero mediante una recta numérica. Estas rectas numéricas de 0 a 1 representan un entero. La recta entera puede dividirse en cualquier número de partes iguales.

Halla $\frac{1}{2}$ en la recta numérica A.

- ¿Qué otro nombre se le puede dar a $\frac{2}{2}$ en esta recta numérica?

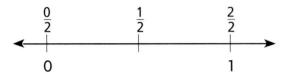

Halla $\frac{1}{4}$ en la recta numérica B.

- ¿Qué otro nombre se le puede dar a $\frac{2}{4}$ en esta recta numérica?

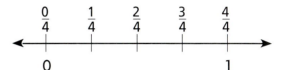

Observa la recta numérica C.

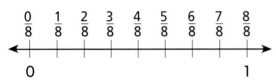

- ¿Qué otro nombre se le puede dar a $\frac{1}{2}$ en esta recta numérica?

Explica lo que sabes

- ¿Cuál de las rectas numéricas anteriores representa un entero dividido en 4 partes iguales?

- ¿En cuántas partes iguales está dividido el entero de la recta numérica C?

- ¿Dónde estaría situado $\frac{1}{4}$ en la recta numérica A?

▶ COMPRUEBA

Escribe la fracción que indique el punto donde está cada letra de la recta numérica.

1.

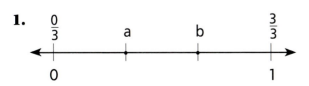

2.

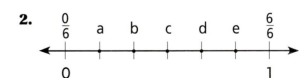

3. ¿Cómo te ayuda una recta numérica para hallar las partes de un entero?

LA LECCIÓN CONTINÚA

Indica la parte que está coloreada.
Escribe la respuesta con números y palabras.

4.

5.

6.

7.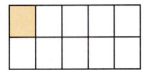

8.

9.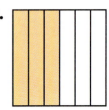

Escribe la fracción que indique el punto donde
está cada letra en la recta numérica.

10.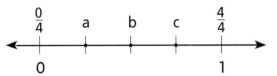

11.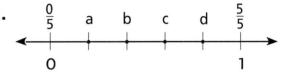

Escribe con números las siguientes fracciones.

12. cinco octavos

13. nueve de diez

14. siete novenos

15. uno dividido por seis

16. cuatro dividido por siete

17. dos de once

18. dos sextos

19. cuatro quintos

20. cinco de seis

Resolución de problemas • Aplicaciones mixtas

21. Razonamiento La Srta. Haines prepara una fiesta para el día de clases número 100. Hoy es el día de clases número 82. ¿Cuántos días de clases faltan para la fiesta?

22. Dinero Gary pagó $3.95 por un sándwich, $2.25 por papas fritas y $1.25 por un refresco. ¿Cuánto costaron el sándwich y las papas fritas?

23. Observación ¿Qué parte del pastel falta?

24. ✏ **Escribe un problema** acerca del siguiente dibujo.

Una de las ocasiones en que se usan las fracciones es en la preparación de comida. Una familia necesita $\frac{1}{4}$ de pan para hacer sándwiches. Para preparar una receta de galletas hacen falta $\frac{3}{4}$ taza de leche. Una mitad de pizza puede llevar verduras.

El calcio refuerza los huesos. Una taza de leche aporta $\frac{1}{3}$ del calcio que un adulto necesita en un día. ¿Cuántas tazas de leche aportarían todo el calcio que un adulto necesita en un día?

25. Imagina que tú y 3 amigos se reparten una barra de pan en partes iguales. ¿Qué fracción representaría tu parte?

26. Razonamiento Has comprado masa congelada para hacer galletas y la divides en 5 partes. Pones nueces en 1 parte, trozos de chocolate en otra parte y uvas pasas en 3 partes. ¿Qué fracción representa el número de partes en que has puesto uvas pasas?

27. Dinero En una pizzería se cortan las pizzas en 8 partes iguales. Cada porción se vende a $1.50. ¿Cuántas porciones puedes comprar con $3.00?

28. Consumidor Nancy compró una docena de huevos. Coció 5 huevos. ¿Qué parte de la docena ha usado?

Repaso y preparación para las pruebas

Usa patrones de centenas o de millares para hallar la suma o la diferencia. (páginas 148–149)

29. $200 + 743$

30. $349 - 100$

31. $9,374 - 3,000$

32. $441 + 300$

33. $887 - 200$

34. $7,217 - 1,000$

35. $601 + 300$

36. $792 - 400$

37. $3,463 + 1,000$

Redondea cada número a la decena más próxima o a los diez dólares más próximos. Elige la letra de la respuesta correcta. (páginas 174–175)

38. $59
  A $40
  B $90
  C $60
  D $70

39. $97
  F $80
  G $70
  H $100
  J $200

40. 93
  A 80
  B 90
  C 10
  D 200

Contar partes para formar un entero

¿Por qué es importante? Podrás contar partes cuando a cada miembro de tu grupo le corresponde una parte.

Estos niños están haciendo una bandera. Cada niño hace $\frac{1}{4}$ de la bandera. ¿Cuántos niños se necesitan para hacer la bandera entera?

$\frac{1}{4}$ $\frac{2}{4}$ $\frac{3}{4}$ $\frac{4}{4}$ $\frac{4}{4} = 1$ entero

Puedes contar por cuartos. $\frac{1}{4}, \frac{2}{4}, \frac{3}{4}, \frac{4}{4}$

$\frac{4}{4}$ hacen 1 entero.

Entonces, se necesitan 4 niños para hacer la bandera entera.

Explica lo que sabes

• ¿Cuántas partes tiene la bandera entera?

• Si la bandera tuviera tres partes, ¿qué fracción describiría cada parte?

_____

Los enteros pueden dividirse en partes de varias maneras.

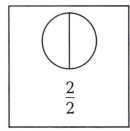
$\frac{2}{2}$

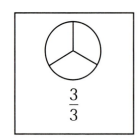
$\frac{3}{3}$

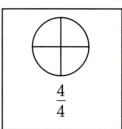
$\frac{4}{4}$

▶ COMPRUEBA

1. En las figuras anteriores, ¿cuántas partes tiene cada entero?

2. ¿Cómo son las fracciones que describen un entero?

Escribe una fracción que describa la parte coloreada.

3.

4.

5.

Escribe una fracción que describa la parte coloreada.

6.   **7.**   **8.**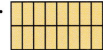

Resolución de problemas • Aplicaciones mixtas

Usa el tren de cubos para resolver los Problemas 9–10.

9. Observación ¿Qué parte del tren de cubos es roja?

10. ¿Qué parte del tren de cubos es roja y azul?

11. Tiempo Sasha empezó su tarea a las 4:00 y la terminó media hora más tarde. ¿A qué hora terminó?

12. 🖊 **Por escrito** ¿Cuántos veinteavos se necesitan para hacer un entero? Explica.

Repaso y preparación para las pruebas

Compara los números. Escribe <, > o = en cada ●. **(páginas 164–165)**

13. 87 ● 78   **14.** 110 ● 101   **15.** 317 ● 317   **16.** 889 ● 898

Elige la letra del cociente correcto. **(páginas 250–251)**

17. $56 \div 7 = \underline{\ ?\ }$ **A** 8   **B** 9   **C** 7   **D** 5

18. $72 \div 8 = \underline{\ ?\ }$ **F** 8   **G** 6   **H** 9   **J** 7

19. $63 \div 9 = \underline{\ ?\ }$ **A** 7   **B** 6   **C** 8   **D** 9

Comparar fracciones

¿Por qué es importante? Podrás comparar cantidades escritas en fracciones cuando construyas algo o cocines.

Puedes comparar fracciones usando barras de fracciones.

A. Compara $\frac{1}{4}$ y $\frac{2}{4}$.

$$\boxed{\frac{1}{4}}$$
$$\boxed{\frac{1}{4}} \quad \boxed{\frac{1}{4}}$$

Anota: $\frac{1}{4} < \frac{2}{4}$ ó $\frac{2}{4} > \frac{1}{4}$.

B. Compara $\frac{1}{2}$ y $\frac{1}{3}$.

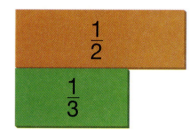

$$\boxed{\frac{1}{2}}$$
$$\boxed{\frac{1}{3}}$$

Anota: $\frac{1}{2} > \frac{1}{3}$ ó $\frac{1}{3} < \frac{1}{2}$.

Explica lo que sabes [RAZONAMIENTO CRÍTICO]

- En el ejemplo A, ¿cómo puedes comparar las fracciones que tienen el mismo denominador pero diferentes numeradores?

- En el ejemplo B, ¿cómo puedes comparar las fracciones que tienen el mismo numerador pero diferentes denominadores?

- ¿Qué ocurre con el tamaño de las partes cuando el denominador aumenta?

RECUERDA:

$>$ significa *mayor que*

$4 > 2$

$<$ significa *menor que*

$4 < 8$

$=$ significa *igual a*

$4 = 4$

▶ COMPRUEBA

Compara. Escribe $<$, $>$ o $=$ en cada ●. Puedes usar barras de fracciones.

1.
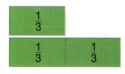

$\frac{1}{3} \quad ● \quad \frac{2}{3}$

2.
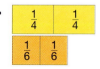

$\frac{2}{4} \quad ● \quad \frac{2}{6}$

3.
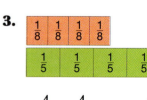

$\frac{4}{8} \quad ● \quad \frac{4}{5}$

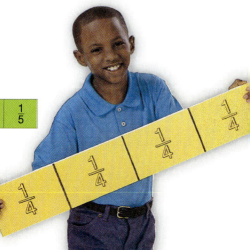

Compara. Escribe < , > o = en cada ●.

4.

$$\frac{3}{4} \; ● \; \frac{1}{4}$$

5.

$$\frac{7}{8} \; ● \; \frac{7}{8}$$

6.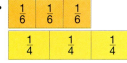

$$\frac{3}{6} \; ● \; \frac{3}{4}$$

7.

$$\frac{1}{4} \; ● \; \frac{1}{2}$$

8.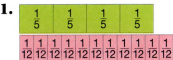

$$\frac{3}{8} \; ● \; \frac{3}{12}$$

9.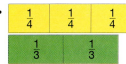

$$\frac{4}{10} \; ● \; \frac{4}{5}$$

10.

$$\frac{1}{4} \; ● \; \frac{3}{8}$$

11.

$$\frac{4}{5} \; ● \; \frac{11}{12}$$

12.

$$\frac{3}{4} \; ● \; \frac{2}{3}$$

Resolución de problemas • Aplicaciones mixtas

13. Datos Los números de las ocho secciones de una flecha giratoria son números impares entre 4 y 20. ¿Cuáles son los números?

14. Arte En una caja de marcadores caben 8 marcadores. ¿Cuántas cajas se necesitan para guardar 48 marcadores?

15. Dinero Luca pagó con un billete de $1 y recibió de cambio una moneda de 25¢ y una de 1¢. ¿Cuánto cambio recibió? ¿Cuánto gastó?

16. Sentido numérico Merri tiene unos $50 en su cuenta del banco. Usando el redondeo, ¿cuál es la cantidad más pequeña que puede tener? ¿Cuál es la más grande?

17. Tiempo Eduardo comenzó a jugar a las 2:30 y jugó durante 45 minutos. Luego almorzó durante 35 minutos. ¿A qué hora terminó de almorzar?

18. 📝 Por escrito Hay dos pasteles del mismo tamaño. Uno está cortado en seis partes, el otro en ocho. ¿Qué pastel tiene los pedazos más grandes? Explica.

LA LECCIÓN
CONTINÚA ▷

Estrategia para resolver problemas: Hacer un dibujo

▶ **PROBLEMA** Lisa y dos compañeros participaron en una carrera para recaudar dinero. Lisa corrió $\frac{3}{4}$ milla, Jeff corrió $\frac{5}{8}$ milla y Melissa corrió $\frac{1}{2}$ milla. ¿Quién corrió más?

RECUERDA:
- COMPRENDER
- PLANEAR
- RESOLVER
- REVISAR

COMPRENDER

- ¿Qué debes hallar?

- ¿Qué información vas a usar?

- ¿Hay información que no vas a usar? Si es así, ¿cuál?

PLANEAR

- ¿Qué estrategia puedes usar?

  Puedes *hacer un dibujo* para mostrar qué parte de una milla corrió cada persona.

RESOLVER

- ¿Cómo puedes resolver el problema?

  Corta tres tiras fraccionarias de la misma longitud.

  Colorea $\frac{3}{4}$ de una tira, $\frac{5}{8}$ de otra tira y $\frac{1}{2}$ de otra tira.

  Compara las tiras. Halla la tira que tenga la parte coloreada más larga.

  Como $\frac{3}{4} > \frac{5}{8} > \frac{1}{2}$, entonces Lisa fue la que corrió más.

Lisa — $\frac{3}{4}$
Jeff — $\frac{5}{8}$

Melissa — $\frac{1}{2}$

REVISAR

- ¿Cómo puedes saber si tu respuesta tiene sentido?

- ¿Qué otra estrategia puedes usar?

Haz un dibujo para hallar la solución.

1. El equipo de Sonu ganó $\frac{1}{2}$ de sus partidos. El equipo de Ed ganó $\frac{2}{3}$ de sus partidos. ¿Qué equipo ganó más partidos?

2. Gigi gastó $\frac{4}{10}$ de su dinero en adhesivos y $\frac{3}{5}$ en una revista. ¿En qué artículo gastó más?

3. Noe hizo este diseño con 1 triángulo y 3 cuadrados.

Repitió el diseño tres veces más. ¿Cuántos cuadrados usó Noe en total?

4. El Sr. May colocó 9 filas de 8 baldosas cada una en el piso del sótano. ¿Cuántas baldosas usó el Sr. May?

Aplicaciones mixtas

Halla la solución.

ELIGE una estrategia y un método.
- Hacer un dibujo
- Representar
- Hacer un modelo
- Escribir un enunciado numérico

Lápiz y papel   Calculadora   A mano   Cálculo mental

5. En una jarra había 56 monedas. Bill tomó 25 monedas y al día siguiente, puso de vuelta 12 monedas. ¿Cuántas monedas hay ahora en la jarra?

6. Carol es más alta que Mo y Jen es más alta que Carol. Ordénalas por estatura de menor a mayor.

7. Joseph tiene práctica de béisbol a las 4 en punto. La práctica dura $1\frac{1}{2}$ hora. ¿Le dará tiempo de estar en su casa a las 5 en punto?

8. Ronnie comió $\frac{1}{2}$ pizza en el almuerzo y $\frac{1}{4}$ de pizza al salir de la escuela. ¿A qué hora comió el pedazo más grande?

9. El Presidente de Estados Unidos es elegido cada cuatro años. Las últimas dos veces que se eligió Presidente fue en 1992 y 1996. ¿Cuáles son los próximos dos años en que se elegirá Presidente?

10. Terry cocinó este postre. Su familia se comió $\frac{1}{2}$ de las porciones. ¿Cuántas porciones se comieron?

Fracciones equivalentes

Investigarás fracciones equivalentes.

Las **fracciones equivalentes** son dos o más fracciones diferentes que indican la misma cantidad.

▶ EXPLORA

Usa barras de fracciones para hacer modelos de otras fracciones que indiquen $\frac{1}{2}$.

MATERIALES: barras de fracciones

MODELO

Paso 1

Comienza por la barra de 1 entero. Alinea la barra de $\frac{1}{2}$.

Paso 2

Usa barras de $\frac{1}{4}$ para formar una barra del mismo tamaño que la barra de $\frac{1}{2}$.

Paso 3

Usa barras de $\frac{1}{6}$ para formar una barra del mismo tamaño que la barra de $\frac{1}{2}$.

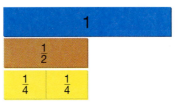

Anota

Escribe las fracciones que hayas encontrado que sean equivalentes a $\frac{1}{2}$. Haz más fracciones equivalentes a $\frac{1}{2}$ con octavos, décimos y doceavos. Anota las fracciones que encuentres.

▶ INTÉNTALO

Halla una fracción equivalente para cada fracción dada. Usa barras de fracciones.

1.

2.

3. ¿Cómo sabes que los modelos son equivalentes?

Tecnología

Puedes mostrar fracciones equivalentes creando fuegos artificiales con el juego *Fraction Fireworks*, de **Mighty Math Number Heroes**. Usa Grow Slide Niveles H y R.

4.  **Por escrito** Explica cómo hacer un modelo para ver si $\frac{3}{4}$ y $\frac{2}{3}$ son equivalentes.

Tecnología

Puedes nombrar las fracciones equivalentes usando E-Lab, Actividad 21. Disponible en CD-ROM e Internet: www.hbschool.com/elab

▶ PRÁCTICA

Halla una fracción equivalente para cada caso. Usa barras de fracciones para que te sea más fácil.

5.

1

$\frac{1}{4}$	$\frac{1}{4}$	$\frac{1}{4}$

6.

1

$\frac{1}{6}$

7.

1

$\frac{1}{10}$	$\frac{1}{10}$	$\frac{1}{10}$	$\frac{1}{10}$	$\frac{1}{10}$	$\frac{1}{10}$

8. $\frac{1}{2} = \frac{?}{4}$

9. $\frac{2}{3} = \frac{?}{12}$

10. $\frac{4}{5} = \frac{?}{10}$

11. $\frac{10}{10} = \frac{?}{8}$

12. $\frac{2}{3} = \frac{?}{6}$

13. $\frac{3}{4} = \frac{?}{8}$

Resolución de problemas • Aplicaciones mixtas

Usar datos Usa la receta para resolver los Problemas 14–15.

14. Razonamiento Bonnie tiene una medida de $\frac{1}{4}$-taza. ¿Cuántas medidas de $\frac{1}{4}$-taza deberá usar para medir los cacahuates? ¿Cuántas para medir las pasas?

Ingredientes

$\frac{1}{2}$ taza de cacahuates

$\frac{3}{4}$ taza de pasas

$\frac{1}{4}$ taza de nueces

15. Sentido numérico Ordena los ingredientes de menor a mayor cantidad.

16. Comparar Lucy se comió $\frac{2}{8}$ de una pizza. Linda se comió $\frac{1}{4}$ de una pizza. ¿Quién comió menos pizza?

17. Comparar Yoko comió $\frac{3}{4}$ de su muffin. Matt comió $\frac{2}{3}$ de su muffin. ¿Quién comió más?

18. El lunes $\frac{1}{4}$ de los estudiantes de clase fueron a la biblioteca. El martes fueron $\frac{1}{3}$. ¿Qué día fueron más estudiantes a la biblioteca?

19. Sentido numérico Fran usó $\frac{1}{2}$ docena de huevos para su receta. Nombra otras dos fracciones que indiquen la misma cantidad.

20. Cálculo mental Ben y Teri hicieron 6 cometas. Pusieron 4 lazos en la cola de cada una. ¿Cuántos lazos pusieron en total?

21. Medidas Mark mide 52 pulgadas de alto. Su padre mide 67 pulgadas. ¿Cuánto más alto es su padre?

▶ Comprensión

VOCABULARIO

1. Una __?__ es un número que indica las partes de un entero. (página 370)

2. En una fracción, el __?__ indica cuántas partes del entero se están usando. (página 370)

3. En una fracción, el __?__ indica cuántas partes iguales hay en un entero. (página 370)

4. Las fracciones diferentes que indican la misma cantidad son __?__. (página 380)

Indica la parte que está coloreada. Escribe tu respuesta con números y palabras. (páginas 370–373)

Escribe la fracción que indica el punto donde está cada letra en la recta numérica. (páginas 370–373)

5.

6.

7.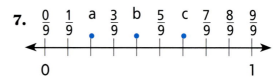

▶ Destrezas

Compara. Escribe < , > o = en cada ⬤. (páginas 376–377)

8.

$\frac{1}{4}$ ⬤ $\frac{2}{4}$

9.

$\frac{1}{3}$ ⬤ $\frac{1}{6}$

10.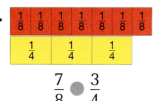

$\frac{7}{8}$ ⬤ $\frac{3}{4}$

▶ Resolución de problemas

Halla la solución. (páginas 378–379)

ELIGE una estrategia y un método.

- Hacer un dibujo
- Hacer un modelo
- Representar
- Escribir un enunciado numérico

 Lápiz y papel Calculadora A mano Cálculo mental

11. La pizza de Ray es $\frac{1}{2}$ de queso y $\frac{1}{3}$ de salchichón. ¿Qué tiene más la pizza, queso o salchichón?

12. Un refresco cuesta 55¢. Natalio pagó con 4 monedas. ¿Qué monedas usó?

Preparación para la prueba

Elige la mejor respuesta.

1. ¿Qué aspecto tiene esta figura después de invertirla?

A

B

C

D

2. ¿En qué par ordenado está el maíz en el huerto de Tim?

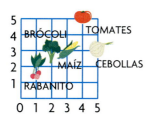

F (5,3)   **G** (2,3)

H (4,5)   **J** (3,3)

3. Jon ha compartido una pizza con 3 amigos. A cada uno le tocó una parte igual. ¿Qué parte de la pizza comió cada muchacho?

A $\frac{1}{3}$ **B** $\frac{1}{5}$

C $\frac{1}{6}$ **D** $\frac{1}{4}$

4. ¿Qué círculo tiene las partes más pequeñas?

F   **G**

H   **J**

5. $63 \div 9 = \underline{\ ?\ }$

A 9   **B** 7

C 1   **D** 8

6. ¿Cuánto es 9×5?

F 45   **G** 3

H 54   **J** 63

7. Joanne puso 0 flores en 6 floreros. ¿Cuántas flores puso en cada florero?

A 24   **B** 0

C 1   **D** 6

8. ¿Qué fracción representa la parte sombreada?

F $\frac{2}{5}$ **G** $\frac{1}{6}$

H $\frac{3}{8}$ **J** $\frac{2}{3}$

9.
$$\begin{array}{r} 272 \\ -116 \\ \hline \end{array}$$

A 166   **B** 388

C 176   **D** 156

10. Jean tenía 47 creyones en una bolsa, 34 en otra bolsa y 17 sobre la mesa. ¿Cuántos creyones tenía en total?

F 88   **G** 79

H 98   **J** 99

22 PARTES DE UN GRUPO

El Newbery Medal es un premio que se otorga cada año a la mejor obra de literatura infantil. El libro premiado es seleccionado por un comité de bibliotecarios (el grupo), cada uno de los cuales tiene derecho a un voto (las partes).

Ocho opiniones

Descubre qué es lo que más les gusta a ocho compañeros de clase. Haz una encuesta para saber *quién, qué* o *dónde*.

MATERIALES: papel cuadriculado de 1 pulgada, creyones, papel y lápiz.

Decide la pregunta de la encuesta.

- Haz la pregunta a ocho compañeros de clase y anota sus respuestas en un papel de borrador usando marcas de conteo.

- Usa las marcas de conteo para hacer una gráfica de barras en el papel cuadriculado; usa un creyón del mismo color para las respuestas iguales.

- Escribe una oración sobre los resultados, considerando la pregunta como el todo y las respuestas como las partes.

- Muestra la gráfica de barras y los resultados a los compañeros de clase.

¿TE ACORDASTE DE

☑ encuestar a ocho estudiantes?

☑ anotar las respuestas con marcas de conteo, y luego hacer una gráfica de barras con creyones?

☑ escribir oraciones sobre los resultados?

☑ mostrar la gráfica de barras y los resultados a los compañeros de clase?

¿Cuál es el mejor lugar para festejar un cumpleaños?

Lugar: Campo de golf, Sala de juegos, Parque, Piscina

Votos: 0 1 2 3 4 5

"La pregunta es: ¿Cuál es el mejor lugar para festejar un cumpleaños? El todo es 8 de 8. Las partes son $\frac{2}{8}$, $\frac{2}{8}$, $\frac{1}{8}$, y $\frac{3}{8}$."

Parte de un grupo

Investigarás cómo describir y hacer un modelo de las partes iguales de un grupo.

Usa una fracción para nombrar una parte de un grupo. Usa fichas cuadradas para mostrar 4 partes iguales. Haz que 1 parte sea de color verde.

Este grupo tiene 4 fichas cuadradas. Hay 4 partes iguales. La ficha verde muestra 1 parte.

Este grupo tiene 8 fichas cuadradas. Hay 4 partes iguales. Las fichas verdes muestran 1 parte.

Ambos grupos muestran 4 partes iguales con 1 parte verde.

▶ EXPLORA

Usa fichas cuadradas de colores para mostrar partes iguales de un grupo.

MATERIALES: fichas de colores

A. Usa fichas cuadradas. Haz 3 partes iguales y que 1 parte sea roja.

B. Usa fichas cuadradas. Haz 2 partes iguales y que 1 parte sea amarilla.

Anota

Dibuja y colorea ambos modelos de fichas cuadradas. Explica cuántas fichas pusiste en cada grupo y qué colores usaste para las partes.

• Compara tus grupos con los de un compañero de clase. ¿En qué se parecen? ¿En qué se diferencian?

Ahora haz otros modelos que muestren partes iguales de un grupo usando fichas cuadradas.

▶ INTÉNTALO

Dibuja y colorea ambos modelos.

1. 3 partes iguales con 1 parte verde

2. 4 partes iguales con 1 parte azul

3. ¿Cómo decidiste la cantidad de fichas cuadradas que debía tener el grupo?

4. ¿Por qué puedes formar grupos usando diferentes cantidades de fichas cuadradas?

5. ✏️ **Por escrito** ¿En qué se diferencia la parte de un grupo de la parte de un entero? Dibuja un ejemplo de cada uno.

▶ PRÁCTICA

Usa fichas cuadradas para mostrar un grupo con partes iguales. Haz un dibujo de tu modelo.

6. Haz un grupo con 2 partes iguales y que una parte sea azul.

7. Haz un grupo con 4 partes iguales y que una parte sea roja.

Observa cada dibujo. Halla la cantidad de partes iguales que son verdes.

8.

9.

Resolución de problemas
• Aplicaciones mixtas

10. **Observación** Thalia guarda 3 brownies. ¿Qué fracción de la bandeja de brownies guarda Thalia?

11. **Probabilidad** Ronaldo pone varias fichas en una bolsa. Si saca una ficha sin mirar, ¿qué color de ficha tiene más probabilidades de sacar? Explica.

12. **Razonamiento lógico** La suma de los números de las páginas donde está abierto el libro es 25. ¿En qué páginas está abierto el libro?

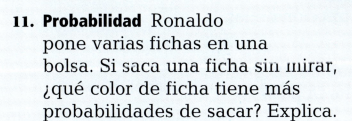

MÁS PRÁCTICA página H105

Tecnología

💿 Puedes identificar partes de un grupo usando E-Lab, Actividad 22. Disponible en CD-ROM e Internet: **www.hbschool.com/elab**

Fracciones de un grupo

¿Por qué es importante? Podrás usar fracciones cuando compartas alimentos con tus amigos.

Patti pone en dos platos las frutas que compró. En el plato A hay 4 tipos de fruta. En el plato B hay 2 tipos de fruta. ¿Qué fracción de las frutas de cada plato son manzanas?

A. Escribe la fracción que nombra la manzana.

parte que representa la manzana → **1** ← numerador
partes que hay en total → **4** ← denominador

Se lee: un cuarto o uno de cuatro

Se escribe: $\frac{1}{4}$

Entonces, $\frac{1}{4}$ de las frutas del primer plato son manzanas.

B. Escribe la fracción que nombra las manzanas.

parte que representan las manzanas → **1** ← numerador
partes que hay en total → **2** ← denominador

Se lee: un medio o uno de dos

Se escribe: $\frac{1}{2}$

Entonces, $\frac{1}{2}$ de las frutas del segundo plato son manzanas.

RAZONAMIENTO CRÍTICO ¿En qué se parecen las dos fracciones que representan las manzanas de los platos? ¿En qué se diferencian?

▶ COMPRUEBA

1. Imagina que en un plato hay una manzana, una naranja y una pera. ¿Qué fracción de las frutas es la naranja? Explica.

2. Dibuja 4 círculos y sombrea uno de ellos. Escribe la fracción que describe la parte sombreada de los círculos.

3. Haz un dibujo que muestre 6 frutas en 2 grupos iguales. Escribe una fracción que nombre las frutas que hay en un grupo.

Tecnología

Puedes crear fuegos artificiales a medida que aprendes acerca de fracciones con el juego *Fraction Fireworks*, de **Mighty Math Number Heroes**. Usa Grow Slide Niveles H y R.

Escribe la fracción que nombra la parte del grupo que se indica.

4.

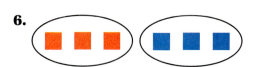 fichas amarillas

5.

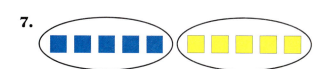
fichas verdes

6.

fichas rojas

7.

fichas azules

Haz el dibujo correspondiente. Usa números y palabras para describir la parte sombreada.

8. Dibuja 5 círculos. Sombrea 1 círculo.

9. Dibuja 6 cuadrados. Sombrea 1 cuadrado.

10. Dibuja 3 estrellas. Sombrea 1 estrella.

11. Dibuja 8 triángulos. Haz 2 grupos iguales. Sombrea 1 grupo.

12. Dibuja 10 círculos. Haz 5 grupos iguales. Sombrea 1 grupo.

13. Dibuja 12 cuadrados. Haz 6 grupos iguales. Sombrea 1 grupo.

Resolución de problemas • Aplicaciones mixtas

14. Sentido numérico Omar separó 12 globos en dos grupos iguales. Le dio 1 grupo a Tim. ¿Qué parte del total de los globos le dio a Tim?

15. Observación ¿Qué parte del círculo está sombreada? ¿Qué parte no lo está?

16. ✏ **Escribe un problema** acerca de las gorras y cascos, para que la respuesta sea una fracción de un grupo.

Repaso y preparación para las pruebas

Halla el producto. (páginas 212–213)

17. $3 \times 8 = \underline{\ ?\ }$ **18.** $8 \times 5 = \underline{\ ?\ }$ **19.** $6 \times 8 = \underline{\ ?\ }$ **20.** $8 \times 7 = \underline{\ ?\ }$

Usa patrones de centenas o de millares para hallar la suma o la diferencia. Elige la letra de la respuesta correcta. (páginas 148–149)

21. $1,623 - 1,000$ **A** $1,000$ **B** $1,523$ **C** 623 **D** 523

22. $4,925 + 5,000$ **F** $5,925$ **G** $9,000$ **H** $9,825$ **J** $9,925$

Más sobre fracciones de un grupo

¿Por qué es importante? Podrás usar partes que forman un todo cuando compartas marcadores o juguetes con tus compañeros.

Las fracciones pueden nombrar más de 1 parte del grupo. Si cuentas las partes de un grupo formarás un patrón.

Modelo							
Cantidad de partes	6	6	6	6	6	6	6
Cantidad de partes azules	0	1	2	3	4	5	6
Fracción de partes azules	$\frac{0}{6}$	$\frac{1}{6}$	$\frac{2}{6}$	$\frac{3}{6}$	$\frac{4}{6}$	$\frac{5}{6}$	$\frac{6}{6}$

Explica lo que sabes RAZONAMIENTO CRÍTICO

- ¿Cuántas partes iguales hay en el grupo de fichas?

- ¿Cómo sabes si las fichas azules del grupo son iguales al entero?

▶ COMPRUEBA

Usa el patrón para completar la tabla.

1.	Modelo					?
2.	Cantidad de partes	4	4	?	4	4
3.	Cantidad de partes azules	?	1	2	3	4
4.	Fracción de partes azules	$\frac{0}{4}$	$\frac{1}{4}$	$\frac{2}{4}$	?	$\frac{4}{4}$

5. En este patrón, ¿cuántas fichas hay en cada parte?

Usa un patrón para completar la tabla.

6. Modelo	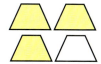	?	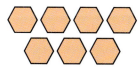			
7. Cantidad de partes	5	5	5	?	5	5
8. Cantidad de partes azules	0	1	?	3	4	5
9. Fracción de partes azules	$\frac{0}{5}$	$\frac{1}{5}$	$\frac{2}{5}$	$\frac{3}{5}$	$\frac{4}{5}$	?

Escribe una fracción para describir la parte sombreada.

10.

11.

12.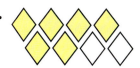

13.

14.

15.

Resolución de problemas • Aplicaciones mixtas

16. ¿Qué parte de las fichas son negras?

17. Dinero Wes pagó con una moneda de 25¢ por un juguete que valía 13¢. ¿Qué monedas recibió de cambio?

18. Observación ¿Qué parte del total de tarjetas tiene cada niño?

19.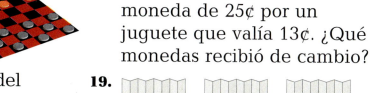

Razonamiento lógico Si se recortan las partes, ¿cuántos pedazos habrá?

20. **Por escrito** ¿En qué se parecen los dos dibujos? ¿En qué se diferencian?

LA LECCIÓN
CONTINÚA ➡

Estrategia para resolver problemas: Hacer un dibujo

▶ **PROBLEMA** Cada estudiante está decorando 2 huevos. Los estudiantes llenarán cartones de 12 huevos. ¿Qué parte del cartón llenará cada estudiante? ¿Cuántos estudiantes se necesitan para llenar cada cartón?

RECUERDA:
· · · · · · · · · · · · · · · · · · ·
COMPRENDER
PLANEAR
RESOLVER
REVISAR

COMPRENDER

- ¿Qué debes hacer?

- ¿Qué información vas a usar?

- ¿Hay alguna información que no vas a usar? Si es así, ¿cuál?

PLANEAR

- ¿Qué estrategia puedes usar?

  Puedes *hacer un dibujo.*

RESOLVER

- ¿Cómo puedes resolver el problema?

  Puedes dibujar 12 círculos para mostrar el cartón de huevos.

  Dibuja círculos alrededor de cada grupo de 2 huevos para mostrar la parte que hace cada estudiante.

  Cada estudiante llena $\frac{1}{6}$ del cartón de huevos.

  Entonces, se necesitan 6 estudiantes para llenar un cartón completo.

REVISAR

- ¿Cómo puedes saber si tus respuestas tienen sentido?

- ¿Qué otra estrategia puedes usar?

LA CULTURA
Y LOS NÚMEROS

En Ucrania decoran huevos que se llaman *pysanky*. Nunca se repite el mismo diseño. Primero, el huevo se cubre de cera, luego se dibuja el diseño en una parte del huevo, se retira la cera de esa parte y el huevo es sumergido en pintura especial. Imagina que 2 huevos de un grupo de 10 han sido decorados. ¿Qué parte del grupo falta por decorar?

Haz un dibujo para hallar la solución.

1. Cada estudiante llena con masa uno de los 6 moldes de una bandeja para hacer muffins. ¿Qué parte de la bandeja llena cada estudiante? ¿Cuántos estudiantes hay?

2. Randi y dos amigos van a repartirse 15 tarjetas de béisbol. ¿Qué parte de las tarjetas recibirá cada uno?

3. La mamá de Joshua compró una caja con 8 envases de jugo. Repartió los envases entre sus 4 hijos en partes iguales. ¿Cuántos envases de jugo recibió cada niño? ¿Qué parte de la caja recibió cada niño?

4. Emma está horneando galletas. Cada bandeja representa $\frac{1}{4}$ del total de galletas. ¿Qué parte del total son 3 bandejas? ¿Y 4 bandejas?

Resolución de problemas • Aplicaciones mixtas

Halla la solución.

ELIGE una estrategia y un método.
- Hacer un modelo
- Representar
- Escribir un enunciado numérico
- Estimar y comprobar
- Hacer un dibujo

Lápiz y papel   Calculadora   A mano   Cálculo mental

5. Jeff tiene $5.37 y quiere comprar una caja de tarjetas que cuesta $7.50. ¿Cuánto dinero más necesita?

6. ¿Cuántos palitos se necesitan para hacer 4 triángulos?

7. Robbie tiene una bolsa con 10 canicas. Las que más le gustan son las 2 rojas. ¿Qué parte de las canicas son rojas?

8. Ashley cose $\frac{1}{10}$ de una colcha por día. ¿Cuánto cose después de 4 días?

9. En el comedor había 357 personas. Todas menos 75 almorzaron comida caliente. ¿Cuántas personas almorzaron comida caliente?

10. Oscar cortó la pizza en 8 partes iguales. Él y 3 amigos comieron 2 pedazos cada uno. ¿Qué parte de la pizza comió cada uno?

11. Luis compró 12 manzanas. Las repartió en partes iguales con 5 amigos. ¿Cuántas manzanas recibió cada uno?

12. Jerry tenía 9 monedas de 5¢. Gastó 35¢. ¿Cuánto dinero le quedó a Jerry?

Comparar las partes de un grupo

¿Por qué es importante? Podrás comparar las partes de grupos cuando compares colecciones.

Tory y Courtney tienen cada una 5 peces en sus peceras. $\frac{2}{5}$ de los peces de Tory son peces de colores. $\frac{4}{5}$ de los peces de Courtney son peces de colores. ¿Quién tiene más peces de colores?

Compara $\frac{2}{5}$ y $\frac{4}{5}$.

Puedes usar fichas cuadradas para comparar las partes de un grupo. Usa fichas cuadradas amarillas para mostrar los peces de colores.

Tory   Courtney

$\frac{2}{5}$ < $\frac{4}{5}$

Entonces, Courtney tiene más peces de colores.

Explica lo que sabes RAZONAMIENTO CRÍTICO

- ¿En qué se parecen las fracciones $\frac{2}{5}$ y $\frac{4}{5}$?

- ¿En qué se diferencian estas fracciones?

- ¿Cómo puedes determinar qué fracción es más grande?

▶ COMPRUEBA

Compara las partes que son rojas en cada grupo. Escribe $<$, $>$ o $=$ en cada ●. Puedes usar fichas cuadradas como ayuda.

1. 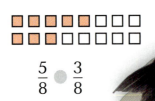 $\frac{2}{3}$ ● $\frac{1}{3}$

2. $\frac{5}{8}$ ● $\frac{3}{8}$

3. $\frac{4}{6}$ ● $\frac{4}{6}$

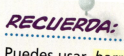

LA CIENCIA Y LOS NÚMEROS

Existen más de 100 tipos de peces de colores. La mayoría tienen dos conjuntos de aletas dobles y tres aletas simples, es decir 7 aletas en total. Los peces de colores tienen ojos muy grandes y un olfato y oído muy desarrollados. Imagina que en una pecera hay 2 tipos de peces de colores, 3 son de un tipo y 2 son de otro tipo. Compara con fracciones los dos grupos de peces.

Compara la parte azul de cada grupo. Escribe < , > o = en cada ⬤.

4.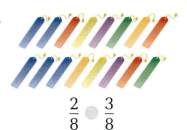

$\dfrac{2}{8}$ ⬤ $\dfrac{3}{8}$

5.

$\dfrac{1}{6}$ ⬤ $\dfrac{3}{6}$

6.

$\dfrac{3}{7}$ ⬤ $\dfrac{3}{7}$

7.

$\dfrac{4}{10}$ ⬤ $\dfrac{6}{10}$

8.

$\dfrac{2}{3}$ ⬤ $\dfrac{1}{3}$

9.

$\dfrac{4}{4}$ ⬤ $\dfrac{3}{4}$

Resolución de problemas • Aplicaciones mixtas

10. Comparar Un florista hace dos ramos de flores. Un ramo tiene $\frac{5}{7}$ de rosas y el otro tiene $\frac{4}{7}$ de rosas. ¿Qué ramo tiene más rosas?

11. Dinero Ali compra 2 paquetes de tarjetas y un libro de juegos. ¿Cuánto gasta?

12. Sentido numérico Los 32 estudiantes de la clase de Yana trabajan en grupos de cuatro. ¿Cuántos grupos hay?

13. 🖊 **Por escrito** Explica por qué comparar partes fraccionales de un entero es parecido a comparar partes fraccionales de un grupo.

Repaso y preparación para las pruebas

Lee cada suceso. Indica si el suceso es *seguro* o *imposible* que ocurra. (páginas 296–297)

14. Mañana viajarás al Sol.

15. Un cubo de hielo se derretirá en agua caliente.

16. Si tocas una olla muy caliente te quemarás.

Elige la letra del producto correcto. (páginas 198–201)

17. $4 \times 7 =$ _?_   **A** 26   **B** 21
                   C 14   **D** 28

18. $4 \times 8 =$ _?_   **F** 32   **G** 34
                   H 35   **J** 38

19. $4 \times 9 =$ _?_   **A** 18   **B** 36
                   C 54   **D** 45

20. $4 \times 6 =$ _?_   **F** 24   **G** 12
                   H 18   **J** 32

▶ Comprensión

Observa cada dibujo. Halla la cantidad de partes iguales de color naranja. (páginas 386–387)

1.

2.

3.

Usa el patrón para completar la tabla. (páginas 390–391)

4.	Modelo							?
5.	Cantidad de partes	6	?	6	6	6	6	6
6.	Cantidad de partes azules	0	1	2	?	4	5	6
7.	Fracciones de partes azules	$\frac{0}{6}$	$\frac{1}{6}$	$\frac{2}{6}$	$\frac{3}{6}$	$\frac{4}{6}$	?	$\frac{6}{6}$

▶ Destrezas

Haz el dibujo. Usa números y palabras para describir la parte sombreada. (páginas 388–389)

8. Dibuja 6 triángulos. Sombrea 1.

9. Dibuja 8 círculos. Haz dos grupos iguales. Sombrea 1 grupo.

Compara las partes verdes de cada grupo.
Escribe $<$, $>$ o $=$ en cada ⬤. (páginas 394–395)

10.

$\frac{3}{5}$ ⬤ $\frac{2}{5}$

11.

$\frac{4}{6}$ ⬤ $\frac{4}{6}$

12.

$\frac{3}{8}$ ⬤ $\frac{4}{8}$

▶ Resolución de problemas

Halla la solución. (páginas 392–393)

ELIGE una estrategia y un método.

• Hacer un dibujo   • Hacer un modelo
• Representar
• Escribir un enunciado numérico

Lápiz y papel   Calculadora   A mano   Cálculo mental

13. Tres amigos tienen 18 galletas para repartirse en partes iguales. ¿Qué fracción recibirá cada uno?

14. El collar de Roni tiene 20 cuentas, de las cuales 15 son de plata. ¿Cuántas cuentas no son de plata?

Preparación para la prueba

Elige la mejor respuesta.

1. ¿Qué parte del pastel comieron?

A $\frac{1}{2}$ **B** $\frac{1}{3}$ **C** $\frac{1}{4}$ **D** $\frac{1}{5}$

2. Compara las figuras. ¿Qué par es congruente?

3. Esta figura plana se ha invertido.

¿Qué aspecto tenía antes de invertirla?

4. ¿Qué relación hay entre estas barras de fracciones?

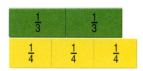

F $\frac{2}{3} > \frac{3}{4}$ **G** $\frac{2}{3} < \frac{3}{4}$

H $\frac{2}{3} = \frac{3}{4}$ **J** $\frac{1}{4} = \frac{1}{5}$

5. ¿Qué fracción muestra la parte morada?

A $\frac{3}{4}$ **B** $\frac{1}{2}$ **C** $\frac{1}{4}$ **D** $\frac{4}{4}$

6. El Sr. James regaló bolígrafos rojos a 10 estudiantes, azules a 5 estudiantes y verdes a 8 estudiantes. ¿Cuántos bolígrafos regaló el Sr. James?

F 13 **G** 15 **H** 23 **J** 18

7. ¿Qué parte de la lata de muffins está llena?

A $\frac{1}{6}$ **B** $\frac{3}{6}$ **C** $\frac{4}{6}$ **D** $\frac{5}{6}$

8. Una pizza está cortada en 6 porciones iguales. ¿Qué fracción representa una parte de toda la pizza?

F $\frac{3}{6}$ **G** $\frac{1}{6}$

H $\frac{2}{6}$ **J** $\frac{6}{6}$

9. ¿Qué fracción nombra la parte del grupo que es verde?

A $\frac{1}{3}$ **B** $\frac{2}{3}$ **C** $\frac{2}{6}$ **D** $\frac{4}{6}$

23 DECIMALES

Alrededor de siete décimas partes del cuerpo de una persona adulta es agua. La cantidad "siete décimos" se puede escribir con números de dos maneras: $\frac{7}{10}$ y 0.70.

Estimar el contenido en decimales

Aprenderás cómo las fracciones y los decimales están relacionados.

Usa dos botellas vacías de refresco de dos litros con marcas de décimos. Llena ambas botellas hasta marcas diferentes.

MATERIALES: botellas de dos litros vacía, tira de cartulina de 10 pulgadas, cinta adhesiva, embudo de papel, sal o arena, marcador

- Quita la etiqueta a la botella.

- Marca los décimos que hay entre 0 y 1 en la tira de cartulina y pégala con cinta adhesiva a la botella.

- Llena la botella hasta una de las marcas con arena o con sal.

- Haz grupos de botellas, ordenándolas de la menos a la más llena.

- Anota el décimo hasta donde se ha llenado cada botella.

¿TE ACORDASTE DE

☑ pegar con cinta adhesiva una tira marcada en décimos en cada botella?

☑ llenar la botella hasta una de las marcas?

☑ organizar grupos de botellas ordenándolas de la menos a la más llena?

☑ anotar el décimo hasta donde se ha llenado cada botella?

Décimos

¿Por qué es importante? Podrás usar decimales para indicar fracciones en décimos, por ejemplo una parte de un estacionamiento de 10 plazas.

Un **decimal** es un número que expresa cantidades menores que uno mediante el valor posicional y un punto decimal. Los **décimos** son un ejemplo de número decimal.

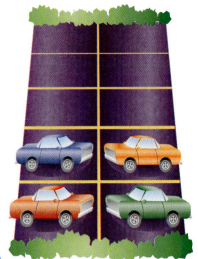

Imagina que en un estacionamiento para 10 carros hay 4 carros. Cuatro décimos, o cuatro de los diez espacios para estacionar están ocupados.

El número cuatro décimos puede escribirse como fracción, $\frac{4}{10}$, o como decimal, 0.4.

Se escribe: $\frac{4}{10}$ **Se escribe**: 0.4 **Se lee**: cuatro décimos

Usa cuadrados decimales para hacer modelos de décimos.

 Este cuadrado está dividido en 10 partes iguales. Un **décimo**, o una de las diez partes, está sombreado.

Se lee: un décimo **Se escribe**: 0.1, ó $\frac{1}{10}$

 Este cuadrado también está dividido en 10 partes iguales. Ocho décimos, u ocho de las diez partes, están sombreados.

Se lee: ocho décimos **Se escribe**: 0.8, ó $\frac{8}{10}$

Explica lo que sabes

- ¿En qué se parecen las fracciones y los decimales?
- ¿Qué número decimal indica $\frac{2}{10}$?
- ¿Cómo puedes usar un cuadrado decimal para indicar $\frac{5}{10}$?
- ¿Cómo puedes escribir siete décimos como un decimal y como una fracción?

RAZONAMIENTO CRÍTICO ¿Qué moneda es 0.1, ó $\frac{1}{10}$, de un dólar?

LA CIENCIA Y LOS NÚMEROS

Puedes usar una fracción y un decimal para describir qué parte de una hortaliza está formada de agua. Unas $\frac{9}{10}$ partes de una lechuga están formadas de agua. ¿Qué decimal podrías usar para nombrar dicha parte?

▶ COMPRUEBA

Escribe el decimal correspondiente a la parte sombreada.

1.   **2.**   **3.**   **4.**

Actividades con la calculadora página H67

Escribe el decimal y la fracción que indica la parte sombreada.

5.   **6.**   **7.**   **8.**

Escribe cada fracción como un decimal.

9. $\frac{5}{10}$ **10.** $\frac{7}{10}$ **11.** $\frac{4}{10}$ **12.** $\frac{8}{10}$ **13.** $\frac{3}{10}$ **14.** $\frac{1}{10}$

Escribe cada decimal como una fracción.

15. 0.9   **16.** 0.5   **17.** 0.3   **18.** 0.6   **19.** 0.2   **20.** 0.8

Resolución de problemas • Aplicaciones mixtas

21. Dinero Unos patines cuestan $25.00. Joe tiene $13.50. ¿Cuánto dinero más necesita para comprar los patines?

22. Tiempo Un partido de fútbol empezó a las 3:30 y duró 1 hora y 15 minutos. ¿A qué hora terminó?

23. Ciencias Hay tomates en tres décimas partes de un huerto. Escribe una fracción y un decimal para indicar la parte con tomates.

24. **Escribe un problema** sobre este cuadrado decimal.

Repaso y preparación para las pruebas

Haz el dibujo. Usa números y palabras para describir la parte sombreada. (páginas 388–389)

25. Dibuja 4 círculos. Sombrea 1 círculo.

26. Dibuja 6 cuadrados. Haz 2 grupos iguales. Sombrea 1 grupo.

27. Dibuja 9 estrellas. Haz 3 grupos iguales. Sombrea 1 grupo.

Elige la letra del producto correcto. (páginas 208–211)

28. $7 \times 5 = $ _?_
A 30
B 35
C 40
D 45

29. $7 \times 8 = $ _?_
F 50
G 48
H 54
J 56

30. $6 \times 7 = $ _?_
A 49
B 54
C 42
D 56

Centésimos

Investigarás números decimales llamados centésimos.

Los **centésimos** son decimales que indican cantidades pequeñas. Hay 100 centésimos en un entero, de la misma manera que hay 100 monedas de 1¢ en un dólar.

▶ EXPLORA

Puedes usar cubos de una unidad y un cuadrado decimal para mostrar centésimos.

MATERIALES: cubos de una unidad, cuadrados decimales, marcadores

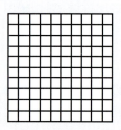

cuadrado decimal

- Coloca dos cubos en un cuadrado decimal.

- Determina cuántos cubos caben en el cuadrado.

- Determina qué parte del cuadrado está cubierta de cubos.

Anota

Recorta un cuadrado decimal y pégalo sobre una hoja de papel. Sombrea donde hayas puesto los cubos de una unidad. Escribe la fracción y el decimal que nombran la parte sombreada. (Sugerencia: Los decimales se escriben como cantidades de dinero.) Explica cómo determinaste cuántos cubos de una unidad caben en el cuadrado decimal.

Ahora investiga otros modelos de centésimos.

▶ INTÉNTALO

1. Recorta, pega y sombrea dos cuadrados más.

    - siete centésimos

    - veinticinco centésimos

2. Escribe la fracción y el decimal que nombra la parte sombreada de cada cuadrado.

Explica lo que sabes

3. Observa tus cuadrados decimales. ¿Cuántas partes del total están sombreadas?

4. ¿Cómo puedes indicar 0.15 en un cuadrado decimal?

5. ¿Cómo puedes escribir 15¢ como una parte decimal de un dólar?

▶ PRÁCTICA

Sombrea cuadrados decimales para mostrar cada cantidad. Escribe el número decimal que nombra la parte sombreada.

6. tres centésimos

7. ocho centésimos

8. once centésimos

9. dieciséis centésimos

10. veinte centésimos

11. cuarenta y dos centésimos

Usa el mosaico de fichas cuadradas para resolver los Ejercicios 12–14.

12. ¿Qué decimal describe las fichas amarillas?

13. ¿Qué decimal describe las fichas azules?

14. ¿Qué decimal describe las fichas rojas?

Resolución de problemas • Aplicaciones mixtas

15. Angie puso 5 cubos de una unidad en su cuadrado decimal. ¿Qué número decimal describe la parte cubierta por los cubos?

16. Observación En un diseño de 100 fichas cuadradas hay 86 fichas verdes. ¿Qué número decimal describe las fichas verdes?

17. Dinero Felicia pagó con un billete de $1 por un refresco de 65¢. ¿Cuáles fueron las tres monedas que recibió como cambio?

18. Will leyó 72 páginas de un libro que tiene 100 páginas. ¿Cuántas páginas más tiene que leer para terminar el libro?

19. ¿Cuántos cubos de una unidad se necesitan para indicar 0.08 en un cuadrado decimal?

20. Tiempo Will leyó un libro de 9:30 a 10:15 por la mañana y de 2:20 a 2:45 por la tarde. ¿Cuánto tiempo leyó Will?

21. ▨ **Escribe un problema** acerca de Rosa y sus 56 monedas de 1¢.

Leer y escribir centésimos

¿Por qué es importante? Podrás usar decimales para describir partes de un entero.

Los estudiantes de dos clases están vendiendo galletas. Cada clase tiene 100 cajas para vender. Ambas clases están anotando sus ventas en cuadrados decimales. ¿Qué parte de sus cajas ha vendido cada clase hasta ahora?

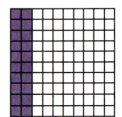

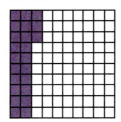

Se escribe: 0.20
Se lee: veinte centésimos

Se escribe: 0.23
Se lee: veintitrés centésimos

Una clase vendió 0.20 o veinte centésimos de sus cajas.

La otra clase vendió 0.23 o veintitrés centésimos de sus cajas.

La tabla de valores posicionales te ayuda a entender los decimales.

Unidades	Décimos	Centésimos
0	3	0

↑
punto decimal

Unidades	Décimos	Centésimos
0	4	1

↑
punto decimal

Se escribe: 0.30
Se lee: treinta centésimos

Se escribe: 0.41
Se lee: cuarenta y un centésimos

Un **punto decimal** separa un número entero de la parte fraccionaria de un número.

▶ COMPRUEBA

1. En la tabla de valores posicionales, ¿a cuántas posiciones a la derecha del punto decimal están los décimos? ¿Y los centésimos?

Anota cómo lees y escribes en forma decimal cada parte sombreada.
Ejemplo: Se lee: dos décimos
          Se escribe: 0.2

2.

3.

4.

5.

6.

7.

8.

9.

10.

11.

12.

13.

Resolución de problemas • Aplicaciones mixtas

14. Sentido numérico De los 100 estudiantes del colegio, 42 fueron escogidos para una obra de teatro. ¿Qué decimal describe el número de estudiantes escogidos?

15. Tiempo Hoy es 25 de marzo. Dentro de 4 días Abby participará en una obra de teatro. ¿Qué día se representará la obra?

16. Dinero George tiene 5 monedas que hacen un total de 86¢. ¿Qué monedas podría tener George?

17. **Escribe un problema** usando números decimales con centésimos.

Repaso y preparación para las pruebas

Compara los números. Escribe <, > o = en cada ●. (páginas 164–167)

18. 65 ● 73   **19.** 212 ● 122   **20.** 743 ● 734   **21.** 972 ● 982

Elige la letra del producto correcto. (páginas 214–215)

22. $9 \times 5 =$? **A** 50
                         B 63
                         C 40
                         D 45

23. $3 \times 9 =$? **F** 27
                         G 34
                         H 32
                         J 48

24. $9 \times 1 =$? **A** 0
                         B 1
                         C 9
                         D 8

Decimales mayores que 1

VOCABULARIO
decimal mixto

¿Por qué es importante? Podrás usar números decimales o cantidades de dinero mayores que 1.

John compró 3 hojas de 100 sellos y 25 sellos sueltos. ¿Qué decimal indica cuántas hojas de sellos compró?

Un **decimal mixto** es un número formado por un número entero y un decimal.

Usa cuadrados decimales para mostrar los sellos que compró John.

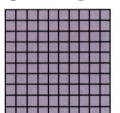 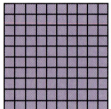  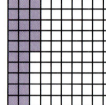

Se escribe: 3.25   **Se lee:** tres, y veinticinco centésimos

Sugerencia: Di *y* cuando leas el punto decimal.
Entonces, John tiene 3.25 hojas.

- ¿Dónde se debe colocar el punto decimal en dos y quince centésimos? ¿Por qué?

———————————

Escribe cantidades de dinero mayores que 1 dólar usando un punto decimal y un signo de dólar.

Se escribe: $1.25   **Se lee:** un dólar y veinticinco centavos

▶ COMPRUEBA

1. ¿Qué número decimal y qué cantidad de dinero representan 1 dólar, 5 monedas de 10¢ y 4 monedas de 1¢?

2. ¿Qué número decimal y qué cantidad de dinero representan 2 dólares, 7 monedas de 10¢ y 4 monedas de 1¢?

RECUERDA:

$= \frac{1}{100}$, ó 0.01, de un dólar

$= \frac{10}{100}$, ó 0.10, de un dólar

$= \frac{1}{1}$ ó 1 dólar

Escribe el decimal mixto que indica el modelo.

3.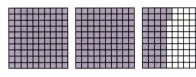

4.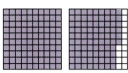

Escribe en forma de decimal mixto.

5. dos, y tres décimos

6. dieciocho, y cuatro décimos

7. seis, y veintitrés centésimos

8. cinco, y doce centésimos

Escribe cada decimal mixto usando palabras.

9. 8.05

10. 15.87

11. 9.2

12. 4.48

13. 10.16

14. 11.1

Resolución de problemas • Aplicaciones mixtas

15. Dinero ¿Cuántos dólares, monedas de 10¢ y monedas de 1¢ es $1.70?

16. Consumidor Hans gastó $4.53 en leche y huevos. Los huevos costaron $1.49. ¿Cuánto costó la leche?

17. Deportes Chris ganó 6 de los 10 partidos de tenis en los que participó. ¿Qué decimal describe la parte de los partidos que ganó Chris?

18. 🖊 **Por escrito** ¿Por qué 1¢ es igual que 0.01?

Repaso y preparación para las pruebas

Escribe los números ordenados de *mayor* a *menor*.
(páginas 168–169)

19. 34, 68, 82

20. 332, 374, 347

21. 620, 586, 623

Elige la letra de la fracción en números.
(páginas 370–373)

22. dos tercios **A** $\frac{2}{5}$
B $\frac{3}{2}$
C $\frac{1}{3}$
D $\frac{2}{3}$

23. cinco de nueve **F** $\frac{5}{9}$
G $\frac{4}{9}$
H $\frac{1}{5}$
J $\frac{9}{5}$

24. siete décimos **A** $\frac{10}{10}$
B $\frac{5}{10}$
C $\frac{10}{7}$
D $\frac{7}{10}$

Comparar números decimales

¿Por qué es importante? Podrás comparar resultados de juegos.

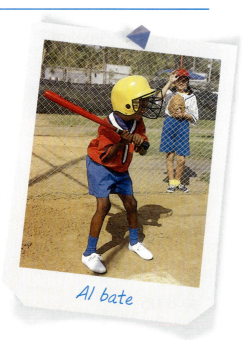

Al bate

Mitch y Mallory estuvieron bateando. En 10 intentos cada uno, Mallory le pegó 7 veces y Mitch le pegó 5 veces. ¿Quién le pegó más veces a la pelota?

Usa cuadrados decimales para comparar los resultados.

Resultados de Mallory   Resultados de Mitch

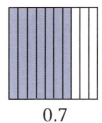   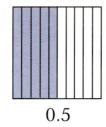

0.7   0.5

0.7 > 0.5

Entonces, Mallory le pegó a la pelota más veces que Mitch.

_____

¿Qué barra de granola pesa más?

Usa una tabla de valor posicional para comparar los pesos.

| Tabla de valor posicional ||
unidades	décimos
2	5
2	2

Fíjate en las unidades. Luego fíjate en los décimos.

2.5 > 2.2

Entonces, la barra de granola Razzle pesa más.

RAZONAMIENTO CRÍTICO ¿Cómo se pueden usar cuadrados decimales para comparar decimales?

Tecnología

Puedes comparar fracciones y decimales con el *juego Nautical Number Line*, de **Mighty Math Calculating Crew**. Usa Grow Slide Niveles O y Q.

▶ COMPRUEBA

Junta las decenas y las unidades. Indica los factores del nuevo rectángulo.

1.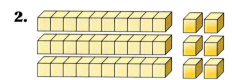

2.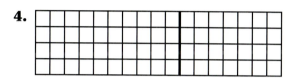

▶ PRÁCTICA

Usa la matriz. Suma los dos productos para hallar la respuesta. Completa el enunciado de multiplicación.

3.

$5 \times 15 =$ _?_

4.

$4 \times 17 =$ _?_

Dibuja cada matriz sobre papel cuadriculado. Indica cómo hallaste el producto.

5. $6 \times 13 =$ _?_

6. $5 \times 12 =$ _?_

7. $7 \times 14 =$ _?_

8. $4 \times 15 =$ _?_

9. $8 \times 12 =$ _?_

10. $9 \times 13 =$ _?_

Resolución de problemas • Aplicaciones mixtas

11. Razonamiento Tammy ha comprado magdalenas para la fiesta de tercer grado. Cada caja contiene 12 magdalenas. Si hay 65 estudiantes, ¿alcanzará con 6 cajas? Explica.

12. Tiempo Rodney pasó 4 minutos más que Kenny resolviendo el rompecabezas. Entre los dos pasaron 18 minutos resolviéndolo. ¿Cuántos minutos empleó cada uno?

13. Dinero Ronda pagó con $7.00 por un juego de dominó que cuesta $6.28. ¿Cuánto cambio recibió?

14. **Escribe un problema** con la siguiente información: Ian llena 3 cubeteras de hielo con agua. Cada cubetera tiene 14 cubos.

LA LECCIÓN CONTINÚA ▷

Estrategia para resolver problemas:
Hacer un modelo

▶ **PROBLEMA** Brianna está cosiendo cuadrados de tela para hacer una colcha. La colcha tendrá 6 hileras con 14 cuadrados en cada hilera. ¿Cuál será el área de la colcha de Brianna?

RECUERDA:

COMPRENDER
PLANEAR
RESOLVER
REVISAR

COMPRENDER

- ¿Qué debes hallar?

- ¿Qué información vas a usar?

- ¿Hay información que no vas a usar? Si es así, ¿cuál?

PLANEAR

- ¿Qué estrategia puedes usar?
  Puedes *hacer un modelo* para hallar el área.

RESOLVER

- ¿Cómo puedes hacer un modelo de la colcha? Dibuja un rectángulo sobre papel cuadriculado que tenga 6 hileras con 14 cuadrados en cada hilera. Usa el modelo para hallar 6 × 14.

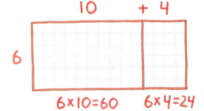

10   + 4

6

6×10=60   6×4=24

60 + 24 = 84 cuadrados

Entonces, la colcha de Brianna tendrá un área de 84 unidades cuadradas.

REVISAR

- ¿Cómo puedes saber si tu respuesta tiene sentido?

- ¿Qué otra estrategia puedes usar?

Haz un modelo para hallar la solución.

1. El Sr. Patterson pone baldosas en el piso del cuarto de baño. Pone 5 hileras de 18 baldosas cada una. ¿Cuál es el área del piso?

2. Jeremy forma 4 hileras de 13 cartas cada una. ¿Cuántas cartas usa?

3. Un edificio de 6 pisos tiene 12 ventanas en cada piso. ¿Cuántas ventanas tiene el edificio?

4. Elena ordenó su colección de conchas en 3 hileras. En cada hilera hay 15 conchas. ¿Cuántas conchas tiene?

Aplicaciones mixtas

Halla la solución.

ELIGE una estrategia y un método.

- Hallar el patrón
- Volver sobre los pasos
- Escribir un enunciado numérico
- Estimar y comprobar
- Hacer un modelo

 Lápiz y papel   Calculadora   A mano   Cálculo mental

5. Nancy está leyendo un libro que tiene 185 páginas. Leyó 24 páginas el primer día, 19 páginas el segundo día y 21 páginas el tercer día. ¿Cuántas páginas le faltan por leer?

6. Las entradas para el teatro cuestan $4 para los adultos y $3 para los niños. El Sr. Whitman pagó $23 por 7 personas. ¿Para cuántos adultos compró entradas? ¿Para cuántos niños?

7. En la feria de artesanía, hay 8 hileras con 14 mesas en cada hilera. ¿Cuántas mesas hay en total?

8. ¿Son congruentes estas dos figuras? Explica tu respuesta.

9. Imagina que quieres adornar el borde de tu mesa del salón de clase. El profesor tiene un trozo de cinta. ¿Cómo puedes hallar cuánta más cinta necesitas?

Hacer modelos de multiplicación

Investigarás cómo usar bloques de base diez para ayudarte a multiplicar.

Usa bloques de base diez para hallar grupos iguales.

En la escuela de Frank hay 3 clases de tercer grado. En cada clase hay 28 estudiantes. ¿Cuántos estudiantes de tercer grado hay en la escuela de Frank?

$$3 \times 28 = \underline{\ ?\ }$$

▶ EXPLORA

Usa bloques de base diez para hacer un modelo del problema. Halla el producto.

MATERIALES: bloques de base diez

MODELO

Paso 1

Haz un modelo de 3 grupos de 28.

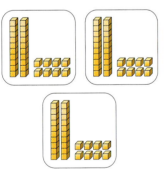

Paso 2

Combina las decenas y las unidades. Reagrupa las unidades.

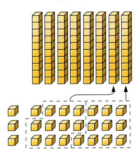

Anota

Escribe cómo hallaste el producto y la respuesta a la pregunta.

Ahora investiga haciendo un modelo de la cantidad de estudiantes de cuarto grado.

▶ INTÉNTALO

1. En la escuela de Frank hay 4 clases de cuarto grado. En cada clase hay 24 estudiantes. Haz un modelo y halla el total de estudiantes de cuarto grado.

2. ¿Por qué en ambos problemas las unidades fueron reagrupadas?

3. ✏️ **Por escrito** Explica cómo hallaste el total de estudiantes de cuarto grado.

Tecnología

💿 Puedes resolver problemas de multiplicación usando E-Lab, Actividad 27. Disponible en CD-ROM e Internet: www.hbschool.com/elab

▶ PRÁCTICA

Usa bloques de base diez para hallar cada producto.

4. Cada estudiante de la clase de Julie trajo 2 latas de jugo para la excursión. ¿Cuántas latas trajeron en total los 26 estudiantes?

5. Hay 5 clases inscritas para la carrera atlética. Cada clase tiene 24 estudiantes. ¿Cuántos estudiantes se inscribieron?

6. $2 \times 14 =$?   7. $3 \times 41 =$?   8. $4 \times 34 =$?   9. $6 \times 14 =$?

10. $4 \times 38 =$?   11. $5 \times 26 =$?   12. $2 \times 45 =$?   13. $3 \times 31 =$?

Resolución de problemas • Aplicaciones mixtas

14. **Sentido numérico** El lunes se vendieron 425 almuerzos. El martes se vendieron 87 almuerzos menos. ¿Cuántos almuerzos se vendieron el martes?

15. **Dinero** Brian vendió 5 calendarios y Allen vendió 8. Cada calendario cuesta $2. ¿Cuánto dinero hicieron Allen y Brian en total?

16. **Cálculo mental** Josh ordenó las sillas en 9 filas. En cada fila hay 9 sillas. ¿Cuántas sillas hay?

17. **Tiempo** Sheila limpió su bicicleta durante 1 hora y 45 minutos. Comenzó a las 12:30. ¿A qué hora terminó?

Anotar multiplicaciones

¿Por qué es importante? Podrás multiplicar sin usar bloques de base diez para hallar el total de revistas cómicas.

Brandon tiene 3 cajas de revistas cómicas. En cada caja hay 36 revistas. ¿Cuántas revistas cómicas tiene Brandon?

$$\begin{array}{r} 36 \\ \times\,3 \\ \hline \end{array}$$

Usa bloques de base diez para hacer un modelo del problema.
Usa papel y lápiz para anotar lo que hiciste.

MODEL

Paso 1

Haz el modelo de 3 grupos de 36.

Decenas	Unidades
3	6
×	3

Paso 2

Multiplica las unidades. Anota el producto.

Multiplica las decenas. Anota el producto.

Suma los dos productos.

Centenas	Decenas	Unidades	
	3	6	
×		3	
	1	8	(3 × 6)
+	9	0	(3 × 30)
1	0	8	

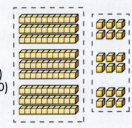

RAZONAMIENTO CRÍTICO ¿Cómo te ayuda el conocer las operaciones básicas de multiplicación a multiplicar usando papel y lápiz?

▶ COMPRUEBA

1. ¿Qué valor posicional fue multiplicado primero? ¿Cuál fue multiplicado después?

2. ¿Cuándo se reagrupa?

3. ¿Por qué hay centenas en el producto de 36 × 3?

4. ¿Qué problema de suma es igual a 3 × 36?

5. ¿Cómo puedes usar bloques de base diez para hallar 3 × 26 = __?__?

Tecnología

Puedes multiplicar por números de 1 dígito con el juego *Intergalactic Trader*, de **Mighty Math Calculating Crew**. Usa Grow Slide Nivel L.

▶ PRÁCTICA

Halla cada producto. Usa bloques de base diez para que te sea más fácil.

6. 21
× 4

7. 19
× 2

8. 12
× 3

9. 34
× 2

10. 17
× 4

11. 25
× 3

12. 13
× 5

13. 16
× 5

14. 28
× 3

15. 15
× 5

16. 12
× 8

17. 44
× 5

18. 61
× 4

19. 39
× 6

20. 58
× 5

21. 62
× 4

22. 23
× 5

23. 14
× 6

24. 33
× 3

25. 82
× 4

26. Patrones Lisa y Vicky practicaron un juego con números. Cuando Lisa dijo 2, Vicky dijo 6. Cuando Lisa dijo 8, Vicky dijo 24. ¿Qué dijo Vicky cuando Lisa dijo 14?

27. Medidas Laura puso una cinta alrededor del marco de una foto. El marco tiene 7 pulgadas de largo por 5 pulgadas de ancho. ¿Cuál es el perímetro del marco?

28. Dinero Debbie ganó $6 cuidando niños y gastó $3. Ahora tiene $8 en su monedero. ¿Cuánto dinero tenía Debbie antes de cuidar los niños?

29. ✏️ **Por escrito** ¿Es siempre necesario reagrupar para hallar el producto? Explica por qué. Da un ejemplo.

Repaso y preparación para las pruebas

Escribe cada fracción en forma de decimal. (páginas 400–401)

30. $\frac{2}{10}$ **31.** $\frac{6}{10}$ **32.** $\frac{1}{10}$ **33.** $\frac{5}{10}$ **34.** $\frac{9}{10}$

Elige la letra del decimal mixto correcto. (páginas 406–407)

35. uno, y cuatro décimos   **A** 1.04   **B** 1.4   **C** 4.01   **D** 0.4

36. seis, y cinco décimos   **F** 5.6   **G** 6.05   **H** 5.06   **J** 6.5

37. siete, y nueve centésimos   **A** 7.09   **B** 7.90   **C** 79   **D** 9.70

38. cinco, y ocho centésimos   **F** 8.5   **G** 8.05   **H** 5.08   **J** 58

Practicar multiplicaciones

¿Por qué es importante? Podrás multiplicar más rápidamente para hallar cuántos estudiantes fueron al viaje de estudios.

Los estudiantes de la escuela de Karen fueron en viaje de estudios a un planetario. Viajaron en 5 autobuses y en cada autobús viajaron 33 estudiantes. ¿Cuántos estudiantes hicieron el viaje de estudios?

$5 \times 33 = \underline{\ ?\ }$ Vuélvase a escribir como:
$$\begin{array}{r} 33 \\ \times\ 5 \\ \hline \end{array}$$

MODELO

Paso 1

Multiplica las unidades. $5 \times 3 = 15$ unidades.
Reagrupa 15 unidades en 1 decena y 5 unidades.

Decenas	Unidades
1	
3	3
×	5
	5

Paso 2

Multiplica las decenas.
$5 \times 3 = 15$ decenas
Suma la decena que reagrupaste.
$15 + 1 = 16$ decenas
Reagrupa 16 decenas como 1 centena y 6 decenas.

Centenas	Decenas	Unidades
	1	
	3	3
×		5
1	6	5

Explica lo que sabes

- En el Paso 1, ¿por qué fueron reagrupadas las unidades? ¿Cómo fueron reagrupadas?

- En el problema escrito de multiplicación, ¿qué pasó con la decena reagrupada?

- En el Paso 2, ¿por qué fueron reagrupadas las decenas? ¿Cómo fueron reagrupadas?

RAZONAMIENTO CRÍTICO En el problema escrito de multiplicación, ¿qué pasó con la centena reagrupada?

LA CIENCIA Y LOS NÚMEROS

En un planetario se exhibe un cielo con estrellas y el movimiento de los planetas en el espacio. Si 3 paneles tienen 15 estrellas cada uno, ¿cuántas estrellas hay?

Actividades con la calculadora página H61

▶ COMPRUEBA

Halla el producto. Usa bloques de base diez para que te sea más fácil.

1. 62
   × 4

2. 54
   × 6

3. 24
   × 2

4. 51
   × 4

5. 12
   × 7

6. ¿En cuál de los Ejercicios 1–5 necesitaste reagrupar?

▶ PRÁCTICA

Halla el producto.

7. 13
   × 3

8. 71
   × 9

9. 39
   × 4

10. 14
    × 6

11. 43
    × 2

12. 82
    × 4

13. 31
    × 5

14. 92
    × 8

15. 23
    × 5

16. 17
    × 5

Resolución de problemas • Aplicaciones mixtas

17. **Estimación** El carro de la Sra. Woods consume 1 galón de gasolina cada 28 millas aproximadamente. ¿Aproximadamente cuántas millas recorrió si consumió 6 galones?

18. **Dinero** Lynn gana $7 por hora en su trabajo. La semana pasada trabajó 32 horas. ¿Cuánto dinero ganó?

20. ✏️ **Escribe un problema** en el que las unidades y las decenas deban ser reagrupadas para hallar el producto. Intercambia el problema con un compañero y halla su solución.

19. **Razonamiento lógico** La suma de los dígitos de la edad del Sr. Keller es 9. El dígito de las unidades es el doble que el de las decenas. ¿Cuántos años tiene el Sr. Keller?

Repaso y preparación para las pruebas

Escribe la mayor cantidad. (páginas 430–431)

21. 3 tazas o 1 pinta

22. 7 pintas o 1 galón

23. 5 pintas o 5 cuartos

Elige la letra del decimal mixto correcto. (páginas 406–407)

24. 3.21
    A tres, y veintiún centésimos
    B tres, y dos décimos
    C tres, y veinte décimos
    D veintiuno, y tres décimos

25. 20.07
    F veinte, y siete décimos
    G veinte, y cero centésimos
    H siete centésimos
    J veinte, y siete centésimos

Repaso/Prueba

▶ **Comprensión**

Usa la matriz. Suma los dos productos para hallar la
respuesta. Completa el enunciado de multiplicación (páginas 474–475)

1.
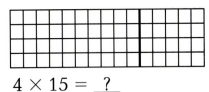

$4 \times 15 =$?

2.
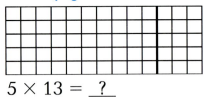

$5 \times 13 =$?

Copia. Llena los espacios en blanco. (páginas 480–481)

3.

Decenas	Unidades	
1	4	
	4	
1	6	← ? × ?
+ 4	0	← ? × ?
5	6	

4.

Decenas	Unidades	
1	5	
×	3	
	?	← 3 × 5
	?	← 3 × 10
	?	

▶ **Destrezas**

Halla el producto. Usa bloques de base diez
para que te sea más fácil. (páginas 478–483)

5.   34
      $\times\ 2$

6.   27
      $\times\ 2$

7.   45
      $\times\ 3$

8.   22
      $\times\ 5$

9.   16
      $\times\ 3$

10.   56
       $\times\ 3$

11.   41
       $\times\ 8$

12.   29
       $\times\ 6$

13.   52
       $\times\ 4$

14.   63
       $\times\ 7$

▶ **Resolución de problemas**

Halla la solución. (páginas 476–477)

ELIGE una estrategia y un método.

- Estimar y comprobar   • Representar
- Escribir un enunciado numérico
- Hacer un modelo

 Lápiz y papel   Calculadora   A mano   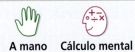 Cálculo mental

15. Una almohada tiene 9 hileras
de 11 cuadrados en cada
hilera. ¿Cuántos cuadrados
tiene la almohada?

16. Una ventana tiene 6 hileras
de 16 cristales. ¿Cuántos
cristales tiene la ventana?

17. Un factor es 1 unidad menor
que el otro. El producto es 42.
¿Cuáles son los factores?

18. Un espejo tiene 4 pies de
ancho por 3 pies de alto. ¿Cuál
es el perímetro del espejo?

Preparación para la prueba

Elige la mejor respuesta.

1. ¿Qué número decimal equivale a $\frac{5}{10}$?

A 0.4   **B** 0.5   **C** 0.7   **D** 0.05

2. Amy puso 18 globos en dos grupos iguales. Le dio un grupo a Todd. ¿Qué parte de los globos le dio a Todd?

F $\frac{1}{4}$ **G** $\frac{1}{2}$ **H** 9   **J** $\frac{1}{9}$

3. Toby gana $5 la hora empaquetando compras. Trabaja 9 horas a la semana. ¿Cuánto dinero gana en una semana?

A $15   **B** $55

C $45   **D** $35

4. El Sr. Rodríguez coloca un borde de papel pintado en una habitación. La habitación mide 9 pies de ancho y 12 pies de largo. ¿Cuántos pies de papel pintado necesita?

F 21 pies   **G** 108 pies

H 42 pies   **J** 84 pies

5. La práctica de fútbol de Angela comienza a las 3:45 y termina a las 5:00. ¿Cuánto dura la práctica?

A 1h 5 min   **B** 1 h 15 min

C 1 h 30 min   **D** 1 h 10 min

6. ¿Cuál es el área de la figura?

7 pies ▢ 10 pies

F 17 pies cuadrados

G 34 pies cuadrados

H 70 pies cuadrados

J 80 pies cuadrados

7. ¿Cuál es el producto de esta matriz?

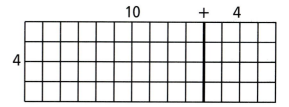

A 56   **B** 44   **C** 46   **D** 60

8. En un concurso de ortografía participan 35 estudiantes representando a 5 escuelas. Hay el mismo número de estudiantes por cada escuela. ¿Cuántos estudiantes de cada escuela participan?

F 6   **G** 165   **H** 30   **J** 7

9. Charlotte va a plantar flores en 5 tiestos. En cada tiesto caben 18 onzas de tierra. ¿Cuánta tierra necesita para llenar los 5 tiestos?

A 100 onzas

B 40 onzas

C 23 onzas

D 90 onzas

28 DIVIDIR POR NÚMEROS DE UN DÍGITO

Mercurio

Venus

Tierra

Marte

Cinturón de asteroides

Júpiter

Cometa

Saturno

Urano

Neptuno

Plutón

¡Nuestro sistema solar es inmenso! La distancia de la Tierra al Sol es de unos 93 millones de millas. El planeta más alejado, Plutón, está aproximadamente a 3,697 millones de millas del Sol.

Viajar por el Sistema Solar

Diseña un tablero de juego para viajar a través del sistema solar. Inicia tu viaje en la Tierra y avanza a medida que resuelvas un problema de división con residuo. El residuo es el combustible de tu cohete.

MATERIALES: hoja grande de papel de dibujo, tarjetas, fichas o marcadores

- Haz un tablero de juego que incluya los planetas en el orden que se muestra. Deja espacios libres para incluir lunas y cometas.

- Haz cartas copiando los problemas de división que se indican sobre las tarjetas; baraja las cartas y colócalas boca abajo.

- Juega.

Instrucciones del juego

1. Por turnos, levanten una carta y resuelvan el problema.

2. Si la división tiene residuo, se avanzan tantos planetas como indica el número del residuo.

3. Si se aterriza en un planeta donde había otro jugador, este jugador regresa a la casilla del Sol.

4. Si se resuelve una división que no tiene residuo, se regresa a la casilla del planeta anterior.

5. Gana el primer cohete en llegar a Plutón.

PROBLEMAS DE DIVISIÓN

18÷3	44÷6	14÷3	22÷3	74÷9
26÷4	30÷6	45÷5	21÷4	11÷5
41÷5	57÷8	49÷6	33÷4	
36÷7	50÷7	41÷8		
63÷9	55÷9	82÷9		

¿TE ACORDASTE DE

- ☑ hacer un tablero de juego con los planetas ordenados según su distancia del Sol?

- ☑ hacer cartas?

- ☑ jugar resolviendo problemas de división?

Dividir con residuos

Investigarás cómo usar fichas para hacer el modelo de una división con residuo.

En una división, la cantidad que queda se llama **residuo**.

▶ EXPLORA

Haz un modelo para indicar 17 dividido por 3.

MATERIALES: fichas

MODELO

Paso 1

Usa 17 fichas.

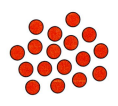

Paso 2

Dibuja 3 círculos. Divide las 17 fichas en 3 grupos iguales colocándolas en los círculos.

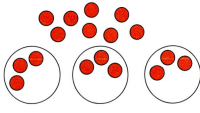

Anota

Explica cómo hallaste el cociente de 17 ÷ 3 usando las fichas.

Explica lo que sabes

- ¿Cuántas fichas hay en cada grupo? ¿Cuántas fichas sobran?

- ¿Cómo llamas a las dos fichas que sobran?

Ahora haz un modelo para hallar el cociente.

▶ INTÉNTALO

1. Usa fichas para hallar el cociente de 23 ÷ 4. Haz un dibujo del modelo que hiciste.

2. ✏️ **Por escrito** Explica cómo usaste las fichas para hallar el cociente y el residuo.

▶ PRÁCTICA

Usa fichas para hallar el cociente y el residuo.

3. $18 \div 4 = $ _?_ **4.** $16 \div 3 = $ _?_ **5.** $14 \div 4 = $ _?_

6. $11 \div 3 = $ _?_ **7.** $13 \div 2 = $ _?_ **8.** $21 \div 4 = $ _?_

9. $12 \div 5 = $ _?_ **10.** $10 \div 3 = $ _?_ **11.** $15 \div 2 = $ _?_

Usa el modelo para hallar el cociente y el residuo.

12. $21 \div 4 = $ _?_

Tecnología

💿 Puedes hacer modelos de problemas de división con residuo usando E-Lab, Actividad 28. Disponible en CD-ROM e Internet: **www.hbschool.com/elab**

MODELO

Paso 1

Paso 2

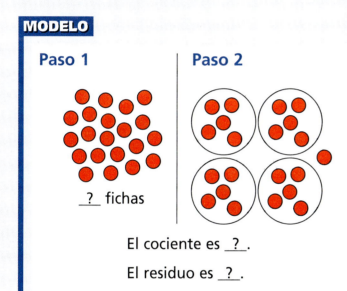

_?_ fichas

El cociente es _?_ .

El residuo es _?_ .

Halla el cociente y el residuo. Puedes usar fichas para que te sea más fácil.

13. $9 \div 4 = $ _?_ **14.** $11 \div 2 = $ _?_

15. $13 \div 3 = $ _?_ **16.** $18 \div 4 = $ _?_ **17.** $23 \div 5 = $ _?_

18. $29 \div 3 = $ _?_ **19.** $35 \div 4 = $ _?_ **20.** $31 \div 6 = $ _?_

Resolución de problemas • Aplicaciones mixtas

21. Ciencias En la clase de ciencia Lisa leyó 5 páginas sobre los planetas cada día. En total leyó 15 páginas. ¿Cuántos días leyó sobre los planetas?

22. ✏️ **Escribe un problema** de división acerca de 13 libros y 4 anaqueles. Intercámbialo con un compañero y halla la solución.

Hacer modelos de división

¿Por qué es importante? Podrás dividir para hallar la cantidad de sillas que hay en cada hilera.

La Sra. Frye, la maestra de música, está poniendo las sillas en 4 hileras. Hay 51 sillas. ¿Cuántas sillas pondrá en cada hilera?

$$51 \div 4 = \underline{\ ?\ }$$

MODELO

Paso 1

Haz un modelo de 51 con decenas y unidades. Para dividir por 4, dibuja 4 círculos. Comienza con las decenas. Pon la misma cantidad de decenas en cada círculo.

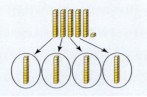

Paso 2

Sobra una decena. Reagrúpala en 10 unidades. Pon grupos iguales de unidades en cada círculo.

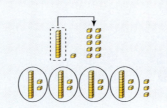

Paso 3

Puedes usar la letra *r* para indicar el residuo. Entonces, 51 ÷ 4 = 12 r3.

Explica lo que sabes   RAZONAMIENTO CRÍTICO

- ¿Cuántas decenas y unidades hay en cada círculo? ¿Cuántas unidades sobraron? ¿Cuál es el cociente de 51 ÷ 4?

- En el Paso 2, ¿por qué hay que reagrupar la decena en unidades?

- ¿Por qué hay un residuo?

Entonces, la Sra. Frye puso 12 sillas en cada hilera. Sobraron 3 sillas.

▶ **COMPRUEBA**

Escribe la letra del enunciado numérico que corresponde al modelo.

1.

    A. 33 ÷ 5 = 6 r3

    B. 33 ÷ 6 = 5 r3

Tecnología

Puedes dividir por números de 1 dígito con el juego *Intergalactic Trader*, de **Mighty Math Calculating Crew**. Usa Grow Slide Nivel P.

Usa el modelo para hallar el cociente y el residuo.

2.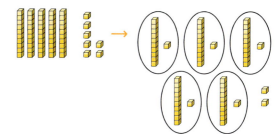

3.

__?__ decenas __?__ unidades   28 ÷ 3 = __?__   __?__ decenas __?__ unidades   57 ÷ 5 = __?__

Halla el cociente. Usa bloques de base diez para que te sea más fácil.

4. 41 ÷ 4 = __?__   **5.** 53 ÷ 3 = __?__   **6.** 47 ÷ 4 = __?__   **7.** 38 ÷ 3 = __?__

8. 49 ÷ 3 = __?__   **9.** 19 ÷ 2 = __?__   **10.** 36 ÷ 2 = __?__   **11.** 60 ÷ 5 = __?__

Resolución de problemas • Aplicaciones mixtas

12. En la tienda Mega Vídeos hay una muestra especial de 63 películas cómicas. Los vídeos están repartidos en 3 anaqueles. ¿Cuántos vídeos hay en cada anaquel?

13. Tiempo Melisa pasó 33 minutos haciendo la tarea. Necesitó 3 minutos más para hacer la tarea de matemáticas que para hacer la de ciencias. ¿Cuánto tiempo pasó haciendo cada tarea?

14. Lógica Alex avanzó 4 niveles de un videojuego en 31 minutos. Pasó el mismo tiempo en cada uno de los niveles, excepto en el último. ¿Cuánto tiempo pasó en los 3 primeros niveles?

15. 🖍 **Por escrito** Explica cuándo dejar de poner unidades en los círculos si estás usando bloques de base diez para dividir.

Repaso y preparación para las pruebas

Traza una línea de la longitud dada. (páginas 442–443)

16. 6 cm   **17.** 8 cm   **18.** 11 cm   **19.** 12 cm

Dibuja cada figura. Traza el eje o ejes de simetría. Elige la letra que indica cuántos ejes de simetría tiene cada figura. (páginas 352–353)

20.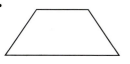
A 2
B 0
C 1
D 3

21.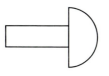
F 2
G 1
H 4
J 3

22.
A 3
B 1
C 4
D 2

Anotar la división

¿Por qué es importante? Podrás dividir para hallar la cantidad de muffins que hay en cada caja.

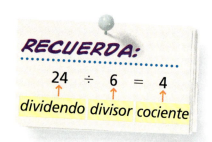

RECUERDA:

$$24 \div 6 = 4$$

dividendo divisor cociente

Jody hizo 46 muffins. Los puso en 3 cajas en cantidades iguales. ¿Cuántos muffins puso en cada caja? ¿Cuántos sobraron?

$$46 \div 3 = \underline{\ ?\ }$$

Se escribe: $3\overline{)46}$ **Se lee:** 46 dividido por 3

MODELO

Paso 1

Haz un modelo de 46 con bloques de base diez. Dibuja 3 círculos. Comienza por las decenas. Coloca una cantidad igual de decenas en cada círculo.

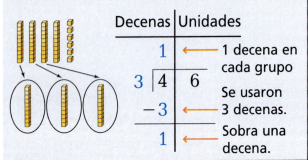

Paso 2

Hay que reagrupar 1 decena. Reagrupando la decena en 10 unidades quedan 16 unidades. Coloca una cantidad igual de unidades en cada círculo.

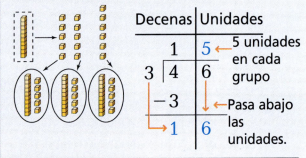

Paso 3

En cada grupo hay 1 decena y 5 unidades. Hay un residuo de 1.

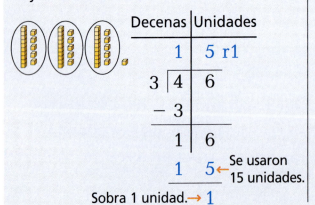

Paso 4

Revisa tu respuesta multiplicando.

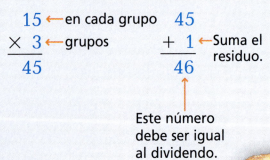

Este número debe ser igual al dividendo.

Entonces, Jody puso 15 muffins en cada caja y sobró 1 muffin.

► COMPRUEBA

Halla el cociente. Puedes usar bloques de base diez.

1. $27 \div 2 = $ __?__   **2.** $25 \div 3 = $ __?__   **3.** $39 \div 2 = $ __?__   **4.** $45 \div 4 = $ __?__

► PRÁCTICA

Halla el cociente. Después comprueba cada respuesta.

5. $56 \div 3 = $ __?__   **6.** $31 \div 2 = $ __?__   **7.** $52 \div 4 = $ __?__   **8.** $64 \div 5 = $ __?__

9. $75 \div 4 = $ __?__   **10.** $66 \div 3 = $ __?__   **11.** $36 \div 5 = $ __?__   **12.** $47 \div 3 = $ __?__

13. $6\overline{)37}$ **14.** $4\overline{)23}$ **15.** $7\overline{)54}$ **16.** $6\overline{)51}$

17. $5\overline{)43}$ **18.** $8\overline{)62}$ **19.** $6\overline{)40}$ **20.** $9\overline{)32}$

Resolución de problemas • Aplicaciones mixtas

21. La Sra. Roberts guarda 63 canicas en 3 bolsas. Si pone la misma cantidad en cada bolsa, ¿cuántas canicas pone en cada una? ¿Sobra alguna canica?

22. Observación El dibujo de Megan es el del medio. Hay 9 dibujos a la derecha del de Megan. ¿Cuántos dibujos hay en la exposición?

23. Dinero Ramón pagó con un billete de $5. Recibió de cambio un billete de $1, 6 monedas de 10¢ y 3 monedas de 1¢. ¿Cuánto cambio recibió? ¿Cuánto gastó?

24. ✏ **Por escrito** Explica por qué el residuo no puede ser mayor que el divisor en un problema de división.

Repaso y preparación para las pruebas

Elige la unidad que usarías para medir cada cosa.
Escribe *mL* o *L*. (páginas 446–447)

25. un envase grande de helado

26. un vaso de jugo

27. un lavaplatos lleno de agua

Elige la letra del producto correcto. (páginas 480–481)

28. $\begin{array}{r} 12 \\ \times\ 3 \\ \hline \end{array}$
A 35
B 42
C 15
D 36

29. $\begin{array}{r} 39 \\ \times\ 2 \\ \hline \end{array}$
F 59
G 78
H 45
J 68

30. $\begin{array}{r} 56 \\ \times\ 4 \\ \hline \end{array}$
A 112
B 240
C 224
D 226

31. $\begin{array}{r} 24 \\ \times\ 3 \\ \hline \end{array}$
F 67
G 74
H 62
J 72

Practicar divisiones

¿Por qué es importante? Podrás dividir para hallar los carros que hay en cada caja usando sólo papel y lápiz.

Roger tiene 64 carros de juguete Matchbox® y 5 cajas. Guarda la misma cantidad de carros en cada caja. ¿Cuántos carros hay en cada caja? ¿Queda algún carro fuera de las cajas?

$$64 \div 5 = \underline{\ ?\ }$$

Se escribe: $5\overline{)64}$ **Se lee:** 64 dividido por 5

MODELO

¿Cuánto es $64 \div 5$?

Paso 1

Divide las decenas. Se pone la misma cantidad de decenas en cada grupo. Se usan cinco decenas. Sobra una decena.

$$\begin{array}{r} 1 \\ 5\overline{)64} \\ -5 \\ \hline 1 \end{array}$$

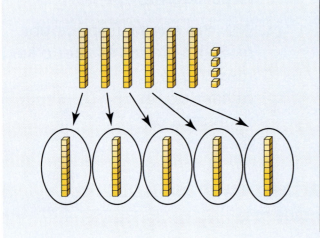

Paso 2

Reagrupando la decena que sobra en 10 unidades, tenemos 14 unidades. Divide las 14 unidades por 5. Se ponen 2 unidades en cada grupo. Se usan diez unidades y sobran 4 unidades.

$$\begin{array}{r} 12 \text{ r}4 \\ 5\overline{)64} \\ -5 \\ \hline 14 \\ -10 \\ \hline 4 \end{array}$$

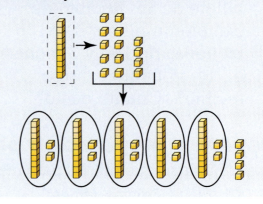

Entonces, hay 12 carros Matchbox® en cada caja y sobran 4 carros.

Explica lo que sabes RAZONAMIENTO CRÍTICO

- ¿Por qué se reagrupa la decena en el Paso 2?

- ¿Qué indica la resta $14 - 10$?

- ¿Cómo puedes comprobar si tu respuesta es correcta?

► COMPRUEBA

Halla el cociente usando sólo papel y lápiz.

1. $39 \div 4 = \underline{?}$ **2.** $28 \div 6 = \underline{?}$ **3.** $41 \div 3 = \underline{?}$ **4.** $54 \div 5 = \underline{?}$

► PRÁCTICA

Halla el cociente. Comprueba cada respuesta mediante la multiplicación.

5. $29 \div 5 = \underline{?}$ **6.** $63 \div 4 = \underline{?}$ **7.** $48 \div 4 = \underline{?}$ **8.** $73 \div 3 = \underline{?}$

9. $61 \div 4 = \underline{?}$ **10.** $56 \div 6 = \underline{?}$ **11.** $79 \div 5 = \underline{?}$ **12.** $88 \div 4 = \underline{?}$

13. $9\overline{)83}$ **14.** $8\overline{)51}$ **15.** $7\overline{)59}$ **16.** $6\overline{)55}$

17. $7\overline{)66}$ **18.** $9\overline{)48}$ **19.** $8\overline{)68}$ **20.** $9\overline{)28}$

Resolución de problemas • Aplicaciones mixtas

21. Lógica Cinco amigos están en una fila. Sue está delante de Lynn. Joe está detrás de Eric. Sue está detrás de Joe. Lynn está delante de Pam. ¿Quién es el segundo en la fila?

22. La Sra. Gray tiene 50 rosas y 4 jarrones. ¿Cuántas rosas pondrá en cada jarrón si las divide en partes iguales?

23. Observación Un cuerpo geométrico tiene 5 caras, 8 aristas y 5 vértices. ¿De qué cuerpo geométrico se trata?

24. ✏️ **Escribe un problema** acerca de tres naranjos que tienen 42 naranjas.

Repaso y preparación para las pruebas

Compara los números. Escribe <, > o = en cada ●. **(páginas 164–167)**

25.

307 ● 297

26.

431 ● 431

27.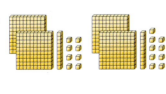

218 ● 219

Elige la letra de la unidad que usarías para medir cada cosa. **(páginas 448–449)**

28. un perro grande
A gramo
B kilogramo
C centímetro
D litro

29. un lápiz
F kilogramo
G litro
H gramo
J metro

30. tu escritorio
A mililitro
B kilogramo
C litro
D gramo

Elegir entre la multiplicación y la división

¿Por qué es importante? Podrás elegir la operación correcta para resolver un problema, por ejemplo cuántos libros hay en cada anaquel.

Para hallar la solución de un problema, debes escoger una operación, por ejemplo la multiplicación o la división.

Usa la multiplicación

- cuando todos los grupos sean del mismo tamaño.

- cuando conozcas la cantidad de grupos y su tamaño.

- cuando necesites hallar el total.

Usa la división

- cuando conozcas el total y todos los grupos sean del mismo tamaño.

- cuando conozcas la cantidad de grupos y necesites hallar la cantidad que hay en cada grupo.

- cuando conozcas la cantidad que hay en cada grupo y necesites hallar la cantidad de grupos.

Lee los problemas. Decide si debes multiplicar o dividir para resolver cada problema.

A. La Sra. O'Brien está colocando 48 libros en 3 anaqueles. Pondrá la misma cantidad de libros en cada anaquel. ¿Cuántos libros pondrá en cada uno?

B. Lori nada 25 largos en la piscina cada mañana. Lo hace 5 días a la semana. ¿Cuántas largos nada Lori en una semana?

Explica lo que sabes

- ¿Qué hay que hallar en el Problema A? ¿Debes multiplicar o dividir? Explica.

- ¿Qué hay que hallar en el Problema B? ¿Debes multiplicar o dividir? Explica.

▶ COMPRUEBA

1. ¿Qué enunciado de multiplicación o de división usarías para cada problema?

▶ PRÁCTICA

Escribe si se debe multiplicar o dividir. Halla la solución de cada problema.

2. Craig anotó 64 puntos en 4 juegos. Anotó los mismos puntos en cada juego. ¿Cuántos puntos anotó en cada juego?

3. Allison comió 5 galletas. Cada galleta tiene 28 calorías. ¿Cuántas calorías tienen las 5 galletas?

4. El Sr. Simms gastó $56 en pintura para 4 cuartos. Usó la misma cantidad de pintura en cada cuarto. ¿Cuánto costó pintar cada cuarto?

5. Tom compró 4 pares de pantalones. Cada par costó $18. ¿Cuánto gastó Tom?

Resolución de problemas • Aplicaciones mixtas

6. Ocupaciones El dependiente debe colocar 68 suéteres nuevos en 6 estantes. Quiere poner la misma cantidad en cada estante. ¿Cuántos suéteres pondrá en cada uno?

7. Tiempo Carol tarda 12 minutos en llegar a casa de su amiga. Tarda 4 veces más en llegar a casa de su abuela. ¿Cuánto tarda en llegar a casa de su abuela?

8. Dinero Sylvia compró un bolso por $10.96, una cartera por $5.46 y un collar por $8.26. ¿Cuánto dinero gastó en total?

9. Consumidor Neil compró un disco compacto por $8.79. El precio original era $14.50. ¿Cuánto dinero se ahorró Neil?

10. Tiempo transcurrido La práctica de fútbol de Dan comienza dentro de dos semanas. Hoy es 3 de febrero. ¿Cuándo comienza la práctica de Dan?

11. Talia sembró 15 bulbos de flores en 3 canteros. Sembró la misma cantidad en cada uno. ¿Cuántos bulbos sembró en cada cantero?

12. ▭ **Por escrito** ¿En qué se diferencian la multiplicación y la división?

LA LECCIÓN CONTINÚA

Estrategia para resolver problemas:
Escribir un enunciado numérico

▶ **PROBLEMA** En la reunión del Club de Ciencias había 51 estudiantes. El Sr. Wilson los distribuyó en grupos de 4. ¿Cuántos grupos formó el Sr. Wilson? ¿Estaban todos los estudiantes en grupos de 4?

RECUERDA:

COMPRENDER
PLANEAR
RESOLVER
REVISAR

COMPRENDER

- ¿Qué debes hallar?

- ¿Qué información vas a usar?

- ¿Hay información que no vas a usar? Si es así, ¿cuál?

PLANEAR

- ¿Qué estrategia puedes usar?

Puedes *escribir un enunciado numérico* para hallar la cantidad de grupos. Como el Sr. Wilson quiere dividir el total de estudiantes en grupos de 4, escribe un enunciado numérico de división para hallar cuántos grupos se formaron.

$$51 \div 4 = \underline{\ ?\ }$$

RESOLVER

- ¿Cómo vas a dividir?

  Escribe el problema como $4\overline{)51}$.

  Después divide.

  Entonces, había 12 grupos de 4 estudiantes y 3 estudiantes quedaron fuera. El Sr. Wilson puede formar 13 grupos, con 3 estudiantes en uno de los grupos.

$$\begin{array}{r} 12 \text{ r}3 \\ 4\overline{)51} \\ -4\downarrow \\ \hline 11 \\ -8 \\ \hline 3 \end{array}$$

REVISAR

- ¿Cómo puedes saber si tu respuesta tiene sentido?

- ¿Qué otra estrategia puedes usar?

Escribe un enunciado numérico para hallar la solución.

1. La Sra. Klein distribuyó 38 estudiantes en grupos de 3. ¿Cuántos grupos se formaron? ¿Quedó fuera algún estudiante?

2. Matt y 2 amigos tienen 75 tarjetas de béisbol cada uno. ¿Cuántas tarjetas tienen en total?

3. En el vivero hay 6 anaqueles con 15 plantas en cada uno. ¿Cuántas plantas hay en total?

4. Julie tomó 46 fotos. Puso 6 fotos en cada página de su álbum. ¿Cuántas páginas usó? ¿Cuántas fotos sobraron?

Aplicaciones mixtas

Halla la solución.

ELIGE una estrategia y un método.

- **Representar**   • **Hacer un dibujo**
- **Usar una tabla**
- **Escribir un enunciado numérico**

Lápiz y papel   Calculadora   A mano   Cálculo mental

5. ¿Con cuál de estas flechas giratorias se puede tener un juego justo? **A.** **B.** ¿Por qué? Escribe A o B.

6. Jenny camina 0.8 millas hasta la escuela. Bobby camina 0.5 millas hasta la escuela. ¿Quién recorre una distancia mayor?

7. Sammy está poniendo una cinta alrededor de un tablero de anuncios. El tablero mide 36 pulgadas de ancho por 48 pulgadas de largo. ¿Cuánta cinta necesita Sammy?

8. Allison hizo una encuesta sobre la música favorita de los estudiantes. Descubrió que a 8 estudiantes les gusta la música country, a 11 la música soul y a 18 la música rock. ¿Cuántos estudiantes contestaron a la encuesta?

9. Vince hizo su tarea de matemáticas antes de la de ortografía. Hizo la tarea de lectura después de la de ortografía. ¿Cuál fue la última tarea que hizo?

10. Janice tiene 8 discos compactos y Danielle tiene 13. Bill tiene 16 y Michael tiene 11. ¿Cuántos discos compactos más tienen Bill y Michael que Janice y Danielle?

▶ Comprensión

1. **VOCABULARIO** En una división, la cantidad que queda se llama __?__. (página 488)

Usa el modelo para hallar el cociente y el residuo. (páginas 488–491)

2. $13 \div 3 =$ __?__

MODELO

Paso 1	Paso 2
__?__ fichas	El cociente es __?__. El residuo es __?__.

3. $9 \div 2 =$ __?__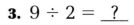

MODELO

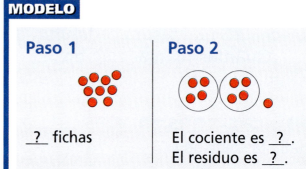

Paso 1	Paso 2
__?__ fichas	El cociente es __?__. El residuo es __?__.

4.

__?__ decenas __?__ unidades $29 \div 2 =$ __?__

5.

__?__ decenas __?__ unidades $46 \div 4 =$ __?__

▶ Destrezas

Halla el cociente. Comprueba cada respuesta usando la multiplicación. (páginas 492–495)

6. $27 \div 5 =$ __?__ 7. $53 \div 6 =$ __?__ 8. $36 \div 3 =$ __?__ 9. $45 \div 4 =$ __?__

10. $3\overline{)64}$ 11. $4\overline{)71}$ 12. $5\overline{)58}$ 13. $4\overline{)37}$

▶ Resolución de problemas

Halla la solución. (páginas 496–499)

ELIGE una estrategia y un método.

- Volver sobre los pasos
- Hacer un modelo
- Escribir un enunciado numérico
- Estimar y comprobar

Lápiz y papel Calculadora A mano Cálculo mental

14. Los 33 estudiantes del Club de Matemáticas fueron repartidos en grupos de 4. ¿Cuántos grupos hicieron? ¿Estaban todos los estudiantes en grupos de 4?

15. Las muñecas de la colección de Laura están colocadas en 4 anaqueles. Hay 14 muñecas en cada anaquel. ¿Cuántas muñecas hay en la colección?

Preparación para la prueba

Elige la mejor respuesta.

1. Hay que poner 29 sillas en 3 filas. Si se pone la misma cantidad en cada fila, ¿cuántas sillas sobrarán?

A 3
B 4
C 2
D 26

2. Jean ha hecho 48 muffins. En cada bandeja caben 6 muffins. ¿Cuántas bandejas ha usado?

F 7
G 8
H 9
J 6

3. John cobra $10 por cortar la hierba de cada jardín. Ha trabajado en 12 jardines. ¿Cuánto dinero ha ganado?

A $10 **B** $25
C $120 **D** $110

4. 19 ÷ 4 = _?_

F 4 r1
G 4 r3
H 5
J 76

5. Molly tiene práctica de fútbol de 4:30 a 5:45 los martes y jueves. ¿Cuánto tiempo practica durante la semana?

A 1 h 30 min **B** 2 h 15 min
C 2 h 45 min **D** 2 h 30 min

6. ¿A qué enunciado numérico equivale el modelo?

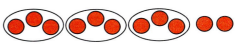

F 11 ÷ 3 = _?_
G 11 × 3 = _?_
H 9 × 3 = _?_
J 9 ÷ 3 = _?_

7. El Sr. Adams compró 6 latas de pintura. Cada lata cuesta $13. ¿Cuánto dinero gastó?

A $78 **B** $36
C $7 **D** $68

8. Cayeron 24 pulgadas de lluvia durante un año. El año siguiente cayeron 28 pulgadas. El tercer año cayeron 26 pulgadas. ¿Cuánto llovió durante esos tres años?

F 62 pulgadas **G** 78 pulgadas
H 74 pulgadas **J** 72 pulgadas

9. En la clase de canto de la Sra. Yanis hay 48 estudiantes. Los coloca en 4 grupos iguales. ¿Cuántos estudiantes hay en cada grupo?

A 48 × 4 = 192
B 48 − 4 = 44
C 48 ÷ 4 = 12
D 48 + 4 = 52

10. 741
  −372

F 369 **G** 269
H 469 **J** 431

DIVERSIÓN

180	104	100
95	315	135
56	165	216

258	104	100
33	63	82
78	230	230

Jugador 1   *Jugador 2*

MULTIPLICAR PARA PUNTUAR

PROPÓSITO Practicar destrezas de multiplicación

MATERIALES 3 cubos numerados, 18 fichas, lápiz y papel

Juega en pareja. Copia los tableros de la ilustración. En su turno cada jugador tira los tres cubos y junta dos de ellos para formar un número de dos dígitos.

Se multiplica ese número por el del tercer cubo. Si el producto que se obtiene está en el tablero, se pone una ficha en la casilla correspondiente. Gana el jugador que primero llene las tres casillas de una hilera. Jueguen para ver quién gana más veces.

PRODUCIR EL COCIENTE

PROPÓSITO Practicar destrezas de división usando papel y lápiz

MATERIALES 3 cubos numerados, papel y lápiz

Jueguen en grupo pequeños. En su turno cada jugador lanza los tres cubos. Junta dos de ellos para formar un número de

dos dígitos, divide ese número por el del tercer cubo. Anota el cociente y el residuo.

MULTIPLICAR CON PALITOS CHINOS

PROPÓSITO Practicar cómo hallar productos

Halla los productos. Entonces comprueba si puedes hacerlo usando palitos chinos como números.

1	2	3	4	5	6	7	8	9

10	20	30	40	50	60	70	80	90

$14 \times 5 = \underline{?}$ $41 \times 2 = \underline{?}$

$27 \times 3 = \underline{?}$ $35 \times 8 = \underline{?}$

PARA LA CASA Haz una copia de los palitos chinos y llévatela a casa. Comprueba si alguien de tu familia sabe cómo usarlos para resolver problemas.

Cambiar la escala de una gráfica de barras

Los estudiantes de tercer grado vendieron velas. Cada caja contenía 25 velas. La gráfica de barras muestra las velas que cada clase vendió.

La escala de la gráfica tiene **intervalos** de 20 (20, 40, 60,...). ¿Sería mejor si la escala tuviera intervalos de 25 (25, 50, 75,...)?

En algunos programas de gráficas, por ejemplo en *Graph Links Plus,* se pueden cambiar los intervalos de la escala.

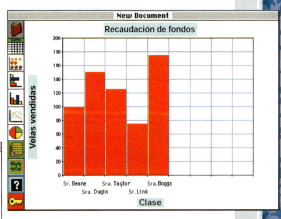

Elige Range/Interval del menú Options. Haz clic en Manual Range, después haz clic en Set Intervals. Cambia 20 por 25 y haz clic en OK.

Compara las dos gráficas.

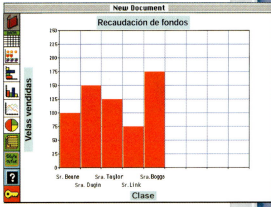

- ¿Por qué es mejor utilizar un intervalo de 25 que uno de 20?

- ¿Por qué es más fácil de interpretar la gráfica de esa forma?

▶ PRÁCTICA

1. Los yogures vienen en cajas de 50. La tabla muestra la cantidad de cajas que se vendieron cada semana. Haz una gráfica de barras que muestre el total de yogures vendidos por semana.

VENTA DE YOGURES	
Semana	Cajas vendidas
1	6
2	8
3	7
4	7

2. **En la computadora** Los disquetes vienen en cajas de 15. Ellen compró 5 cajas, Troy compró 3 cajas, Li compró 6 cajas y Laurie compró 8 cajas. Usa un programa de gráficas para hacer una gráfica de barras que muestre los disquetes que compró cada persona.

Repaso y guía de estudio

Estudia y resuelve

CAPÍTULO 27

EJEMPLO

$$\begin{array}{r} \overset{1}{4}2 \\ \times\ 8 \\ \hline 336 \end{array}$$

Multiplica las unidades. $8 \times 2 = 16$
Reagrupa 16 en 1 decena y 6 unidades.
Multiplica las decenas. $8 \times 4 = 32$
Suma la decena. $32 + 1 = 33$
33 decenas = 3 centenas 3 decenas

Usa la matriz. Suma los dos productos para hallar la respuesta. Completa el enunciado de multiplicación. **(páginas 474–475)**

1.

$3 \times 13 =$ ___?___

2.

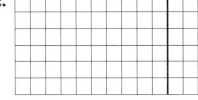

$6 \times 12 =$ ___?___

Usa bloques de base diez para hallar cada producto en los Problemas 3–6.

(páginas 478–479)

3. $3 \times 44 =$ ___?___

4. $2 \times 48 =$ ___?___

5. $5 \times 23 =$ ___?___

6. $4 \times 37 =$ ___?___

Para resolver los Problemas 7–16, halla el producto. **(páginas 480–483)**

7. $\begin{array}{r} 36 \\ \times\ 6 \\ \hline \end{array}$ **8.** $\begin{array}{r} 45 \\ \times\ 4 \\ \hline \end{array}$

9. $\begin{array}{r} 23 \\ \times\ 7 \\ \hline \end{array}$ **10.** $\begin{array}{r} 53 \\ \times\ 2 \\ \hline \end{array}$

11. $\begin{array}{r} 21 \\ \times\ 3 \\ \hline \end{array}$ **12.** $\begin{array}{r} 39 \\ \times\ 5 \\ \hline \end{array}$

13. $\begin{array}{r} 55 \\ \times\ 4 \\ \hline \end{array}$ **14.** $\begin{array}{r} 46 \\ \times\ 2 \\ \hline \end{array}$

15. $48 \times 6 =$ ___?___

16. $27 \times 5 =$ ___?___

Halla la solución. **(páginas 476–477)**

17. Pete coloca 9 hileras de baldosas. Cada hilera tiene 13 baldosas. ¿Cuántas baldosas necesita?

18. La Sra. Gómez tiene 28 estudiantes. Cada estudiante entregó 4 trabajos. ¿Cuántos trabajos tiene que revisar?

19. La colcha de Sarah tiene 8 filas con 18 cuadrados en cada una. ¿Cuántos cuadrados tiene la colcha en total?

CAPÍTULO 28

EJEMPLO

$$
\begin{array}{r}
12\ \text{r}3 \\
6)\overline{75} \\
-6 \\
\hline
15 \\
-12 \\
\hline
3
\end{array}
$$

Divide las decenas. $7 \div 6$
Multiplica. $6 \times 1 = 6$
Resta. $7 - 6 = 1$
Divide las unidades. $15 \div 6$
Repite cuantos pasos sean necesarios. Escribe 3 como residuo.

Usa las fichas para hallar el cociente y el residuo. (páginas 488–489)

20. $16 \div 3 = \underline{\ ?\ }$

Paso 1

$\underline{\ ?\ }$ fichas

Paso 2

El cociente es $\underline{\ ?\ }$.
El residuo es $\underline{\ ?\ }$.

Usa los bloques de base diez para hallar el cociente. (páginas 490–493)

21. $33 \div 2 = \underline{\ ?\ }$

Paso 1

$\underline{\ ?\ }$ decenas
$\underline{\ ?\ }$ unidades

Paso 2

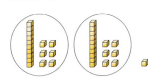

El cociente es $\underline{\ ?\ }$.

Para resolver los Problemas 22–32, halla el cociente. Multiplica para comprobar cada respuesta.
(páginas 494–495)

22. $5)\overline{26}$　　　　**23.** $6)\overline{52}$

24. $2)\overline{24}$　　　　**25.** $3)\overline{34}$

26. $4)\overline{54}$　　　　**27.** $7)\overline{38}$

28. $65 \div 3 = \underline{\ ?\ }$

29. $62 \div 5 = \underline{\ ?\ }$

30. $44 \div 2 = \underline{\ ?\ }$

31. $80 \div 7 = \underline{\ ?\ }$

32. $83 \div 9 = \underline{\ ?\ }$

Halla la solución. (páginas 496–499)

33. La Sra. Williams repartió 42 galletas en partes iguales entre 8 niños. ¿Cuántas galletas le tocó a cada uno? ¿Cuántas galletas sobraron?

34. Tony puso 6 galletas en cada una de las 15 bolsas. ¿Cuántas galletas puso en total?

35. Hay 64 onzas de jugo en una botella. ¿Cuántos vasos de 8 onzas pueden llenarse?

36. Tracy tiene 58 canicas y las pone en 6 montones iguales. ¿Cuántas hay en cada montón? ¿Cuántas sobran?

Evaluación del rendimiento

Conceptos: Demuestra lo que sabes

1. Muestra y explica cada paso para hallar el producto de 4 × 37. Usa bloques de base diez para que te sea más fácil. **(páginas 474–475, 480–483)**

2. Muestra y explica cada paso para hallar el cociente de 51 ÷ 4. Usa bloques de base diez para que te sea más fácil. **(páginas 490–495)**

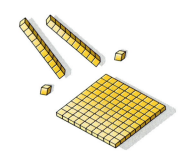

Resolución de problemas

Halla la solución. Explica el método que usaste.

ELIGE una estrategia y un método.

- Hallar el patrón
- Representar
- Hacer un modelo
- Hacer una tabla
- Escribir un enunciado numérico
- Hacer un dibujo

 Lápiz y papel   Calculadora   A mano   Cálculo mental

3. Bessie está haciendo un cartel con fotos de sus compañeros de grado. Puso 8 fotos en cada una de las 14 hileras. ¿Cuántos estudiantes hay en el grado de Bessie?

(páginas 476–477)

4. En la cancha de tenis había 35 jugadores. El entrenador los distribuyó en grupos de 4. ¿Cuántos grupos hizo? ¿Estaban todos los jugadores dentro de los grupos? **(páginas 498–499)**

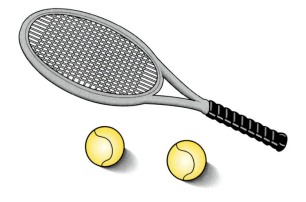

Repaso acumulativo

Resuelve el problema. Luego escribe la letra de la respuesta correcta.

1.
$$\begin{array}{r} 521 \\ -436 \end{array}$$
A. 85
B. 95
C. 115
D. 957
(páginas 56–57, 62–65)

2.
$$\begin{array}{r} \$40.00 \\ -\ 35.97 \end{array}$$
A. $4.03
B. $4.13
C. $5.13
D. $5.97
(páginas 114–115)

3. Redondea $86 a los próximos diez dólares.
A. $10
B. $80
C. $90
D. $100
(páginas 174–175)

4.
$$\begin{array}{r} 6 \\ \times 7 \end{array}$$
A. 13
B. 32
C. 36
D. 42
(páginas 208–215)

5. ¿Qué cuerpo geométrico es éste?

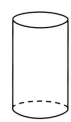

A. círculo
B. cubo
C. esfera
D. cilindro
(páginas 316–317)

6. Compara.

unidades	décimos
1	4

unidades	décimos
1	5

1.4 ● 1.5

A. <
B. >
C. =
D. −
(páginas 408–409)

7. ¿Cuál es la mejor estimación del ancho?

A. 60 dm
B. 60 cm
C. 60 m
D. 60 g
(páginas 438–439)

8.
$$\begin{array}{r} 54 \\ \times\ 6 \end{array}$$
A. 9
B. 304
C. 324
D. 424
(páginas 480–483)

9. $48 \div 4 =$?
A. 9 r12
B. 11
C. 12
D. 192
(páginas 494–495)

10. $4\overline{)85}$
A. 20 r5
B. 21 r1
C. 21 r5
D. 111 r1

MANUAL DEL ESTUDIANTE

1 ▶ Lecciones de intervención H2

Antes de iniciar el estudio de un nuevo tema, a menudo conviene repasar lo aprendido anteriormente. Estas lecciones te ayudarán a prepararte para aprender nuevos temas en matemáticas.

2 ▶ Lecciones de ampliación H32

Estas Lecciones de ampliación te estimularán a aprender cosas nuevas e interesantes.

Usar la tabla de sumar

¿Por qué es importante? Podrás usar una tabla de sumar para recordar operaciones que hayas olvidado.

Randy comió 9 uvas verdes y 4 rojas. ¿Cuántas uvas comió Randy?

Puedes usar una tabla de sumar para hallar la suma.

$9 + 4 = \underline{?}$

Halla la columna del 9 en la fila superior de la tabla. Halla la fila del 4 en la columna izquierda de la tabla. La suma de $9 + 4$ es el número donde la columna y la fila se cruzan.

$9 + 4 = 13$

Entonces, Randy comió 13 uvas.

También puedes usar la tabla de sumar para hallar la diferencia.

$16 - 7 = \underline{?}$

Halla la columna del 7 en la fila superior y baja hasta el 16. La diferencia es el número de la columna izquierda (9).

Entonces, $16 - 7 = 9$.

Tabla de sumar Columna↓

+	0	1	2	3	4	5	6	7	8	9
0	0	1	2	3	4	5	6	7	8	9
1	1	2	3	4	5	6	7	8	9	10
2	2	3	4	5	6	7	8	9	10	11
3	3	4	5	6	7	8	9	10	11	12
4	4	5	6	7	8	9	10	11	12	13
5	5	6	7	8	9	10	11	12	13	14
6	6	7	8	9	10	11	12	13	14	15
7	7	8	9	10	11	12	13	14	15	16
8	8	9	10	11	12	13	14	15	16	17
9	9	10	11	12	13	14	15	16	17	18

Fila →

RAZONAMIENTO CRÍTICO ¿Cómo usas la tabla de sumar para hallar el total de $6 + 7$? ¿Y para hallar la diferencia de $11 - 5$?

▶ COMPRUEBA

Usa la tabla de sumar para hallar la suma o la diferencia.

1. $4 + 7 = \underline{?}$ **2.** $8 - 6 = \underline{?}$ **3.** $9 + 5 = \underline{?}$

4. $7 + 9 = \underline{?}$ **5.** $13 - 8 = \underline{?}$ **6.** $14 - 6 = \underline{?}$

Usa la tabla de sumar para hallar la suma o la diferencia.

7. 4
    +5

8. 8
    −3

9. 6
    +2

10. 8
     +4

11. 7
     −1

12. 5
     −5

13. 7
     +3

14. 3
     +8

15. 9
     −4

16. 6
     +7

17. 6
     +6

18. 12
     − 3

19. 9
     +9

20. 8
     +7

21. 14
     − 6

22. $3 + 9 = \underline{\ ?\ }$

23. $6 + 8 = \underline{\ ?\ }$

24. $17 − 9 = \underline{\ ?\ }$

25. $4 + 4 = \underline{\ ?\ }$

26. $14 − 7 = \underline{\ ?\ }$

27. $5 + 7 = \underline{\ ?\ }$

28. $9 + 6 = \underline{\ ?\ }$

29. $18 − 9 = \underline{\ ?\ }$

Resolución de problemas • Aplicaciones mixtas

30. **Cálculo mental** Sabrina vio 8 patos en el lago. Vio 4 patos más que se acercaban. ¿Cuántos patos vio Sabrina en el lago?

31. En el suelo había 12 ardillas. De pronto, 4 de ellas treparon a un árbol. ¿Cuántas ardillas permanecieron en el suelo?

32. Nicky tiene 9 peces de colores. Charlie tiene 6 peces de colores. ¿Cuántos peces de colores más tiene Nicky que Charlie?

33. **Lectura** Ed consultó 8 libros sobre animales en la biblioteca. Beth consultó 7 libros sobre animales. ¿Cuántos libros sobre animales consultaron Ed y Beth?

34. Carol tenía 6 conejitos. Regaló 4 conejitos a sus amigos. ¿Cuántos conejitos le quedan a Carol?

35. **Razonamiento** Héctor vio 6 gerbos en una jaula y 11 gerbos en otra jaula. ¿Cuántos gerbos más hay en la segunda jaula?

36. **Lógica** Joan vio 5 pájaros posados sobre una cerca. Varios minutos más tarde, los 5 pájaros seguían en la cerca. ¿Cuántos pájaros se habían marchado?

37. ✏️ **Escribe un problema** acerca de la suma de los números 5 y 7.

Nombres de números

¿Por qué es importante? Podrás sumar números cuyo resultado sea mayor que 9.

Bill vio 6 pájaros en el patio de su casa y 7 pájaros más en el patio del vecino. ¿Cuántos pájaros vio Bill en total?

$$6 + 7 = \underline{\ ?\ }$$

Suma las unidades.   Reagrupa las 13 unidades en 1 decena 3 unidades.

RECUERDA:

10 unidades = 1 decena

6 + 7   6 + 7 = 13

Entonces, Bill vio 13 pájaros.

Explica lo que sabes   RAZONAMIENTO CRÍTICO

- ¿Cómo sabes cuándo reagrupar las unidades en decenas? Explica.

- ¿Cómo reagruparías 15 unidades en decenas y unidades?

- ¿Por qué es útil reagrupar unidades en decenas y unidades cuando se suman números de dos dígitos?

▶ COMPRUEBA

Reagrupa las unidades. Escribe el número de decenas y unidades.

Ejemplo: 13 unidades = 1 decena 3 unidades

1.   **2.**   **3.**

12 unidades = _?_   18 unidades = _?_   16 unidades = _?_

LA CIENCIA Y LOS NÚMEROS

A veces las águilas calvas usan el mismo nido año tras año. Y cada año, le añaden más ramitas. Uno de estos nidos llegó a pesar más de 2 toneladas, aproximadamente el peso de un elefante.

Las águilas calvas macho pesan unas 9 libras. Las hembras pesan unas 12 libras. Aproximadamente, ¿cuánto pesan un macho y una hembra juntos?

Reagrupa las unidades. Escribe el número de decenas y de unidades.

4.

5.

6.

11 unidades = ___?___   19 unidades = ___?___   17 unidades = ___?___

7. 16 unidades   **8.** 14 unidades   **9.** 9 unidades   **10.** 15 unidades

11. 8 unidades   **12.** 12 unidades   **13.** 13 unidades   **14.** 18 unidades

Halla la suma.

15. 6
     +8

16. 5
     +7

17. 8
     +4

18. 5
     +9

19. 7
     +7

20. 8
     +8

21. 4
     +9

22. 8
     +7

23. 3
     +9

24. 5
     +6

Resolución de problemas • Aplicaciones mixtas

25. Mary tiene 16 fotos de perros en su colección. Envió 6 fotos a su abuela. ¿Cuántas fotos le quedan a Mary?

26. Lógica Judy tiene 7 años. En 9 años tendrá la misma edad que ahora tiene su hermana mayor. ¿Cuántos años tiene su hermana?

27. La perra de Tom tiene 8 perritos. Cuatro de los perritos están durmiendo. ¿Cuántos perritos no están durmiendo?

28. Razonamiento James vio 8 ardillas al pie de un roble. Todas salieron corriendo. ¿Cuántas ardillas quedan junto al roble?

29. Consumidor En el armario había 5 latas de sopa. El padre de Tony puso 4 latas más. ¿Cuántas latas hay en el armario ahora?

30. ✏ **Escribe un problema** cuya respuesta sea 15.

Reagrupar números

¿Por qué es importante? Podrás saber cuándo es necesario reagrupar.

Andy y su padre fueron al cine. Había 34 personas en la fila. Luego 16 personas entraron en el cine. ¿Cuántas personas quedaron en la fila?

$$34 - 16 = \underline{\ ?\ }$$

MODELO

Halla $34 - 16 = \underline{\ ?\ }$.

Paso 1

$6 > 4$, entonces reagrupa 3 decenas y 4 unidades en 2 decenas y 14 unidades

$$\begin{array}{r} 34 \\ -16 \\ \hline \end{array}$$

Paso 2

Resta las unidades. Resta las decenas.

$$\begin{array}{r} {\scriptstyle 2\ 14} \\ \cancel{3}\cancel{4} \\ -16 \\ \hline 18 \end{array}$$

Entonces, 18 personas quedaron en la fila.

Explica lo que sabes   RAZONAMIENTO CRÍTICO

- En el Paso 1, ¿de dónde salen las 14 unidades?

- ¿Cuándo reagrupas números?

▶ COMPRUEBA

Reagrupa. Escribe el número de decenas y unidades.
Ejemplo: 3 decenas 5 unidades = 2 decenas 15 unidades

1.

2 decenas
6 unidades = __?__

2.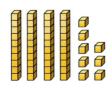

4 decenas
8 unidades = __?__

3.

7 decenas = __?__

RECUERDA:

1 decena = 10 unidades

LOS ESTUDIOS SOCIALES Y LOS NÚMEROS

Los habitantes del antiguo Egipto usaban un sistema numérico basado en el 10. Los números del 1 al 9 eran marcas sencillas, como $|, ||,$ y $|||$.

El número 10 era un arco, $\cap$.

¿Qué número era $\cap|||$?

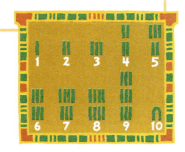

Reagrupa. Escribe la cantidad de decenas y unidades.

4.

3 decenas
2 unidades = _?_

5.

5 decenas
1 unidad = _?_

6.

8 decenas
3 unidades = _?_

Reagrupa las decenas y unidades. Ejemplo: 13 = 0 decenas 13 unidades

7. 16 **8.** 34 **9.** 42 **10.** 55 **11.** 20

12. 56 **13.** 40 **14.** 65 **15.** 87 **16.** 98

Halla la diferencia.

17. $\begin{array}{r} 24 \\ -\ 9 \\ \hline \end{array}$ **18.** $\begin{array}{r} 27 \\ -18 \\ \hline \end{array}$ **19.** $\begin{array}{r} 42 \\ -25 \\ \hline \end{array}$ **20.** $\begin{array}{r} 33 \\ -19 \\ \hline \end{array}$ **21.** $\begin{array}{r} 54 \\ -27 \\ \hline \end{array}$

22. $\begin{array}{r} 62 \\ -16 \\ \hline \end{array}$ **23.** $\begin{array}{r} 84 \\ -49 \\ \hline \end{array}$ **24.** $\begin{array}{r} 91 \\ -35 \\ \hline \end{array}$ **25.** $\begin{array}{r} 83 \\ -59 \\ \hline \end{array}$ **26.** $\begin{array}{r} 71 \\ -52 \\ \hline \end{array}$

27. $\begin{array}{r} 65 \\ -48 \\ \hline \end{array}$ **28.** $\begin{array}{r} 81 \\ -42 \\ \hline \end{array}$ **29.** $\begin{array}{r} 28 \\ -19 \\ \hline \end{array}$ **30.** $\begin{array}{r} 73 \\ -58 \\ \hline \end{array}$ **31.** $\begin{array}{r} 45 \\ -27 \\ \hline \end{array}$

Resolución de problemas • Aplicaciones mixtas

32. Durante mayo y junio, 64 Boy Scouts fueron a un campamento. En mayo fueron 36. ¿Cuántos fueron en junio?

33. Razonamiento En un tablero hay 35 casillas. Brooke avanzó 16 casillas. ¿Cuántas casillas le faltan para llegar a la última?

34. Deportes El equipo de Tara anotó 32 puntos. El equipo de Jordan anotó 28 puntos. ¿Cuántos puntos anotaron los dos equipos en total?

35. **Escribe un problema** con la siguiente información. Mark tenía una caja de 36 creyones. Regaló 18 creyones a Rod.

Usar un calendario

¿Por qué es importante? Podrás hallar días y fechas en un calendario.

Los calendarios son tablas que indican de manera ordenada los días, las semanas y los meses de un año. Uno de los usos de un calendario es señalar días especiales.

EJEMPLO

El cumpleaños de Carol es el martes 16 de octubre.

Se escribe: 16 de octubre **Se lee:** dieciséis de octubre

Observa este calendario del mes de octubre.

Observa que

⇨ en octubre hay 31 días.

⇨ este año octubre comienza en lunes y finaliza en miércoles.

Octubre

Dom	Lun	Mar	Mié	Jue	Vie	Sáb
	1	2	3	4	5	6
7	8	9	10	11	12	13
14	15	16	17	18	19	20
21	22	23	24	25	26	27
28	29	30	31			

Sábado y domingo son días de *fin de semana*. Los otros días son días de *entre semana*.

Explica lo que sabes RAZONAMIENTO CRÍTICO

- ¿Qué fecha es el tercer domingo en el calendario de arriba?

- Según el calendario de arriba, ¿en qué día de la semana cae el último día de septiembre? ¿Y el primer día de noviembre?

- ¿Cómo puedes usar un calendario para hallar en qué día de la semana cae una fecha determinada?

Junio

Dom	Lun	Mar	Mié	Jue	Vie	Sáb
					1	2
3	4	5	6	7	8	9
10	11	12	13	14	15	16
17	18	19	20	21	22	23
24	25	26	27	28	29	30

▶ COMPRUEBA

Para resolver los Ejercicios 1–4, usa el calendario de junio.

1. ¿Cuántos lunes hay en junio?

2. ¿Qué día de la semana es el último día de mayo?

3. ¿Qué día de la semana es el primer día de julio?

4. ¿Cuántos días de entre semana hay en junio?

▶ PRÁCTICA

Marzo						
Dom	Lun	Mar	Mié	Jue	Vie	Sáb
	1	2	3	4	5	6
7	8	9	10	11	12	13
14	15	16	17	18	19	20
21	22	23	24	25	26	27
28	29	30	31			

Usa el calendario de marzo para resolver los Ejercicios 5–7. Escribe el día de la semana.

5. 5 de marzo

6. 28 de marzo

7. 13 de marzo

Usa el calendario de marzo para resolver los Ejercicios 8–10. Escribe la fecha.

8. el segundo lunes   **9.** el tercer jueves   **10.** el cuarto martes

Usa el calendario de noviembre para resolver los Ejercicios 11–14.

Noviembre						
Dom	Lun	Mar	Mié	Jue	Vie	Sáb
			1	2	3	4
5	6	7	8	9	10	11
12	13	14	15	16	17	18
19	20	21	22	23	24	25
26	27	28	29	30		

11. ¿Cuántos viernes hay en este mes?

12. ¿En qué día finaliza el mes?

13. ¿Qué día de la semana es el último día de octubre? ¿Y el primer día de diciembre?

14. ¿Qué fecha es el tercer sábado de noviembre?

Resolución de problemas • Aplicaciones mixtas

Usa los calendarios anteriores para resolver los Problemas 15–18.

15. La fiesta de Melinda es dentro de 14 días. Hoy es 9 de marzo. ¿En qué fecha es la fiesta?

16. **Tiempo transcurrido** Hoy es 22 de noviembre. Karen fue al *Mead Park* hace dos semanas. ¿Qué día y en qué fecha fue Karen al parque?

17. Joel va de campamento del 23 al 30 de junio. Hoy es 8 de junio. ¿Cuántos días faltan para que Joel vaya de campamento? ¿Por cuántos días va?

18. ✏️ **Por escrito** Observa los calendarios de arriba. ¿Qué patrón notas en las fechas de cada lunes? ¿Siguen los otros días de la semana el mismo patrón?

Contar monedas

¿Por qué es importante? Podrás contar el dinero que
tienes en el bolsillo o en el monedero.

Janell compró una bolsa de papas fritas con estas
monedas. ¿Cuánto dinero gastó?

Clasifica y cuenta las monedas en orden de mayor
valor a menor valor.

Se cuenta: 25¢   50¢   60¢   65¢   66¢   67¢   68¢

Se escribe: 68¢   **Se lee:** sesenta y ocho centavos

Entonces, Janell gastó 68¢.

Evan puso 76¢ en su bolsillo. ¿Qué combinación de
monedas puede usar Evan para formar esa cantidad?

Se cuenta: 25¢   50¢   60¢   70¢   75¢   76¢

Se escribe: 76¢   **Se lee:** setenta y seis centavos

Entonces, Evan puede usar 2 monedas de 25¢,
2 monedas de 10¢, 1 moneda de 5¢ y 1 moneda
de 1¢ para formar 76¢.

▶ COMPRUEBA

Escribe la cantidad.

1.

Escribe las monedas que puedes usar
para formar cada cantidad.

2. 22¢   **3.** 64¢

Indica cómo escribirías y leerías cada cantidad.

4.

5.

6.

Escribe la cantidad total.

7. 1 moneda de 25¢,
3 monedas de 10¢,
6 monedas de 1¢

8. 2 monedas de 25¢,
1 moneda de 10¢,
3 monedas de 5¢,
7 monedas de 1¢

9. 3 monedas de 25¢,
4 monedas de 5¢,
3 monedas de 1¢

10. 2 monedas de 25¢,
2 monedas de 10¢,
2 monedas de 1¢

11. 1 moneda de 25¢,
3 monedas de 10¢,
6 monedas de 5¢

12. 5 monedas de 10¢,
4 monedas de 5¢,
3 monedas de 1¢

13. 3 monedas de 25¢,
3 monedas de 5¢,
3 monedas de 1¢

14. 4 monedas de 10¢,
5 monedas de 5¢,
9 monedas de 1¢

15. 2 monedas de 25¢,
5 monedas de 5¢,
5 monedas de 1¢

Escribe las monedas que usarías para formar cada cantidad.

16. 39¢

17. 53¢

18. 84¢

19. 65¢

20. 31¢

21. 89¢

22. 29¢

23. 72¢

24. 99¢

25. 46¢

26. 57¢

27. 68¢

Resolución de problemas • Aplicaciones mixtas

28. Ángela tiene 2 monedas de 25¢, 1 moneda de 10¢, 1 moneda de 5¢ y 3 monedas de 1¢. ¿Cuánto dinero tiene?

29. Alex tiene 1 moneda de 25¢, 1 moneda de 10¢, 1 moneda de 5¢ y 1 moneda de 1¢. ¿Cuánto dinero le falta para tener 50¢?

30. Flora tiene 27¢ en su mano y 36¢ en su monedero. ¿Cuánto dinero tiene en total?

31. **Escribe un problema** acerca de las 4 monedas que Keiko tiene en el bolsillo. (PISTA: ¿A cuánto equivalen?)

Valor posicional

¿Por qué es importante? Podrás reagrupar cuando intercambies 10 monedas de 1¢ por una de 10¢ o 10 monedas de 10¢ por un dólar.

Mae puso un puñado de cubos conectables sobre la mesa. ¿Cómo puede reagrupar los cubos para que sea más fácil contarlos?

Cada vez que Mae tiene diez cubos, los reagrupa en una decena.

Entonces, Mae tiene 3 decenas y 7 unidades, o 37.

Anota:

Decenas	Unidades
3	7

RECUERDA:

10 unidades = 1 decena

10 decenas = 1 centena

Jed tiene 10 decenas y 18 unidades. ¿Cómo puede reagrupar los cubos para que sea más fácil contarlos? ¿Cuántos cubos tiene?

Entonces, Jed tiene 1 centena, 1 decena y 8 unidades, o 118.

Anota:

Centenas	Decenas	Unidades
1	1	8

Explica lo que sabes

- ¿Cómo sabes cuándo tienes que reagrupar?

- ¿Cómo reagruparías 12 decenas y 19 unidades? ¿Qué número es?

Puedes intercambiar monedas y billetes usando lo que sabes sobre reagrupar unidades y decenas.

4 monedas de 10¢ y
15 monedas de 1¢ = __?__

13 monedas de 10¢ y
19 monedas de 1¢ = __?__

5 monedas de 10¢ y
5 monedas de 1¢ = 55¢

1 dólar, 4 monedas de 10¢ y
9 monedas de 1¢ = $1.49

- ¿Cómo usarías la reagrupación para intercambiar 15 monedas de 10¢? ¿Cuánto dinero es?

▶ COMPRUEBA

Reagrupa unidades en decenas o decenas en centenas. Escribe cuántas centenas, decenas y unidades puedes formar. Luego escribe el número.

1.

2.

3.

4. 5 decenas, 15 unidades

5. 7 decenas, 23 unidades

6. 2 decenas, 31 unidades

7. 18 decenas, 3 unidades

8. 15 decenas, 2 unidades

9. 10 decenas, 9 unidades

▶ PRÁCTICA

Copia y completa cada tabla de valor posicional para indicar la reagrupación.

10.

Centenas	Decenas	Unidades
	4	12
?	?	

11.

Centenas	Decenas	Unidades
	1	22
?	?	

12.

Centenas	Decenas	Unidades
	8	19
?	?	

13.

Centenas	Decenas	Unidades
	9	13
?	?	

14.

Centenas	Decenas	Unidades
	15	10
?	?	

15.

Centenas	Decenas	Unidades
	12	14
?	?	

Indica el valor de cada grupo de monedas.

16. 11 monedas de 10¢, 2 monedas de 1¢

17. 12 monedas de 10¢, 4 monedas de 1¢

18. 15 monedas de 10¢, 9 monedas de 1¢

19. 10 monedas de 10¢, 15 monedas de 1¢

20. 14 monedas de 10¢, 6 monedas de 1¢

21. 9 monedas de 10¢, 19 monedas de 1¢

Resolución de problemas • Aplicaciones mixtas

22. Cálculo mental Julie tiene 43 bolígrafos. ¿Cuántos cajas de 10 bolígrafos puede llenar? ¿Cuántos bolígrafos sobrarán?

23. Razonamiento No tengo decenas. Si reagrupo 20 de mis unidades en decenas, tendré 2 decenas y 5 unidades en total. ¿Cuál es mi número?

24. Yana tenía 21 cacahuates. Cuando llegó a su casa, se comió 5. ¿Cuántos le quedaron?

25. 🖊 **Escribe un problema** sobre las tarjetas de béisbol de Hal. Hal añadió 2 paquetes de 10 tarjetas a su colección de 17 tarjetas.

Redondear en una recta numérica

¿Por qué es importante? Podrás redondear para hacer una estimación cuando no se necesite la cantidad exacta.

En un autobús caben 18 personas. Redondeando a la decena más próxima, ¿cuántas personas caben en el autobús aproximadamente?

Usa una recta numérica para que te sea más fácil hallar la respuesta.

Piensa: ¿Está 18 más cerca de 10 o más cerca de 20?

18 está más cerca de 20 que de 10. Entonces, en el autobús caben aproximadamente 20 personas.

Explica lo que sabes

- ¿Entre qué dos decenas está 18?

- ¿Qué dígito te ayuda a hallar las decenas entre las que está el número?

- ¿Qué dígito te ayuda a hallar la decena más próxima?

- ¿A qué decena redondearías el número 15? ¿A cuál el 14? ¿Por qué?

- ¿Qué recta numérica dibujarías para redondear 25 a la decena más próxima?

▶ COMPRUEBA

Indica entre qué dos decenas está el número. Luego redondea el número a la decena más próxima. Usa la recta numérica para que te sea más fácil.

20 21 22 23 24 25 26 27 28 29 30 31 32 33 34 35 36 37 38 39 40

1. 23	**2.** 38	**3.** 27	**4.** 24
5. 39	**6.** 31	**7.** 22	**8.** 36
9. 37	**10.** 33	**11.** 32	**12.** 26
13. 29	**14.** 22	**15.** 35	**16.** 34

Indica entre qué dos decenas está el número. Luego redondea el número a la decena más próxima. Usa la recta numérica para que te sea más fácil.

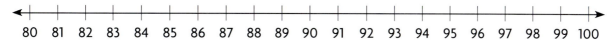

17. 88   **18.** 93   **19.** 82   **20.** 91

21. 87   **22.** 94   **23.** 92   **24.** 85

Redondea el número a la decena más próxima.

25. 43   **26.** 56   **27.** 73   **28.** 91

29. 17   **30.** 25   **31.** 49   **32.** 51

Escribe tres números que se redondeen a cada número dado.

33. 30   **34.** 80   **35.** 40   **36.** 10

Resolución de problemas • Aplicaciones mixtas

Usar datos Fíjate en los juguetes y sus precios para hallar la solución.

37. Dinero Lila tiene 50¢ para gastar en la juguetería. ¿Qué juguete cuesta unos 50¢?

38. Ordena los juguetes del menos caro al más caro.

39. Consumidor Carl compró dos libros y un robot. ¿Cuánto gastó?

40. Estimación Janice compró un bolígrafo y un libro. Redondeando a los 10¢ más próximos, ¿cuánto gastó aproximadamente?

41. Comparar Manny compra un libro y un bolígrafo. Rita compra un osito de peluche. ¿Quién gasta más? ¿Cuánto más? Explica.

42. Por escrito El Sr. Abram dice que vendió unos 20 robots la semana pasada. ¿Cómo puedes hallar la cantidad de robots que vendió el Sr. Abram?

Contar salteado

¿Por qué es importante? Cuando tengas grupos iguales de juguetes, contar salteado te ayudará a hallar rápidamente cuántos hay.

Cuando hay grupos iguales de objetos, puedes hallar cuántos hay de dos maneras:

- contándolos uno por uno.
- contándolos salteado.

Estos cubos están en grupos de dos.
Cuéntalos uno por uno.

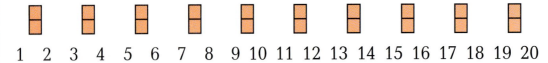

1 2 3 4 5 6 7 8 9 10 11 12 13 14 15 16 17 18 19 20

Cuenta salteado de dos en dos.

2   4   6   8   10   12   14   16   18   20

Cuando tienes grupos iguales, ¿cómo te ayuda contar salteado a hallar el total?

► COMPRUEBA

1. Copia y completa. Cuenta salteado de cinco en cinco.

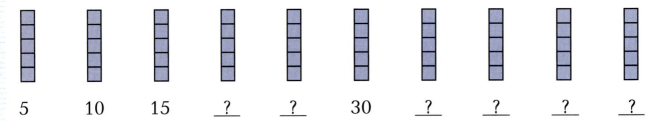

5   10   15   _?_   _?_   30   _?_   _?_   _?_   _?_

2. Copia y completa. Cuenta salteado de diez en diez.

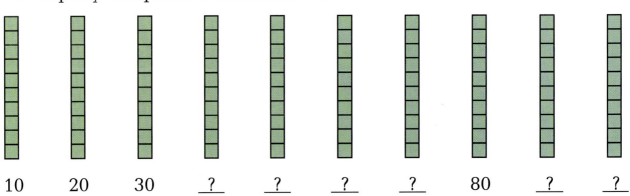

10   20   30   _?_   _?_   _?_   _?_   80   _?_   _?_

3. Cuenta salteado de dos en dos.

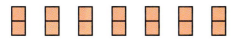

2   4   6   _?_ _?_ _?_ _?_

4. Cuenta salteado de cinco en cinco.

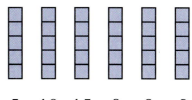

5   10   15   _?_ _?_ _?_

5. Cuenta salteado de diez en diez.

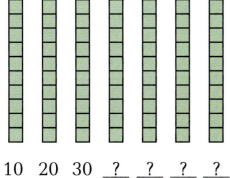

10   20   30   _?_ _?_ _?_ _?_

6. Cuenta salteado de tres en tres.

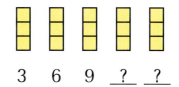

3   6   9   _?_ _?_

Cuenta salteado para completar el patrón.

7. 2, _?_, 6, 8, _?_, _?_

8. 5, 10, _?_, 20, _?_, _?_

Cuenta salteado de dos en dos, de cinco en cinco y de diez en diez.

9. 2, 4, 6, _?_, _?_, _?_, 14, 16, _?_, _?_

10. 5, 10, _?_, _?_

11. 10, _?_

Resolución de problemas • Aplicaciones mixtas

12. Dinero Josh puso sus monedas de 1¢ en seis pilas de 5 monedas cada una. ¿Cuántas monedas de 1¢ tiene Josh?

13. Consumidor Ronnie compró 8 carritos Matchbox® por 5¢ cada uno. ¿Cuánto gastó Ronnie?

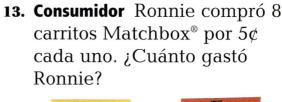

14. Comparar Tom tiene 6 bolsas con 2 canicas en cada una. Jen tiene 2 bolsas con 5 canicas en cada una. ¿Quién tiene más canicas?

Grupos iguales

¿Por qué es importante? Podrás usar la división para compartir cosas equitativamente con tus compañeros.

Usa la división cuando quieras separar objetos en grupos del mismo tamaño.

Hillary hizo 24 galletas. Puso 4 galletas en cada bolsa. ¿Cuántas bolsas de galletas preparó Hillary?

$$24 \div 4 = \underline{?}$$

Explica lo que sabes · RAZONAMIENTO CRÍTICO

- ¿Cuántas galletas hay en total?

- Usa 24 fichas. ¿Cuántos grupos de 4 puedes hacer usando todas las fichas?

- ¿Qué enunciado de división indica lo que hiciste?

Entonces, Hillary preparó 6 bolsas de galletas.

▶ COMPRUEBA

Fíjate en los dibujos para responder a las preguntas.

1.

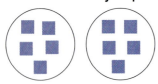

¿Cuántos cuadrados hay en total?
¿Cuántos grupos iguales hay?
¿Cuántos cuadrados hay en cada grupo?

$$10 \div 2 = \underline{?}$$

2.

¿Cuántos triángulos hay en total?
¿Cuántos grupos iguales hay?
¿Cuántos triángulos hay en cada grupo?

$$4 \div 1 = \underline{?}$$

▶ PRÁCTICA

Fíjate en los dibujos para responder a las preguntas.

3.

¿Cuántas estrellas hay en total?
¿Cuántos grupos hay?
¿Cuántas estrellas hay en cada grupo?

12 ÷ 3 = _?_

4.

¿Cuántas estrellas hay en total?
¿Cuántos grupos hay?
¿Cuántas estrellas hay en cada grupo?

8 ÷ 4 = _?_

5.

¿Cuántos triángulos hay en total?
¿Cuántos grupos hay?
¿Cuántos triángulos hay en cada grupo?

12 ÷ 2 = _?_

Copia y completa la tabla.

	¿Cuántos hay en total?	¿Cuántos grupos iguales hay?	¿Cuántos hay en cada grupo?
6.	10	2	_?_
7.	15	_?_	3
8.	8	2	_?_
9.	12	_?_	3

Resolución de problemas • Aplicaciones mixtas

10. Ana María hizo 24 galletas. Puso la misma cantidad de galletas en cada una de las 3 bandejas del horno. ¿Cuántas galletas puso en cada bandeja?

12. Dinero Jay tiene $5.00. Necesita comprar huevos, margarina y pasas para hacer galletas. ¿Tiene suficiente dinero?

13. Gregory, Daniel e Ian se reparten 9 galletas a partes iguales. ¿Cuántas galletas le toca a cada uno?

11. Kofi usó 2 huevos en cada hornada de galletas. En total usó 8 huevos. ¿Cuántas hornadas de galletas hizo?

14. Cálculo mental Toby tiene 9 bolsas y mete 3 galletas en cada una. ¿Cuántas galletas hay en total?

15. 🖍️ **Escribe un problema** de división. Escribe sobre alguna comida que te guste compartir con tus amigos.

Familias de operaciones

¿Por qué es importante? Sabrás cuándo usar la multiplicación o la división para resolver problemas.

Alex colecciona sellos. Ésta es una página de su colección de sellos. Puedes usar la multiplicación y la división para describir su colección.

Usa la multiplicación para agrupar los sellos.

$3 \times 4 = 12$ ó $4 \times 3 = 12$

Usa la división para separar los sellos en grupos iguales.

$12 \div 3 = 4$ ó $12 \div 4 = 3$

> Una *familia de operaciones* es una serie de enunciados de multiplicación y división relacionados que usan los mismos números. Nos muestra cómo están relacionadas la multiplicación y la división.

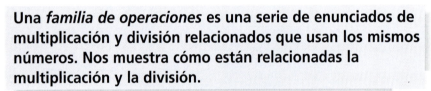

Familia de operaciones para 3, 4, 12

| Multiplicación | | | | | División | | |
factor		factor		producto	dividendo	divisor	cociente
3	×	4	=	12	12	÷ 3	= 4
4	×	3	=	12	12	÷ 4	= 3

▶ COMPRUEBA

1. ¿Cuáles son los otros tres enunciados numéricos que pertenecen a la familia de operaciones para $5 \times 6 = 30$?

2. ¿Cuáles son los otros tres enunciados numéricos que pertenecen a la familia de operaciones para $3 \times 9 = 27$?

3. ¿Qué otra operación junto con $4 \times 4 = 16$ pertenece a la misma familia de operaciones?

4. ¿Por qué hay sólo dos enunciados numéricos en la familia de operaciones para 4, 4, 16?

Escribe los otros tres enunciados que
pertenecen a la familia de operaciones.

5. $8 \times 2 = 16$ **6.** $3 \times 5 = 15$ **7.** $7 \times 5 = 35$

8. $6 \times 4 = 24$ **9.** $8 \times 4 = 32$ **10.** $6 \times 3 = 18$

11. $8 \times 5 = 40$ **12.** $9 \times 5 = 45$ **13.** $8 \times 3 = 24$

14. $6 \times 9 = 54$ **15.** $6 \times 7 = 42$ **16.** $7 \times 8 = 56$

Escribe la familia de operaciones para cada conjunto de números.

17. 2, 4, 8   **18.** 5, 2, 10   **19.** 3, 7, 21

20. 2, 7, 14   **21.** 7, 4, 28   **22.** 5, 5, 25

23. 4, 5, 20   **24.** 4, 9, 36   **25.** 2, 9, 18

26. 9, 3, 27   **27.** 5, 6, 30   **28.** 6, 2, 12

Resolución de problemas • Aplicaciones mixtas

Usar datos Usa la tabla para resolver
los Problemas 29 y 35.

COLECCIÓN DE BRANDI	
Estrella de mar	Erizo
Concha	Caracola

29. Brandi usó 8 de cada uno de
los objetos marinos para
decorar un espejo. ¿Cuántos
objetos hay en el espejo?

30. **Ciencias** Brandi tiene 12
estrellas de mar, 15 erizos, 24
conchas y 45 caracolas.
¿Cuántos objetos hay en su
colección?

31. **Cálculo mental** Brandi puso sus
15 erizos en 5 filas. ¿Cuántos
erizos hay en cada fila?

32. **Cálculo mental** Brandi puso sus
24 conchas en 3 cajas. Puso la
misma cantidad en cada caja.
¿Cuántas hay en cada caja?

33. Brandi puso sus 12 estrellas de
mar en 2 mesas. Puso la
misma cantidad en cada mesa.
¿Cuántas hay en cada mesa?

34. Brandi quiere usar sus 45
caracolas en 5 proyectos.
¿Cuántas caracolas puede
usar en cada proyecto?

35. ✏ **Escribe un problema** acerca
de la cantidad de objetos en
la colección de Brandi. Usa la
multiplicación.

Comprender pictografías

¿Por qué es importante? Podrás usar gráficas de datos para comparar cosas, por ejemplo la cantidad de mascotas que son perros y las que son gatos.

Para saber qué tipos de mascotas tienen los estudiantes de la clase de Michael, realizaron una encuesta entre los compañeros y anotaron los datos en esta tabla de conteo.

NUESTRAS MASCOTAS	
Mascota	**Cantidad**
Perros	卌 卌
Gatos	卌 |
Gerbos	||||
Hamsters	卌 卌
Conejos	||

Luego, los estudiantes decidieron hacer una gráfica para mostrar los resultados de su encuesta. Hicieron una pictografía.

NUESTRAS MASCOTAS	
Perros	🐾 🐾 🐾 🐾 🐾
Gatos	🐾 🐾 🐾
Gerbos	🐾 🐾
Hamsters	🐾 🐾 🐾 🐾 🐾
Conejos	🐾

Clave: Cada 🐾 **= 2 estudiantes**

Observa que

⇨ en la clave cada dibujo representa a 2 estudiantes.

▶ COMPRUEBA

1. ¿En qué se parece la pictografía a la tabla de conteo? ¿En qué se diferencia?

2. ¿Cómo interpretas los datos sobre perros en la pictografía?

Los *collies* son perros de pastoreo de origen escocés. Son grandes y corren suficientemente rápido como para cuidar de un rebaño de ovejas. Los *collies* miden entre 22 y 26 pulgadas de altura y pesan entre 60 y 75 libras. ¿Cómo puedes averiguar qué razas de perros tienen los estudiantes?

▶ PRÁCTICA

Usa la pictografía para resolver los Problemas 3–7.

3. ¿Cuántos libros representa cada dibujo?

4. ¿Cuántos libros leyó cada estudiante?

5. ¿Quién leyó más libros? ¿Quién leyó menos libros?

6. ¿Cuántos libros más leyó Karen que Daniel?

LIBROS LEÍDOS ESTE MES

Karen	📖 📖 📖 📖 📖 📖
Roger	📖 📖 📖 📖 📖
Tina	📖 📖 📖 📖 📖 📖 📖
Amber	📖 📖 📖
Daniel	📖 📖 📖 📖 📖

Clave: Cada 📖 = 2 libros.

7. Imagina que en la pictografía se incluye el nombre de *Kendall*. Kendall leyó 12 libros. ¿Cuántos dibujos habrá en su fila?

Resolución de problemas • Aplicaciones mixtas

8. Una pictografía muestra la cantidad de estudiantes que trajeron almuerzo. La clave indica que cada dibujo representa a 3 estudiantes. En la fila de la Sra. Tong hay 4 dibujos. ¿Cuántos estudiantes de la clase de la Sra. Tong trajeron almuerzo?

9. Deportes En el partido de fútbol, Roy anotó 7 puntos en la primera mitad y 14 puntos en la segunda mitad. Jeff anotó un total de 28 puntos en el partido. ¿Quién anotó más puntos?

10. Cálculo mental Joe compró 6 carpetas y 3 veces esa cantidad de marcadores. ¿Cuántos marcadores compró?

11. Dinero Brad compró un regalo por $7.79. Pagó con un billete de $10. ¿Cuánto cambio recibió?

12. Lógica Pat tiene la misma cantidad de monedas de 1¢ que de monedas de 5¢. Las monedas de 5¢ equivalen a 20 centavos. ¿Cuántas monedas de 1¢ tiene?

13. Tiempo Lisa y Melanie fueron al cine a las 12:45. La película terminó a las 2:45. ¿Cuánto duró la película?

14. Las vacaciones de verano comienzan en tres semanas. Hoy es 7 de mayo. ¿Qué día comienzan las vacaciones?

15. ✏️ **Escribe un problema** usando la pictografía de arriba.

Figuras abiertas y cerradas

¿Por qué es importante? Podrás reconocer figuras abiertas y cerradas en patrones de telas, papel de empapelar paredes y pinturas.

Una figura cuyos extremos no se tocan es una figura abierta. Éstas son figuras abiertas.

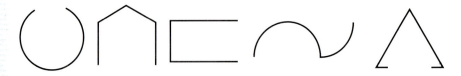

Las figuras que comienzan y terminan en el mismo punto son figuras cerradas. Éstas son figuras cerradas.

El estilo pictórico conocido como Cubismo surgió a principios del siglo XX. Los pintores cubistas usaban formas y figuras planas para pintar personas, instrumentos musicales y otros objetos. Ésta es una obra del artista Pablo Picasso. Halla dos figuras abiertas y dos cerradas en esta pintura.

Explica lo que sabes | RAZONAMIENTO CRÍTICO

- ¿Es la letra O una figura abierta o cerrada? ¿Y la letra Z? ¿Y la letra E?

- ¿Es el número 3 una figura abierta o cerrada? ¿Y el número 8? ¿Y el número 5?

- Da ejemplos de una letra y un número que sean figuras abiertas y de una letra y un número que sean figuras cerradas.

- ¿Cómo sabes si una figura es abierta o cerrada?

▶ COMPRUEBA

Indica si cada ilustración sugiere una figura abierta o cerrada. Escribe *abierta* o *cerrada*.

1.  **2.**  **3.**

Indica si cada figura es abierta o cerrada.

4.

5.

6.

7.

8.

9.

10.

11.

12. Haz una tabla donde indiques si cada una de las siguientes letras es una figura abierta o cerrada.

B C D L M N O X Y Z

Resolución de problemas • Aplicaciones mixtas

13. Tiempo Kerry paseó con su perro durante 35 minutos. Después pasó 25 minutos bañando al perro. ¿Cuánto tiempo pasó Kerry con su perro en total?

14. Lógica Frank escribió tres números consecutivos que están entre 1 y 10. El total de su suma es 12. ¿Cuáles son los tres números?

15. Dinero Nathan tiene seis billetes de $1, 2 monedas de 25¢, 8 monedas de 10¢ y 7 monedas de 5¢. ¿Tiene suficiente dinero para comprar una cinta que cuesta $8.00? Explica.

16. Tiempo transcurrido Ana María debe entregar su proyecto científico en tres semanas. Hoy es 11 de enero. ¿En qué fecha debe entregar el proyecto?

17. Cálculo mental Cada caja de palitos cuesta 9¢. ¿Cuánto cuestan 9 cajas?

18. Razonamiento Soy un cuerpo geométrico con cero caras, cero aristas y cero vértices. ¿Qué soy?

19. Medidas Jerry recorrió en bicicleta 6.3 millas por la mañana y 5.9 millas por la tarde. ¿Qué distancia recorrió en total?

20. **Por escrito** Imagina que creas una figura cerrada con un pedazo de cuerda. Explica cómo sabes que es una figura cerrada.

Usar una regla

¿Por qué es importante? Podrás hallar lo que mide un objeto.

Puedes usar una regla para medir objetos de hasta
12 pulgadas. ¿Cuánto mide un creyón nuevo?

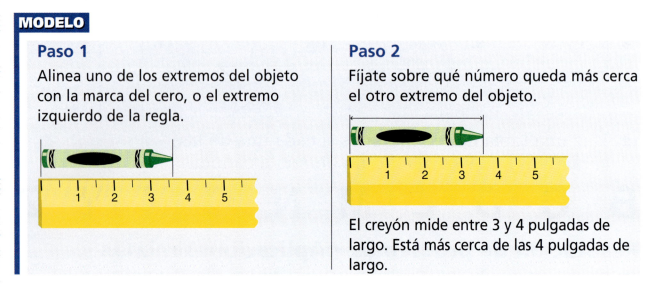

MODELO

Paso 1

Alinea uno de los extremos del objeto con la marca del cero, o el extremo izquierdo de la regla.

Paso 2

Fíjate sobre qué número queda más cerca el otro extremo del objeto.

El creyón mide entre 3 y 4 pulgadas de largo. Está más cerca de las 4 pulgadas de largo.

Entonces, un creyón nuevo mide unas 4 pulgadas de largo.

Explica lo que sabes RAZONAMIENTO CRÍTICO

- ¿Cómo determinaste entre qué dos pulgadas estaba el creyón?

- ¿Cómo determinaste si el largo del creyón estaba más cerca de 3 o de 4 pulgadas?

▶ COMPRUEBA

Indica entre qué dos marcas de pulgadas está el objeto.
Indica entonces lo que mide a la pulgada más próxima.

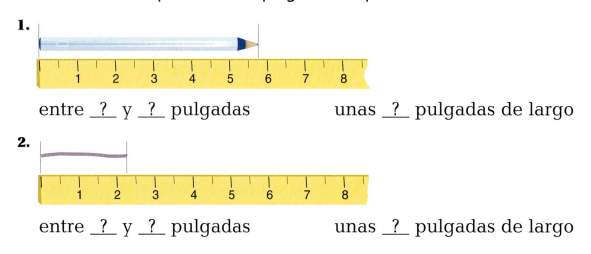

1.

entre __?__ y __?__ pulgadas   unas __?__ pulgadas de largo

2.

entre __?__ y __?__ pulgadas   unas __?__ pulgadas de largo

Indica entre qué dos marcas de pulgadas está el objeto.
Indica entonces lo que mide a la pulgada más próxima.

3.

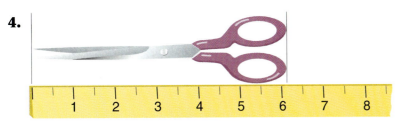

entre __?__ y __?__ pulgadas   unas __?__ pulgadas de largo

4.

entre __?__ y __?__ pulgadas   unas __?__ pulgadas de largo

5.

entre __?__ y __?__ pulgadas   unas __?__ pulgadas de largo

Resolución de problemas • Aplicaciones mixtas

Usar datos Usa la ilustración para resolver los Problemas 6–8 y 12.

6. ¿Cuál de los clavos mide unas 2 pulgadas de largo?

7. ¿Entre qué dos medidas está el clavo A?

8. ¿Qué dos clavos miden lo mismo si se miden a la pulgada más próxima?

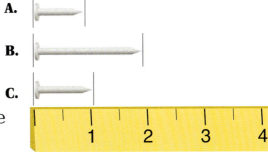

9. Cálculo mental Habib compró 12 brownies y los compartió con dos compañeros. ¿Cuántos brownies le tocaron a cada uno?

10. Razonamiento Pat quiere hacer una bandera de 8 pulg de largo. Tiene un pedazo de tela de 5 pulgadas y otro pedazo que mide casi 2 pulgadas. ¿Tiene suficiente tela? Explica.

11. Sharon quiere medir su lápiz. ¿Qué unidad de medida deberá usar?

12. ✏️ **Escribe un problema** acerca de las mediciones de los clavos que se muestran en la ilustración.

Operaciones de multiplicación

¿Por qué es importante? Podrás hallar el producto de dos números cualesquiera.

Michael ha llenado 9 páginas de su libro de tarjetas de béisbol. En cada página hay 6 tarjetas. ¿Cuántas tarjetas hay en el libro?

$$9 \times 6 = \underline{\ ?\ }$$

Para que te sea más fácil hallar el producto, puedes hacer una matriz. Luego puedes dividir la matriz más grande en matrices más pequeñas para hallar el producto.

MODELO

¿Cuánto es 9×6?

Paso 1

Haz una matriz de 9 filas y 6 columnas.

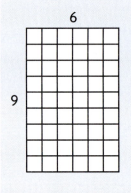

Paso 2

Existen varias maneras para dividir la matriz en dos matrices más pequeñas. Multiplica 9×3 y 9×3.
O bien, multiplica 4×6 y 5×6.

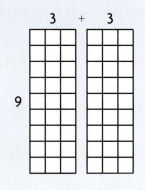

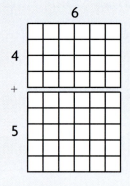

Paso 3

Luego suma los productos de las dos matrices.

$$\begin{array}{r} 27 \\ +27 \\ \hline 54 \end{array}$$

ó

$$\begin{array}{r} 24 \\ +30 \\ \hline 54 \end{array}$$

Entonces, hay 54 tarjetas de béisbol en el libro de Michael.

▶ COMPRUEBA

1. Nombra otras dos matrices más pequeñas que puedas hacer para hallar $9 \times 6 = \underline{\ ?\ }$.

2. Describe una matriz que muestre 7×9. ¿Qué matrices más pequeñas podrías usar para hallar el producto?

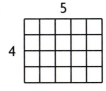

▶ **PRÁCTICA**

Divide la matriz en dos matrices más pequeñas para
hallar cada producto.

3. 5 / 4 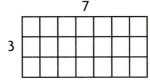 **4.** 7 / 3 **5.** 8 / 6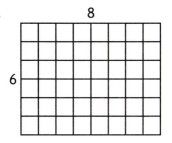

Completa las tablas.

6.

×	2	3	4	5
8	?	?	?	?

7.

×	4	5	6	7
7	?	?	?	?

8.

×	1	2	3	4
9	?	?	?	?

9.

×	3	4	5	6
5	?	?	?	?

10.

×	5	6	7	8
6	?	?	?	?

11.

×	6	7	8	9
4	?	?	?	?

Halla el producto.

12. $8 \times 6 = \underline{?}$ **13.** $5 \times 9 = \underline{?}$ **14.** $7 \times 6 = \underline{?}$ **15.** $9 \times 9 = \underline{?}$

16. $8 \times 5 = \underline{?}$ **17.** $4 \times 6 = \underline{?}$ **18.** $3 \times 8 = \underline{?}$ **19.** $7 \times 7 = \underline{?}$

20. $9 \times 6 = \underline{?}$ **21.** $8 \times 2 = \underline{?}$ **22.** $5 \times 6 = \underline{?}$ **23.** $8 \times 8 = \underline{?}$

24. $8 \times 9 = \underline{?}$ **25.** $7 \times 3 = \underline{?}$ **26.** $6 \times 8 = \underline{?}$ **27.** $3 \times 6 = \underline{?}$

28. $9 \times 5 = \underline{?}$ **29.** $8 \times 7 = \underline{?}$ **30.** $9 \times 7 = \underline{?}$

Resolución de problemas • Aplicaciones mixtas

31. Deportes El entrenador
compró 8 cajas de pelotas de
béisbol para el equipo. En
cada caja hay 3 pelotas.
¿Cuántas pelotas compró?

32. Tiempo El partido de béisbol
de Brett comienza dentro de
1 hora y 15 minutos. Ahora
son las 5:10. ¿A qué hora
comienza el partido?

33. Dinero Tim compró un guante
de béisbol por $9.75 y un bate
por $8.59. ¿Cuánto dinero
gastó?

34. 🖊 **Escribe un problema** acerca
de un equipo de béisbol que
juega 9 partidos al mes.

Operaciones de división

¿Por qué es importante? Podrás hallar un cociente rápidamente.

En el parque hay 12 asientos para columpiarse. Cada columpio tiene 4 asientos. ¿Cuántos columpios hay?

$$12 \div 4 = \underline{\ ?\ }$$

Para recordar una operación de división, piensa en una operación de multiplicación relacionada.

$$4 \times \underline{\ ?\ } = 12$$

Las familias de operaciones te pueden ayudar a recordar operaciones de multiplicación y de división.

Sabes que $4 \times 3 = 12$. Entonces, $12 \div 4 = 3$. Entonces, hay 3 columpios en el parque.

Ésta es la familia de operaciones para 4, 3, 12.

factor	factor		producto		dividendo	divisor		cociente
4	× 3	=	12		12	÷ 4	=	3
3	× 4	=	12		12	÷ 3	=	4

Explica lo que sabes   RAZONAMIENTO CRÍTICO

- Imagina que quieres hallar el cociente de $18 \div 2 = \underline{\ ?\ }$. ¿Qué operación de multiplicación relacionada usarías para hallar el cociente?

- ¿Qué enunciados de multiplicación y división forman la familia de operaciones para 4, 6 y 24?

▶ COMPRUEBA

Escribe el enunciado de multiplicación que usarías para recordar cada operación de división. Halla la solución.

1. $35 \div 5 = \underline{\ ?\ }$ 2. $40 \div 8 = \underline{\ ?\ }$ 3. $16 \div 4 = \underline{\ ?\ }$ 4. $42 \div 7 = \underline{\ ?\ }$

5. $25 \div 5 = \underline{\ ?\ }$ 6. $24 \div 3 = \underline{\ ?\ }$ 7. $18 \div 2 = \underline{\ ?\ }$ 8. $30 \div 6 = \underline{\ ?\ }$

▶ PRÁCTICA

Escribe los otros tres enunciados numéricos que pertenecen a la familia de operaciones.

9. $2 \times 5 = 10$ **10.** $7 \times 3 = 21$ **11.** $20 \div 5 = 4$

12. $4 \times 8 = 32$ **13.** $36 \div 4 = 9$ **14.** $28 \div 7 = 4$

Escribe la familia de operaciones para cada grupo de números.

15. 2, 4, 8   **16.** 8, 7, 56   **17.** 3, 9, 27

18. 9, 6, 54   **19.** 3, 8, 24   **20.** 7, 2, 14

Halla el cociente.

21. $16 \div 2 = \underline{\ ?\ }$ **22.** $20 \div 4 = \underline{\ ?\ }$ **23.** $36 \div 6 = \underline{\ ?\ }$ **24.** $45 \div 5 = \underline{\ ?\ }$

25. $18 \div 3 = \underline{\ ?\ }$ **26.** $16 \div 8 = \underline{\ ?\ }$ **27.** $28 \div 4 = \underline{\ ?\ }$ **28.** $56 \div 7 = \underline{\ ?\ }$

Resolución de problemas • Aplicaciones mixtas

29. Consumidor Anita tiene 3 bandejas. En cada bandeja pone 6 sándwiches. ¿Cuántos sándwiches hay en total?

30. Cálculo mental Becky colocó 7 filas de 4 stickers cada una. ¿Cuántos stickers tiene Becky?

31. Dinero Jeremy tiene 5 monedas de 25¢, 3 monedas de 10¢ y 7 monedas de 5¢. ¿Cuánto dinero tiene?

32. Lectura Andy ha leído 14 libros en las últimas 7 semanas. Leyó la misma cantidad de libros cada semana. ¿Cuántos libros leyó cada semana?

33. Tiempo Ron pasó 4 horas y 45 minutos ensamblando su avión de modelaje. Comenzó a la 1:30. ¿A qué hora terminó?

34. Medidas El chofer de la escuela manejó 206 millas durante una semana. La semana siguiente manejó 275 millas. ¿Cuántas millas manejó en total?

35. Lógica Nicole está tratando de hallar el producto de una operación. Uno de los factores es 6. Este factor es 2 unidades menor que el otro. ¿Cuál es el producto?

36. 🖊 **Por escrito** Explica cómo las familias de operaciones te pueden ayudar a recordar operaciones de división.

Calcular distancias

¿Por qué es importante? Podrás usar números grandes para resolver problemas de distancias.

Alaska es el estado más extenso de Estados Unidos. Tiene unas 5,580 millas de costa sobre el Océano Pacífico, y unas 1,060 millas sobre el Océano Ártico. ¿Cuántas millas de costa tiene Alaska en total?

Suma.

$$
\begin{array}{r}
\overset{1}{5,580} \\
+1,060 \\
\hline
6,640
\end{array}
$$

Entonces, Alaska tiene unas 6,640 millas de costa.

———————————

Aproximadamente ¿cuántas más millas de costa tiene Alaska sobre el Océano Pacífico que sobre el Océano Ártico?

Resta.

$$
\begin{array}{r}
5,580 \\
-1,060 \\
\hline
4,520
\end{array}
$$

Entonces, Alaska tiene unas 4,520 millas más de costa sobre el Océano Pacífico.

———————————

Una calculadora te puede servir de ayuda a la hora de sumar y restar números grandes.

 Aprieta

Océano Ártico

ALASKA

CANADÁ

Océano Pacífico

▶ COMPRUEBA

1. ¿Qué botones apretarías para hallar el resultado de 1,483 + 2,789?

2. ¿En qué orden debes escribir los números en tu calculadora para restar 407 de 1,633?

Halla la suma o la diferencia. Si lo deseas,
puedes usar la calculadora.

3. 4,216
   +3,582

4. 5,365
   −2,104

5. 5,673
   +1,294

6. 8,907
   −5,605

7. 3,345
   +2,438

8. 9,437
   −6,420

9. 7,116
   +2,597

10. 7,884
   −3,082

11. 6,459
   +1,642

12. 8,932
   −4,613

13. 5,951
   +5,148

14. 4,507
   −1,602

15. 3,169
   +9,350

16. 9,294
   −2,156

17. 5,459
   +4,541

Resolución de problemas • Aplicaciones mixtas

Usa el dibujo para resolver los
Problemas 18 y 19.

18. El barco rojo y el barco azul zarparon
rumbo a Alaska. ¿Cuántos pasajeros
en total viajaban en los barcos?

19. Marion fue a Alaska en el barco
rojo. Eli fue en el barco amarillo.
¿Cuántos pasajeros más viajaban
en el barco de Marion?

20. Alexis recorrió en avión 2,451 millas
de Nueva York a Los Ángeles y
después 1,542 millas más hasta
Ciudad de México. ¿Cuántas millas
recorrió Alexis en total?

21. El Río Grande tiene una longitud de
1,885 millas. El río Ohio tiene una
longitud de 981 millas. ¿Cuántas
millas de diferencia hay entre los
dos ríos?

22. ✏️ **Escribe un problema** acerca del
río Mississippi, que tiene una
longitud de 2,470 millas, y el río
Yukón, que tiene una longitud de
1,979 millas.

NÚMERO de PASAJEROS

1,494

960

1,070

LOS ESTUDIOS SOCIALES Y LOS NÚMEROS

El territorio de Alaska
es dos veces más
extenso que el de
Texas, que es el
segundo estado más
grande. Alaska se
convirtió en el estado
número 49 en 1959.
Su capital es Juneau.
¿Cuántos
años hace
que Alaska
se convirtió
en estado?

Minutos antes de la hora

¿Por qué es importante? Podrás saber cuántos minutos faltan para la hora en que comienza tu programa de televisión favorito.

La fiesta de cumpleaños de Darrel comenzará a las 2:00. Los relojes indican qué hora es. ¿Cuántos minutos faltan para la fiesta de cumpleaños de Darrel?

reloj analógico

reloj digital

LA CIENCIA Y LOS NÚMEROS

El reloj de sol es el reloj más antiguo. Este reloj utiliza la luz del sol y la sombra que crea para indicar la hora. ¿Por qué es más práctico usar relojes analógicos o digitales para indicar la hora?

Cuando un reloj indica 31 o más minutos *después de* la hora en punto, se puede decir también como los minutos que *faltan para* la hora en punto.

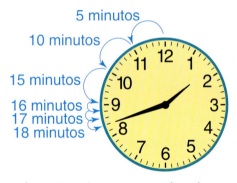

5 minutos
10 minutos
15 minutos
16 minutos
17 minutos
18 minutos

Para saber los minutos que faltan para la hora en punto, cuenta hacia atrás de cinco en cinco y de uno en uno, empezando en las doce hasta llegar al lugar señalado por el minutero.

Se lee: 18 minutos para las dos
Se escribe: 1:42

Entonces, faltan 18 minutos para la fiesta de cumpleaños de Darrel.

▶ COMPRUEBA

1. ¿Cómo leerías la hora indicada para decir cuántos minutos son *después de* la hora?

2. ¿Cómo leerías 9:37 para indicar cuánto *falta para* la hora?

Escribe cuántas marcas de minuto antes de las 12 indica el minutero.

3.    **4.**    **5.**    **6.**

Indica cómo leerías los minutos que *faltan para* la hora. Escribe la hora que es.

7.    **8.**    **9.**    **10.**

Resolución de problemas • Aplicaciones mixtas

11. Celia tiene práctica de música a las 5:00. Ahora son las 4:50. ¿Cuántos minutos faltan para las 5:00?

12. Craig llegó a la cancha de fútbol 20 minutos antes de comenzar el partido. El partido comenzó a las seis. ¿A qué hora llegó Craig?

13. Shannon llegó a su casa faltando 17 minutos para las ocho. Tardó 20 minutos en llegar. ¿A qué hora salió Shannon hacia su casa?

14. El equipo de los Jets recuperó la pelota a las 7:30 y anotó 12 minutos más tarde. ¿Cuántos minutos faltaban para las ocho cuando anotó?

15. La segunda mitad del partido comenzó a las 7:20. Finalizó 32 minutos más tarde. ¿A qué hora finalizó? ¿Cuántos minutos faltaban para las 8:00?

16. La cafetería cierra faltando 20 minutos para las ocho. ¿Cuántos minutos después de las siete es esa hora?

17. Joey sale de casa a las 8:00. Su reloj indica que son las 7:37. ¿Dentro de cuántos minutos saldrá Joey?

18. ✏️ **Escribe un problema** acerca de un juego que comience antes de la hora en punto.

Hacer una línea cronológica

¿Por qué es importante? Podrás usar una línea cronológica para indicar el orden en que ocurrieron varios hechos.

Una *línea cronológica* puede usarse para observar la sucesión de hechos históricos. En la siguiente línea cronológica se muestran algunos acontecimientos importantes de la historia de Florida. ¿Entre qué años fue inaugurado *Walt Disney World?*

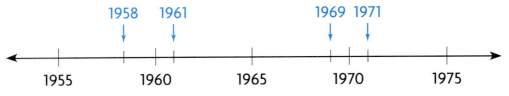

- 1958 La nave espacial *Explorer I* es lanzada desde Cabo Cañaveral
- 1961 El primer astronauta norteamericano es lanzado al espacio desde Cabo Cañaveral
- 1969 El primer hombre que aterrizó en la luna es lanzado al espacio desde Cabo Cañaveral
- 1971 Se inaugura *Walt Disney World*

Walt Disney World se inauguró en 1971.

Como 1971 está entre 1970 y 1975, Walt Disney World se inauguró entre 1970 y 1975.

RAZONAMIENTO CRÍTICO ¿En qué se parecen y en qué se diferencian una línea cronológica y una recta numérica?

▶ COMPRUEBA

1. ¿Entre qué años fue lanzada al espacio la nave *Explorer I* desde Cabo Cañaveral?

2. ¿Qué ocurrió en Florida entre 1960 y 1965?

3. ¿Dónde aparece en la línea cronológica el primer hombre que aterrizó en la luna?

4. ¿Qué cambiarías en la línea cronológica para indicar que la construcción de un nuevo capitolio finalizó en 1977?

LA CIENCIA Y LOS NÚMEROS

En el primer viaje a la Luna, se recogieron piedras y fueron traídas a la Tierra. Estas piedras fueron analizadas con lámparas y microscopios especiales y se les asignó un nombre individualmente o por grupos. En otros seis viajes a la luna se trajeron más piedras y muestras de la superficie lunar. El último viaje tuvo lugar en 1972. Encuentra ese año en la línea cronológica.

Usa la línea cronológica para resolver los Ejercicios 5–18.

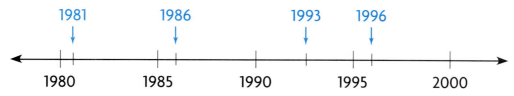

- 1981 Nace Carrie en el Hospital Shady Grove
- 1986 Carrie empieza el kindergarten
- 1993 Carrie comienza en la escuela intermedia
- 1996 Carrie se convierte en animadora de su escuela secundaria

5. ¿Cuántos años hay entre cada una de las fechas indicadas?

6. ¿Entre qué años nació?

7. ¿Qué ocurre entre 1985 y 1990?

8. ¿Entre qué años comienza Carrie la escuela intermedia?

9. ¿Qué ocurre entre los años 1995 y 2000?

10. ¿Qué cambiarías para indicar que su primer empleo fue en el año 2005?

Decide si cada uno de los siguientes años puede ser incluido en la línea cronológica. Escribe *sí* o *no*.

11. 1971

12. 1982

13. 1991

14. 2001

15. 1785

16. 1893

17. 1999

18. 2010

Resolución de problemas • Aplicaciones mixtas

19. Gerald quiere hacer una línea cronológica de su vida. Él nació en 1989. ¿Debe comenzarla en 1985 o en 1990? Explica.

20. Imagina una línea cronológica con los años 1992, 1996 y 2000. ¿Dónde situarías un hecho que ocurrió en 1994?

21. La línea cronológica de Robyn indica solamente los años impares entre 1988 y 1998. ¿Qué años aparecen?

22. Stacy hizo una línea cronológica indicando cada 10 años entre 1950 y 2000. ¿Qué años indicó?

23. Liz hizo una línea cronológica indicando los años 1985, 1995 y 2005. ¿Dónde situarías un hecho que ocurrió en 1991?

24. ✏️ **Escribe un suceso** que pueda ser añadido a la línea cronológica de arriba. Indica en qué lugar de la línea aparecería.

Usar matrices para hallar números cuadrados

¿Por qué es importante? Podrás hacer diseños y medir cuadrados conociendo los números cuadrados.

Erin compró 3 latas de pelotas de tenis. En cada lata hay 3 pelotas. ¿Cuántas pelotas de tenis compró Erin?

$$3 \times 3 = \underline{\ ?\ }$$

Puedes hacer una matriz con fichas cuadradas para resolver el problema.

Cuando ambos factores son iguales, el producto recibe el nombre de *número cuadrado*.

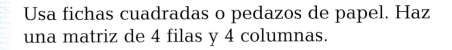

$$3 \times 3 = 9$$

Ambos factores son 3, así que 9 es un número cuadrado. Erin compró 9 pelotas de tenis.

Usa fichas cuadradas o pedazos de papel. Haz una matriz de 4 filas y 4 columnas.

Explica lo que sabes

- ¿Qué operación de multiplicación indica tu matriz?

- ¿Qué figura geométrica representa tu matriz? ¿Por qué?

RAZONAMIENTO CRÍTICO ¿Qué le ocurre a la forma de la matriz cuando los factores no son iguales?

▶ COMPRUEBA

Escribe la operación de multiplicación para cada matriz. Escribe *sí* o *no* para indicar si el producto es un número cuadrado.

1.    2.    3.    4.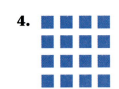

▶ PRÁCTICA

Escribe la operación de multiplicación para cada matriz. Escribe
sí o *no* para indicar si el producto es un número cuadrado.

5.  **6.**  **7.** 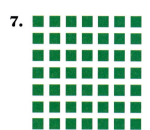 **8.**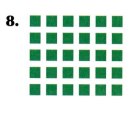

Dibuja cada matriz y halla el producto. Escribe *sí* o *no*
para indicar qué productos son números cuadrados.

9. $\begin{array}{r} 8 \\ \times 8 \\ \hline \end{array}$ **10.** $\begin{array}{r} 7 \\ \times 6 \\ \hline \end{array}$ **11.** $\begin{array}{r} 7 \\ \times 7 \\ \hline \end{array}$ **12.** $\begin{array}{r} 9 \\ \times 8 \\ \hline \end{array}$ **13.** $\begin{array}{r} 9 \\ \times 9 \\ \hline \end{array}$

14. $\begin{array}{r} 5 \\ \times 5 \\ \hline \end{array}$ **15.** $\begin{array}{r} 5 \\ \times 6 \\ \hline \end{array}$ **16.** $\begin{array}{r} 7 \\ \times 5 \\ \hline \end{array}$ **17.** $\begin{array}{r} 9 \\ \times 6 \\ \hline \end{array}$ **18.** $\begin{array}{r} 6 \\ \times 6 \\ \hline \end{array}$

19. $\begin{array}{r} 8 \\ \times 4 \\ \hline \end{array}$ **20.** $\begin{array}{r} 4 \\ \times 4 \\ \hline \end{array}$ **21.** $\begin{array}{r} 7 \\ \times 9 \\ \hline \end{array}$ **22.** $\begin{array}{r} 3 \\ \times 3 \\ \hline \end{array}$ **23.** $\begin{array}{r} 8 \\ \times 5 \\ \hline \end{array}$

Resolución de problemas • Aplicaciones mixtas

Usa el dibujo para resolver los Problemas 24–28.

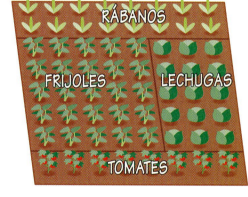

24. El huerto de Héctor está
dividido en secciones. ¿Qué
sección del huerto tiene más
plantas?

25. Escribe un enunciado numérico
para indicar cuántas plantas de
lechuga hay en el huerto.

26. ¿Es el total de plantas de frijoles
un número cuadrado? Explica.

27. ¿Cuántas más plantas de
rábanos que de lechuga hay
en la huerta?

28. Escribe un enunciado numérico
para indicar cuántas plantas
hay en el huerto de Héctor en
total. ¿Es el producto un
número cuadrado?

29. ✏️ **Por escrito** Dibuja
matrices cuadradas para los
productos 1, 4, 9, 16 y 25.
Describe el patrón que ves en
las matrices.

Hacer una encuesta

¿Por qué es importante? Podrás usar las encuestas para averiguar qué piensa la gente sobre diferentes cosas.

El Sr. Turner pidió a los estudiantes de su clase que hicieran una encuesta. Les dio estas reglas para realizarla:

- Las preguntas deben ser claras y simples.

- Preguntar una sola vez a cada persona.

- Usar marcas de conteo durante la realización de la encuesta. Posteriormente, hacer una tabla de frecuencia con los resultados.

- Hacer saber a cada persona encuestada todas las opciones de respuesta antes de que conteste.

En la encuesta de Ana se les preguntaba a los estudiantes cuál era su asignatura favorita.

Luego Ana pasó los resultados de su encuesta a una tabla de frecuencia.

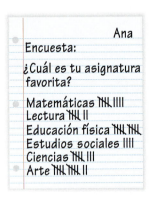

ASIGNATURAS FAVORITAS	
Asignatura	Votos
Matemáticas	9
Lectura	7
Educación física	10
Estudios sociales	4
Ciencias	8
Arte	12

▶ COMPRUEBA

1. ¿A cuántos estudiantes encuestó Ana?

2. ¿Fue la pregunta de Ana una pregunta clara y simple?

3. ¿Por qué es importante preguntar una sola vez a cada persona?

Transforma la encuesta de abajo en una tabla de frecuencia.
Usa entonces la encuesta para resolver los Problemas 4–8.

4. ¿Cuál fue la pregunta de la encuesta?
¿Era una pregunta simple y clara?

5. ¿A cuántos estudiantes encuestó Chad?

6. ¿Cuál es la fruta que prefiere la mayoría de los estudiantes?

7. ¿Cuál es la fruta que menos les gusta a los estudiantes?

8. ¿Cuántos estudiantes prefieren las manzanas?

Chad

Encuesta:
¿Cuál es tu fruta preferida?

Manzanas ℍℍ ℍℍ
Uvas ℍℍ ℍℍ ll
Naranjas ℍℍ llll
Fresas llll
Duraznos ℍℍ ll
Peras ℍℍ lll

Haz una encuesta con cada una de las siguientes preguntas. Encuesta a tus compañeros de clase o a estudiantes de otra clase. Después haz una tabla de frecuencia con los datos.

9. ¿Cuál es tu programa de televisión favorito?

10. ¿Cuál es tu juego favorito?

Resolución de problemas • Aplicaciones mixtas

11. ¿A cuántos estudiantes encuestaste sobre el Problema 6? ¿A cuántos sobre el Problema 7?

12. ¿Qué programa de televisión prefieren la mayoría de los estudiantes? ¿Qué juego? ¿Qué programa de televisión es el menos preferido? ¿Qué juego?

13. En la encuesta de Jeremy, 7 estudiantes contestaron *All in a Day's Play* como su programa preferido. Hubo 3 veces más estudiantes que contestaron *Space Travelers*. ¿Cuántos estudiantes contestaron *Space Travelers*?

14. 🖍 **Por escrito** Prepara una encuesta para averiguar las comidas favoritas de tu familia. ¿Qué preguntas harás en la encuesta? ¿Qué te pareció lo más difícil al hacer la encuesta? ¿Qué te pareció lo más interesante?

Predecir resultados

¿Por qué es importante? Podrás indicar el resultado posible de un experimento con flechas giratorias o monedas.

Los estudiantes de la clase de la Sra. Archer están haciendo experimentos. En un experimento, predicen las veces que saldrá cada color en esta flecha giratoria si la hacen girar 20 veces.

Bryan dijo que cada color tiene la *misma probabilidad* de salir, ya que todas las secciones de la flecha giratoria tienen el mismo tamaño. Él predijo que cada color saldría 5 veces, ya que 20 dividido por 4 es igual a 5.

En otro experimento, los estudiantes lanzan al aire una moneda 20 veces y anotan los resultados.

- Predice cuántas veces saldrá cara. ¿Cuántas veces saldrá cruz? Explica.

▶ COMPRUEBA

1. Predice cuántas veces saldrá cada color si haces girar 40 veces la flecha giratoria de arriba. Explica.

2. Imagina que haces girar 20 veces la flecha giratoria de la derecha. Predice cuántas veces saldrá cada color. ¿Qué ocurrirá si haces girar la flecha 40 veces?

3. Una flecha giratoria tiene 6 secciones del mismo tamaño y de colores diferentes. Predice cuántas veces saldrá cada color si haces girar la flecha 30 veces.

Predice cuántas veces saldría cada color en las flechas giratorias de abajo, haciéndolas girar la cantidad de veces que se indica.

4. 20 veces   **5.** 25 veces   **6.** 30 veces   **7.** 40 veces

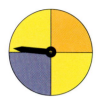   

Para resolver los Ejercicios 8–10, imagina que sacas de la bolsa un cubo y lo vuelves a meter. Predice cuántas veces sacarás un cubo de cada color si lo haces las veces que se indica.

8. 10 veces

9. 20 veces

10. 30 veces

Resolución de problemas • Aplicaciones mixtas

11. Melanie está lanzando un cubo numerado. El cubo está numerado del 1 al 6. Predice cuántas veces saldrá cada número si lanza el cubo 60 veces.

12. Una bolsa contiene 4 canicas rojas, 4 canicas naranjas y 8 canicas verdes. Tienes que sacar una canica de la bolsa 20 veces y volverla a meter. Predice cuántas veces sacarás una canica verde.

13. Se lanza una moneda al aire 50 veces. Sale cara 21 veces. ¿Cuántas veces sale cruz?

14. Una flecha giratoria con 4 secciones de igual tamaño tiene 2 secciones violetas, 1 verde y 1 roja. Predice cuántas veces sacarás violeta si haces girar la flecha 40 veces.

15. En los Ejercicios 4–7 ¿con qué flechas giratorias se puede tener un juego justo?

16. **Por escrito** ¿Coincide siempre el resultado de un experimento con tu predicción? Explica por qué.

Teselación

¿Por qué es importante? Podrás hacer y hallar estas figuras especiales en dibujos y diseños de ropa.

Un grupo de figuras forman una *teselación* si, puestas una al lado de la otra, cubren una superficie sin traslaparse ni dejar espacios entre ellas.

Éstas son algunas figuras que forman teselaciones. Los diseños que estas figuras forman con patrones que se repiten reciben el nombre de *teselaciones*.

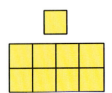  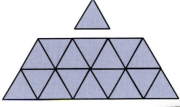

Estas figuras no forman teselaciones.

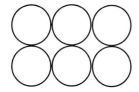 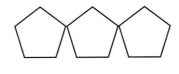

Explica lo que sabes RAZONAMIENTO CRÍTICO

- ¿Cuál es la diferencia entre figuras que forman teselaciones y figuras que no forman teselaciones?

- ¿Debe una figura mantenerse en la misma posición para poder formar una teselación? Explica.

- ¿Son los círculos figuras que forman una teselación? Explica.

▶ COMPRUEBA

1. Elige una de las siguientes figuras. Traza su contorno y recórtala. Úsala para hacer una teselación.

a.    **b.**

Indica si cada figura puede formar una teselación. Escribe *sí* o *no*.

2.   **3.**   **4.**   **5.**

6.   **7.**   **8.**   **9.**

Traza y recorta cada figura. Usa cada figura para hacer una teselación.

10. 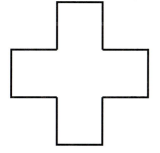   **11.** 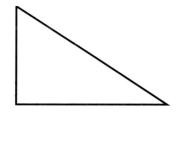   **12.**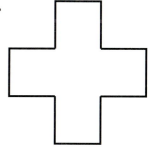

Resolución de problemas • Aplicaciones mixtas

13. En los Ejercicios 2 al 9 de arriba, ¿cómo averiguaste qué figuras forman teselaciones y cuáles no?

14. ¿Qué figuras de los Ejercicios 10 al 12 hay que invertir o girar para formar una teselación?

15. Muestra dos maneras en que se puede formar una teselación con esta figura.

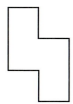

16. ¿Es esto una teselación? Explica por qué.

17. ¿Formará una teselación esta figura? Explica por qué, sin trazarla ni recortarla.

18. ✏️ **Por escrito** Halla una teselación en el salón de clase. ¿Dónde la hallaste? Dibuja la figura que la forma. ¿Se invirtió o se giró la figura para hacer la teselación?

Simetría por giro

¿Por qué es importante? Podrás ver ejemplos de simetría central en flores, figuras planas y objetos.

Haz girar una figura plana alrededor de un punto central. Si la forma de la figura no cambia después de cada giro, se dice que la figura tiene *simetría central*.

Esta figura en forma de flor tiene simetría central. El sombreado de un pétalo te ayuda a ver que la figura ha sido girada y trazada. Cada nueva figura es idéntica a la primera.

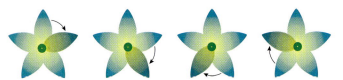

- ¿Cómo puedes averiguar si en cada nueva posición la figura es congruente con la primera figura?

_____

Traza esta figura, recórtala y sombrea una parte. Traza la figura sobre una hoja de papel y luego hazla girar y trázala en todas las posiciones diferentes posibles. Copia el sombreado cada vez que traces la figura.

- ¿Por qué tienes que sombrear cada vez que trazas la figura?

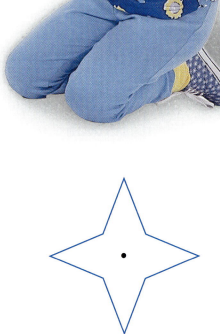

▶ COMPRUEBA

1. ¿Cuántas veces giraste y trazaste la figura?

2. ¿Tiene la figura simetría central? Explica cómo lo sabes.

▶ PRÁCTICA

Traza cada figura y recórtala. Usa el método de la página H46 para hallar si la figura tiene simetría central. Escribe *sí* o *no*.

3.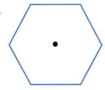

4.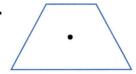

5.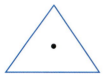

6.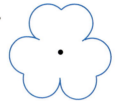

7.

8.

Resolución de problemas • Aplicaciones mixtas

9. Explica con tus propias palabras cómo sabes si una figura tiene simetría central.

10. ¿Qué figuras de los Ejercicios 3–8 tienen uno o más ejes de simetría?

11. ¿Cuántas veces trazaste y giraste el hexágono del Ejercicio 3 para determinar si tenía simetría central? ¿Cuántas el trébol del Ejercicio 6? ¿Y la estrella del Ejercicio 7?

12. Explica cómo sabes que esta figura tiene simetría central.

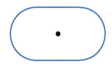

13. Dibuja una figura que tenga simetría central y explica cómo lo sabes.

14. Explica por qué la figura del Ejercicio 8 no tiene simetría central.

15. Dibuja un rectángulo. Explica cómo sabes que tiene simetría central.

16. ✏️ **Por escrito** Explica la diferencia entre simetría central y simetría axial.

Números mixtos

¿Por qué es importante? Podrás usar números mixtos para indicar cantidades formadas por números enteros y fracciones.

¡Kristelle tiene hambre! ¿Cuántas tostadas piensa comer?

Un *número mixto* está formado por un número entero y una fracción.

Para escribir un numero entero, pregúntate:

- ¿Cuántos enteros hay?
- ¿Cuántas partes del entero hay?

Kristelle piensa comer una tostada entera y $\frac{1}{2}$ tostada más.

Entonces, Kristelle piensa comer $1\frac{1}{2}$ tostadas.

Explica lo que sabes   RAZONAMIENTO CRÍTICO

- ¿Puede indicarse con un número entero cuántas tostadas piensa comer Kristelle? Explica.

- ¿Entre qué dos números está la cantidad de tostadas que Kristelle piensa comer?

- Imagina que Kristelle piensa comer $1\frac{2}{2}$ tostadas. ¿Puede escribirse esta cantidad de otra manera? Explica.

▶ COMPRUEBA

Escribe un número mixto para indicar la parte coloreada.

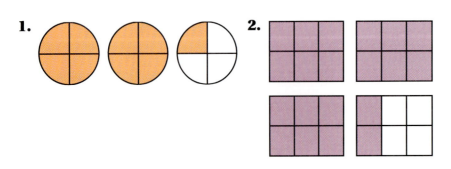

1.

2.

Escribe un número mixto para indicar la parte coloreada.

3.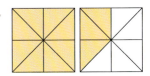

4.

5.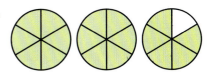

6.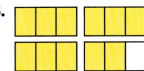

7. Dibuja 2 cuadrados. Colorea de verde $1\frac{1}{2}$.

8. Dibuja 3 rectángulos. Colorea de rojo $2\frac{3}{4}$.

9. Dibuja 4 círculos. Colorea de azul $3\frac{7}{8}$.

10. Dibuja 3 cuadrados. Colorea de naranja $2\frac{1}{3}$.

11. Dibuja 5 círculos. Colorea de color café $3\frac{1}{4}$.

12. Dibuja 4 triángulos. Colorea de rosa $2\frac{1}{2}$.

Describe el patrón y completa.

13. $\frac{1}{2}$, 1, $1\frac{1}{2}$, 2, $2\frac{1}{2}$, ___, ___, ___

14. $\frac{1}{4}$, $\frac{2}{4}$, $\frac{3}{4}$, 1, $1\frac{1}{4}$, $1\frac{2}{4}$, ___, ___, ___

15. $\frac{1}{3}$, $\frac{2}{3}$, 1, $1\frac{1}{3}$, $1\frac{2}{3}$, 2, $2\frac{1}{3}$, ___, ___, ___

16. $\frac{1}{6}$, $\frac{2}{6}$, $\frac{3}{6}$, $\frac{4}{6}$, $\frac{5}{6}$, 1, $1\frac{1}{6}$, ___, ___, ___

17. $\frac{1}{8}$, $\frac{2}{8}$, $\frac{3}{8}$, $\frac{4}{8}$, $\frac{5}{8}$, $\frac{6}{8}$, $\frac{7}{8}$, 1, $1\frac{1}{8}$, ___, ___, ___

Resolución de problemas • Aplicaciones mixtas

18. Candi contó monedas de 25¢ hasta reunir $1.00. ¿Cuántas monedas contó? ¿Qué fracción de $1.00 es cada moneda de 25¢?

19. Se necesitan $3\frac{3}{4}$ tazas de azúcar para preparar una receta. Mary tiene 4 tazas. ¿Tiene suficiente azúcar? Explica.

20. La mamá de Caryn hizo tres hornadas y media de galletas. Escribe esa cantidad en forma de número mixto.

21. 📖 **Por escrito** ¿Por qué crees que los *números mixtos* reciben ese nombre?

Fracción de un número

¿Por qué es importante? Podrás calcular la parte que te corresponde, por ejemplo de juguetes, regalos o accesorios.

Cada grupo de 4 estudiantes está haciendo 12 tarjetas de felicitación. Cada estudiante hace $\frac{1}{4}$ de las tarjetas. ¿Cuántas tarjetas hace cada estudiante?

¿Cuánto es $\frac{1}{4}$ de 12?

MODELO

$\frac{1}{4}$ de 12 = ___?___

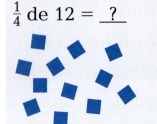

Primero, haz un modelo del número 12.

Ya que quieres hallar $\frac{1}{4}$, divide 12 en 4 grupos iguales.

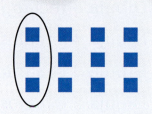

Cuenta la cantidad de fichas cuadradas que hay en el grupo.

Entonces, $\frac{1}{4}$ de 12 = 3.

Cada estudiante hace 3 tarjetas de felicitación.

Explica lo que sabes RAZONAMIENTO CRÍTICO

- ¿Qué parte de la fracción te indica en cuántas partes iguales se divide el grupo?

- ¿Qué parte de la fracción te indica cuántas de esas partes se usan?

▶ COMPRUEBA

Haz un modelo para resolver.

1. Para hallar cuánto es $\frac{3}{4}$ de 12, ¿en cuántas partes iguales se divide el grupo de 12?

2. ¿Cuántas partes iguales debes usar?

3. ¿Cuánto es $\frac{3}{4}$ de 12?

EL ARTE Y LOS NÚMEROS

Una manera de hacer varias tarjetas con el mismo diseño es haciendo una plantilla. Dobla por la mitad un pedazo de plástico, cartulina o cartón no muy grueso y recorta un diseño a lo largo del pliegue. Desdobla la plantilla, colócala sobre una tarjeta blanca y colorea con pintura, marcadores o lápices de colores. Imagina que hiciste 8 plantillas de tarjetas y que regalaste $\frac{1}{4}$ de ellas. ¿Cuántas tarjetas regalaste?

Completa el enunciado numérico con ayuda de los dibujos.

4.

$\frac{1}{3}$ de 6 = ___?___

5.

$\frac{1}{2}$ de 8 = ___?___

6.

$\frac{2}{3}$ de 9 = ___?___

7.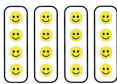

$\frac{3}{4}$ de 16 = ___?___

8.

$\frac{5}{6}$ de 12 = ___?___

9.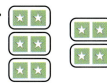

$\frac{2}{5}$ de 10 = ___?___

Haz el dibujo. Sombrea el número de grupos que se indica. Completa el enunciado numérico.

10. Dibuja 6 círculos. Haz 3 grupos. Sombrea 2 grupos.

$\frac{2}{3}$ de 6 = ___?___

11. Dibuja 12 cuadrados. Haz 4 grupos. Sombrea 1 grupo.

$\frac{1}{4}$ de 12 = ___?___

12. Dibuja 3 triángulos. Haz 3 grupos. Sombrea 2 grupos.

$\frac{2}{3}$ de 3 = ___?___

13. Dibuja 10 estrellas. Haz 5 grupos. Sombrea 4 grupos.

$\frac{4}{5}$ de 10 = ___?___

14. Dibuja 14 círculos. Haz 2 grupos. Sombrea 1 grupo.

$\frac{1}{2}$ de 14 = ___?___

15. Dibuja 16 cuadrados. Haz 8 grupos. Sombrea 5 grupos.

$\frac{5}{8}$ de 16 = ___?___

Resolución de problemas • Aplicaciones mixtas

16. Bonnie horneó 12 muffins. De ellos, $\frac{2}{3}$ tienen nueces. ¿Cuántos muffins tienen nueces?

17. Kreg tenía $15. Gastó $\frac{1}{3}$ en materiales de arte. ¿Cuánto gastó Kreg?

18. Roger tenía 15 dibujos. Regaló $\frac{3}{5}$ a su familia. ¿Cuántos dibujos regaló?

19. 📝 **Por escrito** Indica cómo hallarías $\frac{2}{3}$ de 30.

Sumar y restar decimales

¿Por qué es importante? Podrás sumar y restar distancias.

Melissa caminó 0.2 millas hasta la casa de Paul y 0.5 millas hasta la biblioteca. ¿Qué distancia caminó?

Suma. 0.2 + 0.5

MODELO

Paso 1

Sombrea 0.2 de un cuadrado decimal y 0.5 del otro.

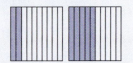

Paso 2

Recorta cada parte sombreada y combínalas.

$$0.2 + 0.5 = 0.7$$

Entonces, Melissa caminó 0.7 millas.

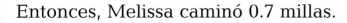

Melissa y Paul caminan hacia el parque, que está a 0.6 millas de distancia. Ya han caminado 0.4 millas. ¿Cuánto les falta para llegar?

Resta. 0.6 − 0.4

MODELO

Paso 1

Sombrea 0.6 de un cuadrado decimal.

Paso 2

Recorta la parte sombreada. Luego separa 0.4 de la parte sombreada.

Paso 3

Cuenta para hallar la diferencia.

$$0.6 - 0.4 \qquad = \qquad 0.2$$

Entonces, Melissa y Paul deben caminar 0.2 millas más.

- ¿En qué se diferencia sumar y restar decimales de sumar y restar números enteros?

Escribe un enunciado numérico que represente los cuadrados decimales.

1.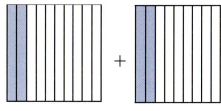

2.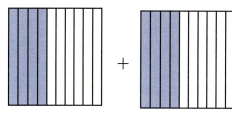

3.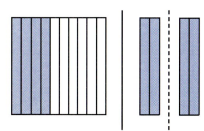

4.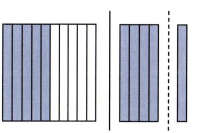

► PRÁCTICA

Escribe un enunciado numérico y halla la solución.
Puedes usar cuadrados decimales.

5. tres décimos + un décimo = _?_

6. dos décimos + seis décimos = _?_

7. seis décimos − tres décimos = _?_

8. nueve décimos − un décimo = _?_

9. cuatro décimos + dos décimos = _?_

10. ocho décimos − cinco décimos = _?_

Halla la suma o la diferencia.

11. $0.7 + 0.2 =$ _?_　　**12.** $0.1 + 0.8 =$ _?_　　**13.** $0.3 + 0.5 =$ _?_

14. $0.8 − 0.2 =$ _?_　　**15.** $0.9 − 0.4 =$ _?_　　**16.** $0.7 − 0.6 =$ _?_

17. $0.6 + 0.3 =$ _?_　　**18.** $0.5 − 0.4 =$ _?_　　**19.** $0.2 + 0.5 =$ _?_

Resolución de problemas • Aplicaciones mixtas

20. Allison cortó 0.2 metros de una pieza de madera de 0.9 metros. ¿Cuánta madera quedó?

21. Jason vive a 0.4 millas de Maury y a 0.3 millas de Dan. ¿Cuánto más cerca vive de Dan que de Maury?

22. Joanne caminó 2.3 millas el viernes y 1.5 millas el sábado. ¿Cuánto caminó en total?

23. Si me sumas 0.1, obtendrás 0.5. ¿Qué número soy?

24. ✏ **Escribe un problema** de suma o resta de decimales.

Medir longitudes grandes

¿Por qué es importante? Podrás usar la regla para medir objetos y distancias más grandes que la regla.

Tom quiere medir su escritorio, pero su escritorio es más largo que su regla. ¿Cómo puede usar la regla para medirlo?

MODELO

Paso 1

Alinea la marca del cero de la regla en centímetros con el borde izquierdo del escritorio.

Paso 2

En el otro extremo de la regla, haz una marca con tiza sobre el escritorio. Anota "30 cm" en una hoja de papel.

Paso 3

Mueve la regla hacia la derecha. Alinea la marca del cero de la regla con la marca de tiza.

Paso 4

Marca y mueve la regla hasta llegar al otro borde del escritorio. Suma los centímetros que hayas anotado y sabrás la medida del escritorio.

Entonces, el escritorio mide unos 85 cm de largo.

▶ COMPRUEBA

1. ¿Por qué anotas 30 cm cada vez que mueves la regla?

2. Imagina que para hallar el ancho del escritorio, anotaste 30 cm y después mediste 22 cm más. ¿Cuál es el ancho del escritorio?

3. ¿Por qué es importante marcar antes de mover la regla de nuevo?

► PRÁCTICA

Usa una regla en centímetros para hallar cuánto mide cada objeto. Usa el método de marca-y-mueve para que te sea más fácil.

4.

5.

6.

7.

8.

9.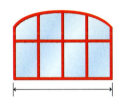

Para resolver los Ejercicios 10–13, usa una regla de un metro o una regla normal y el método de marca-y-mueve. Redondea las medidas al metro más próximo.

10. el largo de tu salón de clase

11. el ancho de tu salón de clase

12. el ancho del pizarrón más grande de tu salón de clase

13. el largo del tablero de anuncios más grande de tu salón de clase

14. ¿Qué número anotaste al marcar cada metro? Explica.

Resolución de problemas • Aplicaciones mixtas____

Usa la hoja de anotaciones de Nancy para resolver los Problemas 15 y 16.

15. ¿De qué longitud era el objeto que Nancy midió?

16. ¿Cuántas veces realizó la operación de marcar y mover?

17. La regla de Rosa mide 15 cm. ¿Qué número deberá anotar cada vez que marca y mueve? Explica.

18. Por escrito ¿Por qué a este método de medición se le llama de marca-y-mueve?

Multiplicar para hallar el área

¿Por qué es importante? Podrás hallar la cantidad de losas que cubren una mesa.

Bob y Lynne están cubriendo con losas la mesa de la cocina. Cada losa cubre 1 pie cuadrado. La mesa mide 5 pies de largo por 3 pies de ancho. ¿Cuántas losas se necesitan para cubrir la mesa?

Puedes multiplicar el largo de la mesa por su ancho para hallar cuántas losas se necesitan para cubrirla.

La mesa mide 5 pies de largo.

La mesa mide 3 pies de ancho.

largo × ancho = área (unidades cuadradas)

$$5 \times 3 = 15$$

La mesa tiene un área de 15 pies cuadrados. Entonces, se necesitan 15 losas para cubrir la mesa.

RECUERDA:
Una matriz muestra objetos en filas y columnas.

$3 \times 4 = 12$

Explica lo que sabes [RAZONAMIENTO CRÍTICO]

- ¿Qué necesitas saber para hallar el área de la mesa?

- ¿Cómo se usa la multiplicación para hallar el área?

▶ COMPRUEBA

Multiplica para hallar el área de la figura. Escribe un enunciado numérico para mostrar lo que hiciste.

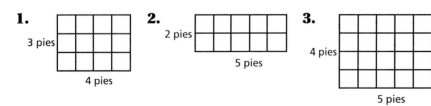

1. 3 pies, 4 pies

2. 2 pies, 5 pies

3. 4 pies, 5 pies

4. Explica cómo la matriz del Ejercicio 1 muestra que debes multiplicar para hallar el área.

EL ARTE Y LOS NÚMEROS

"Las cuatro estaciones" es un gigantesco mosaico al aire libre creado por Marc Chagall y que se encuentra en Chicago. Cubre un prisma rectangular de 70 pies de largo por 14 pies de alto por 10 pies de ancho. Usa una calculadora para hallar el área de un lado (70 pies x 14 pies) de Las cuatro estaciones.

Multiplica para hallar el área de la figura. Escribe un enunciado numérico para mostrar lo que hiciste.

5.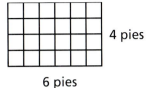
4 pies
6 pies

6.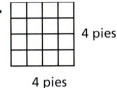
4 pies
4 pies

7.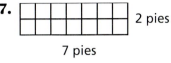
2 pies
7 pies

8.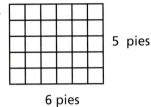
5 pies
6 pies

9.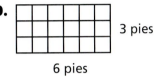
3 pies
6 pies

10.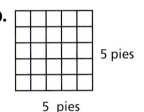
5 pies
5 pies

11.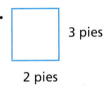
3 pies
2 pies

12.
4 pies
7 pies

13.
7 pies
7 pies

14.
4 pies
3 pies

15.
2 pies
6 pies

16.
3 pies
5 pies

Resolución de problemas • Aplicaciones mixtas

17. La Sra. Li está colocando losas en el piso de su cocina. El piso tiene 8 pies de largo por 6 pies de ancho. ¿Cuántas losas de 1 pie cuadrado necesitará?

18. Susan quiere colocar un espejo en su habitación. El espejo mide 4 pies de largo por 2 pies de ancho. ¿Cuál es el área del espejo?

19. El mantel de Wayne mide 9 pies de largo por 5 pies de ancho. El de Jerry mide 8 pies de largo por 6 pies de ancho. ¿Qué mantel cubre un área mayor? Explica.

20. ✏ **Por escrito** Describe cómo usarías la multiplicación para hallar el área de tu escritorio.

Actividades con la
CALCULADORA

MISIÓN NO TAN IMPOSIBLE
Contar salteado y Patrones

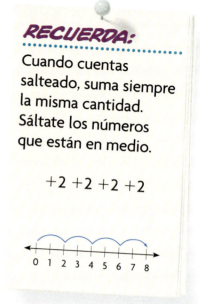
Misión: Hallar la cantidad de regalos sorpresa que se repartirán en la fiesta de Jane.

• En la fiesta de Jane habrá 7 personas.

• Cada persona recibirá una bolsa de regalo.

• Cada bolsa contendrá 5 regalos sorpresa.

Usar la calculadora

Aprieta estos botones en la calculadora *TI-108*:

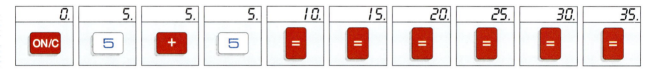

0.	5.	5.	5.	10.	15.	20.	25.	30.	35.
ON/C	5	+	5	=	=	=	=	=	=

Aprieta estos botones en la calculadora *Casio SL-450*:

0.	5.	5.+	5.+	10.+	15.+	20.+	25.+	30.+	35.+
AC	5	+	+	=	=	=	=	=	=

Entonces, en la fiesta de Jane se repartirán 35 regalos sorpresa.

▶ PRÁCTICA

Usa tu calculadora de la misma manera.

1. Tom compró 8 bolsas de globos. Cada bolsa contiene 12 globos. Cuenta salteado para hallar la cantidad total de globos.

2. Jerry llevó 48 galletas a la escuela. Dio 2 galletas a cada estudiante. ¿Cuántos estudiantes recibieron galletas?

¿LLEGAMOS YA?

Suma de números enteros

De Filadelfia a la gasolinera de Dean	150 millas
De la gasolinera de Dean a la parada de Evergreen Rest	170 millas
De la parada de Evergreen Rest a la cafetería Route 87	60 millas
De la cafetería Route 87 a la frontera con Canadá	120 millas
De la frontera con Canadá a Montreal	60 millas

Observa el cartel. ¿Puedes calcular cuántas millas recorrió en carro la familia de Randi desde donde iniciaron su viaje hasta la parada de Evergreen Rest?

RECUERDA:

Puedes usar la suma para calcular distancias entre varios puntos de un mapa.

Usar la calculadora

Aprieta estos botones en la calculadora *TI-108*:

Aprieta estos botones en la calculadora *Casio SL-450*:

Entonces, la familia de Randi recorrió 320 millas.

▶ PRÁCTICA

Usa tu calculadora y el cartel de arriba para responder a cada pregunta.

1. ¿Cuántas millas recorrió la familia de Randi desde donde iniciaron su viaje hasta la cafetería Route 87?
2. ¿Cuántas millas recorrieron desde donde iniciaron su viaje hasta la frontera con Canadá?
3. ¿Cuál es la distancia entre Filadelfia y Montreal?

Usa tu calculadora para hallar la solución.

4. $732 + 847 + 953 =$ __?__
5. $247 + 398 + 66 =$ __?__

RESTAR PARA HALLAR EL CAMINO
Resta de números enteros

Usando la resta, halla un camino que comience en 18 y termine en 2. Quizás tengas que probar varios caminos hasta hallar el correcto.

RECUERDA:

Cuando restas, quitas un número menor de uno mayor.

$$5 - 3 = 2$$

↑ mayor ↑ menor

SALIDA	18	7	9	
	20	4	16	
	0	5	2	LLEGADA

Usar la calculadora

Si usas la calculadora *TI-108*, aprieta estos botones:

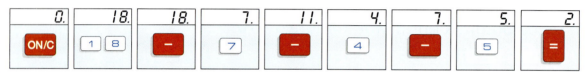

Si usas la calculadora *Casio SL-450*, aprieta estos botones:

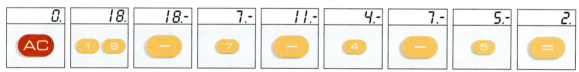

Entonces, comenzando en 18, restas 7, luego restas 4, y finalmente restas 5.

▶ PRÁCTICA

Usa tu calculadora.
Encuentra estos caminos de resta, si es que son posibles.

1.

SALIDA	10	12	11	
	2	16	6	
	3	2	3	LLEGADA

2.

SALIDA	6	8	16	
	1	12	3	
	2	5	9	LLEGADA

3.

SALIDA	65	29	92	46	
	12	8	10	1	
	53	23	8	14	
	0	4	11	0	LLEGADA

Halla la solución.

4. $67 - 49 = \underline{\ ?\ }$

5. $99 - 64 = \underline{\ ?\ }$

6. $476 - 387 - 61 = \underline{\ ?\ }$

7. $85 - 16 - 9 = \underline{\ ?\ }$

8. $754 - 525 - 29 = \underline{\ ?\ }$

9. $462 - 144 - 100 = \underline{\ ?\ }$

10. $943 - 315 - 128 = \underline{\ ?\ }$

11. $5,865 - 3,976 - 889 = \underline{\ ?\ }$

COBRAR
Multiplicación de números enteros

Zach gana $5 la hora trabajando en una tienda de patines. En su tarjeta de control de horas Zach anota las horas que trabaja cada día. ¿Cuánto dinero ganó Zach en su primera semana de trabajo?

RECUERDA:

La multiplicación es una forma más rápida de sumar.

Para sumar:
3 + 3 + 3 + 3 = 12

Para multiplicar:
4 × 3 = 12

Usar la calculadora

Aprieta estos botones en la calculadora *TI-108*:

Aprieta estos botones en la calculadora *Casio SL-450:*

Tarjeta de control de horas	
Nombre: Zach	
Semana	**Horas trabajadas**
1	10
2	15
3	8
4	6
5	12
6	10

Entonces, Zach ganó $50 en su primera semana de trabajo.

▶ PRÁCTICA

Usa tu calculadora y la tarjeta de control para hallar la solución.

1. ¿Cuánto ganó Zach en su segunda semana de trabajo?
2. ¿Cuánto ganó Zach en su tercera semana de trabajo?
3. ¿Cuánto ganó Zach en su cuarta semana de trabajo?
4. A las cinco semanas, su jefe le aumentó el sueldo a $6 la hora. ¿Cuánto cobrará Zach si trabaja 12 horas en una semana?
5. La sexta semana, Zach trabajó 10 horas. Cuando recibió su cheque, éste era de $50. ¿Cuál fue el error? ¿Por cuánto debería haber sido el cheque?
6. $189 \times 73 = \underline{\ ?\ }$
7. $6,441 \times 24 = \underline{\ ?\ }$

¡ESTO SÍ QUE ES RAPIDEZ!
División de números enteros

RECUERDA:

Dividir es separar una cantidad en un número igual de grupos o en grupos de igual tamaño.

¿Alguna vez has tratado de voltear un panqueque en una sartén? No es algo tan fácil de hacer. Imagina que pudieras voltear un panqueque 348 veces en 2 minutos. Eso es lo que hizo Dean Gould en 1995, cuando rompió el récord mundial de volteo de panqueques. ¿Cuántas veces aproximadamente volteó el panqueque en 1 minuto?

Usar la calculadora

Si usas la calculadora *TI-108*, aprieta estos botones:

Si usas la calculadora *Casio SL-450*, aprieta estos botones:

Entonces, el Sr. Gould volteó el panqueque unas 174 veces en un 1 minuto.

▶ PRÁCTICA

Usa tu calculadora para hallar la solución.

1. Dean Gould también posee el récord mundial de ensartamiento de agujas, con 3,848 agujas ensartadas en 2 horas. Aproximadamente ¿cuántas agujas puede ensartar en 1 hora?

2. ¿Por qué la respuesta al Problema 1 es una estimación?

3. $81 \div 9 =$ ___?___   4. $1,000 \div 10 =$ ___?___   5. $1,000 \div 100 =$ ___?___

6. $246 \div 2 =$ ___?___   7. $168 \div 8 =$ ___?___   8. $732 \div 3 =$ ___?___

PASO DOBLE TEJANO
Problemas de dos pasos

Los botones de memoria de una calculadora sirven para almacenar, hacer cálculos y recuperar números. El botón **M+** almacena números para ser sumados. El botón **M-** almacena números para ser restados. Los botones **MRC** o **MR** hacen cálculos y recuperan los números de la memoria.

Anoche, en el Salón Tejano, había 30 parejas bailando. Entonces 10 parejas se cansaron y se sentaron. Una pareja está compuesta de 2 personas. ¿Cuántas personas continuaron bailando?

> **RECUERDA:**
>
> Para resolver algunos problemas a veces se necesita más de un paso. Una calculadora puede ayudarnos a llevar la cuenta de los pasos.

Usar la calculadora

Si usas la calculadora *TI-108*, aprieta estos botones:

Si usas la calculadora *Casio SL-450*, aprieta estos botones:

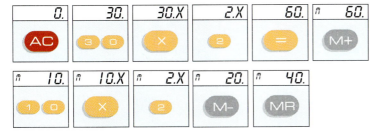

Entonces, 40 *personas* o 20 parejas, continuaron bailando.

▶ PRÁCTICA

Usa tu calculadora para hallar la solución.

1. Hay 12 naranjas en cada caja. Alí vendió 8 cajas y Jason vendió 3 cajas. ¿Cuántas *naranjas* más vendió Alí que Jason?

2. Jerome quiere comprar un juego que cuesta $25. Durante 3 semanas ahorró $3, $8 y $7. ¿Cuánto dinero más necesita?

CALCULA Y ADIVINA (PARTE 1)
Suma decimal

¿Cuál es la suma en la casilla C de la tabla?

A 1.5 + 5.3 6.8	B 0.5 + 0.8 1.3	C 1.2 + 2.59	D 3.1 + 3.1 6.2	E 7.2 + 9.2	F 1.1 + 2.1 3.2
G 2.04 + 0.03	H 6.3 + 0.9	I 1.4 + 0.7	J 8.21 + 0.1 8.31	K 0.04 + 0.08	L 0.61 + 1 1.61
M 4.02 + 0.02 4.04	N 2.4 + 6 8.4	O 0.1 + 0.1 0.2	P 0.45 + 0.45	Q 9 + 0.5 9.5	R 9.1 + 0 9.1
S 6.9 + 0.1 7.0	T 0.02 + 0.02	U 4.51 + 5.06	V 0.75 + 1 1.75	W 1.75 + 2 3.75	X 0.3 + 0.3 0.6
Y 7.3 + 0.04 7.34	Z 0.5 + 0.5				

RECUERDA:

El punto decimal separa el número entero de sus partes decimales.

4.8

número entero — punto decimal — partes decimales

Usar la calculadora

Si usas la calculadora *TI-108*, aprieta estos botones:

Si usas la calculadora *Casio SL-450*, aprieta estos botones:

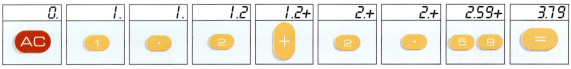

Entonces, C = 3.79.

▶ PRÁCTICA

Usa tu calculadora.

1. Halla la suma de las casillas E, G, H, I, K, P, T, U y Z.
2. Usa la tabla para resolver la adivinanza.
   Empareja las letras con cada suma decimal.
   ¿Qué le dice Mamá Tomate al perezoso Niño Tomate?

   __ 0.12 __ 16.4 __ 0.04 __ 3.79 __ 7.2 __ 9.57 __ 0.9

3. Jake gana $10.00 a la semana cuidando niños y $5.25 a la semana repartiendo periódicos. Además cada semana recibe una paga de $2.50. ¿Cuánto dinero recibe Jake a la semana?

CALCULA Y ADIVINA (PARTE 2)

Resta decimal

¿Cuál es el resultado de la resta en la casilla A de la tabla?

A	B	C	D	E	F
19.4 - 8.8	3.3 - 0.3 3	0.5 - 0.25	10.5 - 10 0.5	13.5 - 4.5	4.31 - 0.25
G 16.45 - 2.05	**H** 19.2 - 8.4 10.8	**I** 8.4 - 3.3	**J** 1.76 - 0.36 1.4	**K** 5.25 - 1.2 4.05	**L** 12.3 - 4.3 8
M 8.14 - 0.2	**N** 0.72 - 0.36	**O** 10.9 - 4.1	**P** 10.5 - 10.5 0	**Q** 19.00 - 18.02 0.98	**R** 0.08 - 0.02 0.06
S 15.75 - 0.25 15.5	**T** 9.3 - 6.1	**U** 9.2 - 7.3 1.9	**V** 1.02 - 0.52 0.5	**W** 3.88 - 2.08	**X** 17.98 - 0.98 17
Y 12.10 - 0.85 11.25	**Z** 1.1 - 0.1 1				

RECUERDA:

Escribe el punto decimal en la calculadora después de escribir el número entero y antes de escribir las partes decimales.

Usar la calculadora

Si usas la calculadora *TI-108*, aprieta estos botones:

0.	19.	19.	19.4	19.4	8.	8.	8.8	10.6
ON/C	1 9	.	4	−	8	.	8	=

Si usas la calculadora *Casio SL-450*, aprieta estos botones:

0.	19.	19.	19.4	19.4-	8.-	8.-	8.8-	10.6
AC	1 9	.	4	−	8	.	8	=

Entonces, A = 10.6.

▶ PRÁCTICA

Usa tu calculadora.

1. Halla la resta en las casillas C, E, F, G, I, M, N, O, T y W.
2. Usa la tabla para resolver la adivinanza. Empareja las letras con las restas.

¿Qué hora era cuando el elefante se sentó en la cerca?

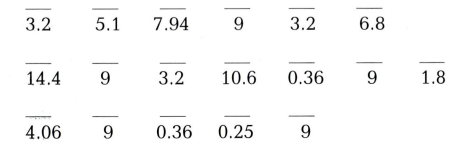

___	___	___	___	___	___
3.2	5.1	7.94	9	3.2	6.8

___	___	___	___	___	___	___
14.4	9	3.2	10.6	0.36	9	1.8

___	___	___	___	___
4.06	9	0.36	0.25	9

DEDOS TORPES
Corregir errores de entrada

Adam se puso a hacer sus ejercicios de tercer grado. Escribió en la calculadora la siguiente operación 19 + 39 + 43 + 109 + 78. Pronto se dio cuenta de que el último número debía haber sido 76. ¿Puede corregir su error sin necesidad de empezar desde el principio? ¿Cuál es la suma?

RECUERDA:

Debes corregir un error de entrada de datos inmediatamente después de haberlo cometido y antes de apretar el botón ⬭.

Usar la calculadora

Si usas la calculadora *TI-108*, aprieta estos botones:

0.	19.	19.	39.	58.	43.	101.
ON/C	1 9	+	3 9	+	4 3	+

109.	210.	78.	0.	76.	286.
1 0 9	+	7 8	ON/C	7 6	=

Si usas la calculadora *Casio SL-450*, aprieta estos botones:

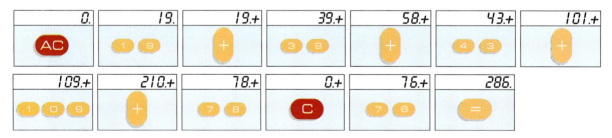

0.	19.	19.+	39.+	58.+	43.+	101.+
AC	1 9	+	3 9	+	4 3	+

109.+	210.+	78.+	0.+	76.+	286.
1 0 9	+	7 8	C	7 6	=

Sí, él puede corregir su error sin necesidad de empezar desde el principio. Adam puede apretar ON/C en la calculadora *TI-108* o C en la calculadora *Casio SL-450*, escribir 76 y entonces apretar el botón = key. La respuesta al problema es 286.

► PRÁCTICA

Usa tu calculadora para hallar la solución. Escribe el número correcto que aparece entre corchetes después de escribir el número incorrecto que aparece delante.

1. 12 + 14 [15] + 49 = __?__

2. 375 + 674 + 358 [35] + 34 = __?__

3. 56 [65] + 67 = __?__

¡A BATEAR!

Fracciones - Cambiar fracciones por decimales

Cuando batea, Shanon le pega a la pelota unas 3 veces de cada 10 intentos, o sea $\frac{3}{10}$ de las veces. ¿Qué número decimal indica la cantidad de veces que Sharon le pega a la pelota?

RECUERDA:

Un decimal es un número que expresa una parte fraccional.

decimal → ← fracción

0.10 es lo mismo que $\frac{1}{10}$

Usar la calculadora

Si usas la calculadora *TI-108*, aprieta estos botones:

Si usas la calculadora *Casio SL-450*, aprieta estos botones:

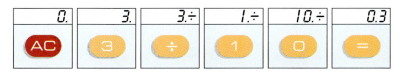

Entonces, Shanon le pega a la pelota 0.3 de las veces.

▶ PRÁCTICA

Usa tu calculadora para hallar la solución.

1. ¿Qué decimal puedes escribir para un jugador de béisbol que le pega a la pelota 2 veces de cada 10 intentos?

2. ¿Qué decimal puedes escribir para un jugador de béisbol que le pega a la pelota 1 vez de cada 10 intentos?

Usa tu calculadora para convertir estas fracciones a decimales.

3. $\frac{1}{2}$ **4.** $\frac{3}{4}$ **5.** $\frac{2}{5}$

6. $\frac{1}{4}$ **7.** $\frac{3}{5}$ **8.** $\frac{4}{5}$

9. $\frac{2}{4}$ **10.** $\frac{1}{5}$ **11.** $\frac{5}{5}$

Más práctica
CAPÍTULO 1

Lección 1.1 (páginas 2–3)

Halla la suma.

1. $\begin{array}{r} 4 \\ +5 \\ \hline \end{array}$	2. $\begin{array}{r} 9 \\ +6 \\ \hline \end{array}$	3. $\begin{array}{r} 6 \\ +2 \\ \hline \end{array}$	4. $\begin{array}{r} 5 \\ +3 \\ \hline \end{array}$	5. $\begin{array}{r} 7 \\ +6 \\ \hline \end{array}$	6. $\begin{array}{r} 3 \\ +6 \\ \hline \end{array}$
7. $\begin{array}{r} 8 \\ +3 \\ \hline \end{array}$	8. $\begin{array}{r} 6 \\ +7 \\ \hline \end{array}$	9. $\begin{array}{r} 7 \\ +4 \\ \hline \end{array}$	10. $\begin{array}{r} 5 \\ +7 \\ \hline \end{array}$	11. $\begin{array}{r} 8 \\ +6 \\ \hline \end{array}$	12. $\begin{array}{r} 9 \\ +7 \\ \hline \end{array}$

13. $8 + 4 = \underline{\ ?\ }$
14. $4 + 9 = \underline{\ ?\ }$
15. $6 + 9 = \underline{\ ?\ }$
16. $5 + 6 = \underline{\ ?\ }$

17. $4 + 6 = \underline{\ ?\ }$
18. $8 + 5 = \underline{\ ?\ }$
19. $9 + 3 = \underline{\ ?\ }$
20. $7 + 3 = \underline{\ ?\ }$

Lección 1.2 (páginas 4–5)

Halla la suma.

1. $\begin{array}{r} 6 \\ +6 \\ \hline \end{array}$	2. $\begin{array}{r} 5 \\ +4 \\ \hline \end{array}$	3. $\begin{array}{r} 4 \\ +4 \\ \hline \end{array}$	4. $\begin{array}{r} 3 \\ +2 \\ \hline \end{array}$	5. $\begin{array}{r} 7 \\ +8 \\ \hline \end{array}$	6. $\begin{array}{r} 2 \\ +2 \\ \hline \end{array}$
7. $\begin{array}{r} 5 \\ +5 \\ \hline \end{array}$	8. $\begin{array}{r} 5 \\ +6 \\ \hline \end{array}$	9. $\begin{array}{r} 9 \\ +7 \\ \hline \end{array}$	10. $\begin{array}{r} 8 \\ +8 \\ \hline \end{array}$	11. $\begin{array}{r} 6 \\ +9 \\ \hline \end{array}$	12. $\begin{array}{r} 4 \\ +7 \\ \hline \end{array}$

13. $9 + 9 = \underline{\ ?\ }$
14. $6 + 5 = \underline{\ ?\ }$
15. $7 + 8 = \underline{\ ?\ }$
16. $3 + 3 = \underline{\ ?\ }$

17. $3 + 4 = \underline{\ ?\ }$
18. $5 + 4 = \underline{\ ?\ }$
19. $9 + 8 = \underline{\ ?\ }$
20. $8 + 6 = \underline{\ ?\ }$

Lección 1.3 Parte 1 (páginas 6–7)

Halla la suma.

1. $\begin{array}{r} 7 \\ +6 \\ \hline \end{array}$ $\begin{array}{r} 6 \\ +7 \\ \hline \end{array}$	2. $\begin{array}{r} 4 \\ +3 \\ \hline \end{array}$ $\begin{array}{r} 3 \\ +4 \\ \hline \end{array}$	3. $\begin{array}{r} 5 \\ +7 \\ \hline \end{array}$ $\begin{array}{r} 7 \\ +5 \\ \hline \end{array}$	4. $\begin{array}{r} 8 \\ +3 \\ \hline \end{array}$ $\begin{array}{r} 3 \\ +8 \\ \hline \end{array}$
5. $\begin{array}{r} 2 \\ +9 \\ \hline \end{array}$ $\begin{array}{r} 9 \\ +2 \\ \hline \end{array}$	6. $\begin{array}{r} 4 \\ +8 \\ \hline \end{array}$ $\begin{array}{r} 8 \\ +4 \\ \hline \end{array}$	7. $\begin{array}{r} 5 \\ +6 \\ \hline \end{array}$ $\begin{array}{r} 6 \\ +5 \\ \hline \end{array}$	8. $\begin{array}{r} 8 \\ +9 \\ \hline \end{array}$ $\begin{array}{r} 9 \\ +8 \\ \hline \end{array}$

9. $1 + 0 = \underline{\ ?\ }$
10. $4 + 5 = \underline{\ ?\ }$
11. $5 + 0 = \underline{\ ?\ }$
12. $4 + 0 = \underline{\ ?\ }$

13. $0 + 3 = \underline{\ ?\ }$
14. $5 + 4 = \underline{\ ?\ }$
15. $3 + 5 = \underline{\ ?\ }$
16. $5 + 3 = \underline{\ ?\ }$

17. $3 + 3 = \underline{\ ?\ }$
18. $9 + 0 = \underline{\ ?\ }$
19. $3 + 8 = \underline{\ ?\ }$
20. $0 + 0 = \underline{\ ?\ }$

Lección 1.3 Parte 2 (páginas 8–9)

Haz una tabla para hallar la solución.

1. Malcolm tiene 113 tarjetas de béisbol, 98 tarjetas de basquetbol y 141 tarjetas de fútbol. Ordena las cantidades de tarjetas de menor a mayor.

2. La clase de la Sra. Kauffman está recogiendo latas. El lunes recogieron 98 latas. El martes recogieron 77 latas, y el miércoles recogieron 105 latas. Ordena el número de latas de mayor a menor.

Lección 1.4 (páginas 10–11)

Halla la diferencia.

1. $\begin{array}{r} 8 \\ -0 \\ \hline \end{array}$
2. $\begin{array}{r} 9 \\ -3 \\ \hline \end{array}$
3. $\begin{array}{r} 4 \\ -1 \\ \hline \end{array}$
4. $\begin{array}{r} 6 \\ -5 \\ \hline \end{array}$
5. $\begin{array}{r} 7 \\ -7 \\ \hline \end{array}$
6. $\begin{array}{r} 4 \\ -0 \\ \hline \end{array}$

7. $4 - 4 = \underline{\ ?\ }$
8. $8 - 6 = \underline{\ ?\ }$
9. $5 - 2 = \underline{\ ?\ }$
10. $7 - 3 = \underline{\ ?\ }$

Lección 1.5 (páginas 12–13)

Escribe el número que falta para completar cada operación de la familia de operaciones.

1. $5 + \underline{\ ?\ } = 11$ $6 + \underline{\ ?\ } = 11$ $11 - \underline{\ ?\ } = 6$ $11 - \underline{\ ?\ } = 5$
2. $6 + \underline{\ ?\ } = 9$ $3 + \underline{\ ?\ } = 9$ $9 - \underline{\ ?\ } = 6$ $9 - \underline{\ ?\ } = 3$

Escribe la familia de operaciones para cada conjunto de números.

3. 3, 9, 12
4. 4, 4, 8
5. 4, 8, 12
6. 5, 8, 13
7. 2, 7, 9
8. 6, 8, 14
9. 5, 7, 12
10. 4, 9, 13

CAPÍTULO 2

Lección 2.1 (páginas 18–19)

Halla la suma.

1. $1 + (3 + 9) = \underline{\ ?\ }$
2. $3 + (9 + 3) = \underline{\ ?\ }$
3. $(9 + 2) + 4 = \underline{\ ?\ }$
4. $(2 + 8) + 5 = \underline{\ ?\ }$
5. $4 + (3 + 7) = \underline{\ ?\ }$
6. $6 + (3 + 4) = \underline{\ ?\ }$

Agrupa los sumandos. Luego halla la suma.

7. $6 + 2 + 5$
8. $5 + 7 + 3$
9. $2 + 6 + 4$
10. $7 + 2 + 6$
11. $5 + 5 + 6$
12. $7 + 8 + 4$

Lección 2.2 (páginas 20–21)

Halla la suma.

1. 26 +18	2. 42 +15	3. 39 +21	4. 56 +23	5. 27 +25
6. 64 +34	7. 52 +36	8. 72 +47	9. 68 +39	10. 96 +74

Lección 2.3 (páginas 22–23)

Halla la suma.

1. 18 +36	2. 42 +21	3. 32 +32	4. 25 +32	5. 38 +29
6. 49 +36	7. 47 +51	8. 64 +52	9. 83 +74	10. 87 +64

Lección 2.4 (páginas 24–27)

Redondea para estimar cada suma o diferencia.

1. 36 −11	2. 58 −23	3. 36 +28	4. 26 +37	5. 82 −19
6. 53 +48	7. 568 +242	8. 598 −212	9. 473 +385	10. 679 +192

Lección 2.5 Parte 1 (páginas 28–29)

Indica si se necesita *sumar* o *restar*. Halla la solución.

1. Para llegar a la playa, Christina recorrió 23 millas, mientras que Vanesa recorrió 39 millas. ¿Cuántas millas más recorrió Vanesa que Christina?

2. Natalie usó la computadora 29 minutos y Quinton la usó durante 37 minutos. ¿Cuánto tiempo en total usaron la computadora Natalie y Quinton?

3. Jack tiene 45 canicas. Carl tiene 15 canicas menos. ¿Cuántas canicas tiene Carl?

4. En un plato había varias galletas. Lois puso 12 galletas más y ahora hay 29 galletas en el plato. ¿Cuántas galletas había al principio?

Lección 2.5 Parte 2 <small>(páginas 30–31)</small>

Escribe un enunciado numérico para hallar la solución.

1. Taylor patinó 4 millas el lunes, 5 millas el miércoles y 9 millas el viernes. ¿Cuántas millas patinó en total?

2. Ethan recorrió 8 millas de un camino de 39 millas de largo. ¿Cuántas millas le faltan para llegar al final?

3. Rubén y su familia fueron a Sea Land. Vieron 16 tiburones y 7 delfines. ¿Cuántos más tiburones que delfines vieron?

4. Mimi vendió 6 tabletas de chocolate el lunes, 11 el martes, 9 el miércoles y 13 el jueves. ¿Cuántas vendió en total?

CAPÍTULO 3

Lección 3.1 <small>(páginas 36–37)</small>

Halla la diferencia. Puedes usar bloques de base diez.

1. $\begin{array}{r}26\\-15\\\hline\end{array}$	**2.** $\begin{array}{r}35\\-13\\\hline\end{array}$	**3.** $\begin{array}{r}42\\-32\\\hline\end{array}$	**4.** $\begin{array}{r}46\\-35\\\hline\end{array}$	**5.** $\begin{array}{r}57\\-24\\\hline\end{array}$
6. $\begin{array}{r}61\\-28\\\hline\end{array}$	**7.** $\begin{array}{r}72\\-56\\\hline\end{array}$	**8.** $\begin{array}{r}57\\-35\\\hline\end{array}$	**9.** $\begin{array}{r}49\\-38\\\hline\end{array}$	**10.** $\begin{array}{r}52\\-34\\\hline\end{array}$
11. $\begin{array}{r}43\\-24\\\hline\end{array}$	**12.** $\begin{array}{r}58\\-43\\\hline\end{array}$	**13.** $\begin{array}{r}45\\-36\\\hline\end{array}$	**14.** $\begin{array}{r}61\\-15\\\hline\end{array}$	**15.** $\begin{array}{r}51\\-22\\\hline\end{array}$

Lección 3.2 <small>(páginas 38–39)</small>

Halla la diferencia. Reagrupa si es necesario.

1. $\begin{array}{r}23\\-17\\\hline\end{array}$	**2.** $\begin{array}{r}42\\-23\\\hline\end{array}$	**3.** $\begin{array}{r}37\\-14\\\hline\end{array}$	**4.** $\begin{array}{r}33\\-24\\\hline\end{array}$	**5.** $\begin{array}{r}45\\-26\\\hline\end{array}$
6. $\begin{array}{r}37\\-29\\\hline\end{array}$	**7.** $\begin{array}{r}46\\-38\\\hline\end{array}$	**8.** $\begin{array}{r}61\\-29\\\hline\end{array}$	**9.** $\begin{array}{r}79\\-34\\\hline\end{array}$	**10.** $\begin{array}{r}95\\-62\\\hline\end{array}$
11. $\begin{array}{r}65\\-23\\\hline\end{array}$	**12.** $\begin{array}{r}52\\-14\\\hline\end{array}$	**13.** $\begin{array}{r}73\\-36\\\hline\end{array}$	**14.** $\begin{array}{r}91\\-67\\\hline\end{array}$	**15.** $\begin{array}{r}45\\-18\\\hline\end{array}$

Lección 3.3 (páginas 40–41)

Halla la diferencia.

1. 50
−17

2. 70
−56

3. 40
−28

4. 30
−17

5. 20
−13

6. 80
−42

7. 60
−49

8. 40
−35

9. 70
−52

10. 60
−32

Lección 3.4 (páginas 42–43)

Halla la diferencia.

1. 46
−29

2. 80
−43

3. 46
−16

4. 56
−32

5. 52
−37

6. 72
−36

7. 43
−19

8. 82
−53

9. 50
−31

10. 85
−67

Lección 3.5 Parte 1 (páginas 44–45)

Halla la suma o la diferencia.

1. 17
+26

2. 34
−21

3. 40
−18

4. 29
+17

5. 52
+38

6. 91
−34

7. 80
−52

8. 33
+42

9. 76
−29

10. 32
+31

11. 76
+17

12. 43
−37

13. 52
−24

14. 73
−17

15. 16
+49

Lección 3.5 Parte 2 (páginas 46–47)

Vuelve sobre los pasos para hallar la solución.

1. Denzel le dio 8 tarjetas de béisbol a Mark. Joe le dio 12 tarjetas a Denzel. Ahora Denzel tiene 43 tarjetas. ¿Cuántas tarjetas tenía Denzel al principio?

2. Anselmo hizo algunos dibujos el viernes, e hizo 11 dibujos más el sábado. Le regaló 3 dibujos a su mamá y le quedaron 13 dibujos. ¿Cuántos dibujos hizo el viernes?

CAPÍTULO 4

Lección 4.1 (páginas 52–53)

Halla la suma.

1. $118 + 113$		**2.** $213 + 136$		**3.** $293 + 146$		**4.** $492 + 313$		**5.** $632 + 243$	
6. $536 + 293$		**7.** $491 + 432$		**8.** $432 + 383$		**9.** $736 + 211$		**10.** $692 + 123$	
11. $206 + 134$		**12.** $738 + 217$		**13.** $46 + 622$		**14.** $224 + 671$		**15.** $167 + 258$	

Lección 4.2 (páginas 54–55)

Halla la suma.

1. 172 283 +113   **2.** $2.19 2.48 + 1.72   **3.** 342 149 +364   **4.** 326 473 +728   **5.** 234 457 +148

6. 429 333 +418   **7.** $5.62 4.19 + 3.43   **8.** 562 391 +239   **9.** 729 645 +128   **10.** $9.11 3.42 + 2.36

11. 518 128 + 76   **12.** 38 328 +375   **13.** 765 28 + 96   **14.** 954 742 +471   **15.** 429 905 +867

Lección 4.3 Parte 1 (páginas 56–57)

Halla la diferencia.

1. $354 - 126$ **2.** $268 - 179$ **3.** $523 - 133$ **4.** $736 - 214$ **5.** $463 - 234$

6. $924 - 734$ **7.** $684 - 316$ **8.** $836 - 217$ **9.** $792 - 563$ **10.** $393 - 265$

11. $916 - 345$ **12.** $874 - 389$ **13.** $289 - 190$ **14.** $738 - 282$ **15.** $743 - 376$

16. $674 - 248$ **17.** $725 - 142$ **18.** $438 - 356$ **19.** $815 - 492$ **20.** $635 - 257$

Lección 4.3 Parte 2 (páginas 58-59)

Estima y comprueba para hallar la solución.

1. La suma de dos números es 22. La diferencia es 4. ¿Qué números son?

2. Zachary y su mamá hicieron 70 galletas. El sábado hicieron 30 galletas más que el viernes. ¿Cuántas galletas hicieron cada día?

3. Todd y Frank tienen 11 carros de juguete entre los dos. Todd tiene 3 carros más que Frank. ¿Cuántos carros tiene cada uno?

4. Sue y Lisa gastaron entre las dos $15 en una tienda de tarjetas. Sue gastó $5 más que Lisa. ¿Cuánto gastó cada una?

Lección 4.4 (páginas 60-61)

Reagrupar. Escribe otro nombre para cada número.

1. 602
2. 40
3. 304
4. 200

5. 407
6. 903
7. 705
8. 808

Usa bloques de base diez para hallar la diferencia.

9. 300 − 162
10. 602 − 426
11. 500 − 321
12. 207 − 132
13. 909 − 333

14. 709 − 569
15. 800 − 563
16. 700 − 342
17. 407 − 138
18. 803 − 526

Lección 4.5 (páginas 62-65)

Halla la diferencia.

1. 400 − 234
2. 200 − 136
3. 600 − 326
4. 700 − 419
5. $8.00 − 4.72

6. 500 − 181
7. $4.00 − 2.63
8. 300 − 137
9. 800 − 213
10. 900 − 717

11. 700 − 426
12. 300 − 123
13. $4.00 − 3.19
14. 600 − 431
15. 800 − 623

16. 600 − 541
17. 500 − 237
18. 400 − 315
19. 200 − 157
20. 800 − 369

CAPÍTULO 5

Lección 5.1 (páginas 76–77)

Indica cómo leerías la hora de cada reloj. Escribe la hora.

1.

2.

3.

4.

5.

6.

7.

8.

Lección 5.2 (páginas 78–79)

Elige la mejor estimación del tiempo.

1. dormir una siesta   1 minuto o 1 hora

2. mirar un programa de televisión   30 horas o 30 minutos

3. pasar la aspiradora   25 minutos o 25 horas

Determina si el tiempo estimado es razonable. Escribe *sí* o *no*.

4. Se tarda unas 3 horas en cepillarse los dientes.

5. Se tarda unos 10 minutos en doblar la ropa de una secadora.

6. Se tarda cerca de 1 hora en escribir el nombre completo de uno.

Lección 5.3 (páginas 80–81)

Escribe qué hora es.

1.

2.

3.

4.

5.

6.

7.

8.

Lección 5.4 Parte 1 (páginas 82–83)

Escribe las dos maneras en que podrías leer la hora.

1.
2.
3.
4.

Escribe qué hora es.

5.
6.
7.
8.

Lección 5.4 Parte 2 (páginas 84–85)

Representa para hallar la solución.

1. La práctica de las animadoras comienza a las 4:00 y termina a las 5:17. ¿Dónde están las manecillas del reloj cuando termina la práctica?

2. La Sra. Marshall llega a su casa 47 minutos después de las dos. ¿Dónde están las manecillas del reloj?

CAPÍTULO 6

Lección 6.1 (páginas 90–91)

Halla el tiempo transcurrido.

1. **comienzo:** 1:30 **final:** 1:45
2. **comienzo:** 3:15 **final:** 4:15
3. **comienzo:** 4:30 **final:** 5:00
4. **comienzo:** 12:00 **final:** 12:45

5. **comienzo:** 2:45 **final:** 3:00
6. **comienzo:** 8:30 **final:** 9:15
7. **comienzo:** 11:00 **final:** 12:00
8. **comienzo:** 5:15 **final:** 5:30

Halla la hora de terminación.

9. **comienzo:** 5:15 **tiempo transcurrido:** 1 hora
10. **comienzo:** 9:00 **tiempo transcurrido:** 1 hora y 15 min
11. **comienzo:** 11:00 **tiempo transcurrido:** 30 min
12. **comienzo:** 3:3 **tiempo transcurrido:** 30 min

Lección 6.2 (páginas 92–93)

Usa el horario para resolver los Problemas 1–5.

1. ¿A qué hora comienza la clase de cerámica? ¿A qué hora termina?

2. ¿En qué salón se da la clase de escultura?

3. ¿Qué clases se dan en el Salón B?

4. ¿Cuánto dura la clase de pintura?

HORARIO DE LAS CLASES DE ARTE		
Clase	Hora	Salón
Cerámica	1:00–1:45	A
Pintura	1:00–1:45	B
Escultura	2:00–2:45	A
Dibujo	2:00–2:30	B
Caricatura	3:00–3:00	A

5. Si Amad toma la clase de cerámica, ¿saldrá a tiempo para tomar luego la clase de dibujo?

Lección 6.3 (páginas 94–95)

Copia y completa el horario.

HORARIO DE LA PRÁCTICA DE BASQUETBOL			
	Actividad	Hora	Tiempo transcurrido
1.	Calentamiento	3:00–3:15	?
2.	Tiros libres	3:15–3:45	?
3.	Pases	?	30 min
4.	Partido	?	45 min

Usa el horario que has hecho para resolver los Problemas 5–6.

5. ¿Cuánto tiempo más dura el partido que la práctica de pases?

6. ¿Cuánto dura la práctica de basquetbol en total?

Lección 6.4 (páginas 96–97)

Usa el horario para resolver los Problemas 1–5.

1. ¿Qué día de la semana es la práctica de fútbol americano?

2. Patricia va a practicar los lunes. ¿Qué deporte practica?

3. ¿Cuánto tiempo dura la práctica de fútbol?

4. ¿Cuánto dura la práctica de basquetbol?

HORARIO DE DEPORTES		
Deporte	Día	Hora
Fútbol	Lun	3:00–4:15
Béisbol	Mar	3:30–4:30
Basquetbol	Mié	3:45–4:45
Fútbol americano	Jue	3:00–4:30
Softbol	Vie	3:15–4:30

5. ¿Cuánto tiempo más dura la práctica de softbol que la de basquetbol?

Lección 6.5 Parte 1 (páginas 98–99)

Usa el calendario de seis meses para resolver los Ejercicios 1–14.
Escribe la fecha que será 4 semanas después.

1. 12 de mayo
2. 2 de junio
3. 4 de abril
4. 30 de marzo

5. 4 de febrero
6. 15 de enero
7. 9 de mayo
8. 12 de abril

Escribe cuántas semanas hay entre las dos fechas.

9. del 14 de febrero al 14 de marzo
10. del 11 de mayo al 15 de junio
11. del 4 de abril al 23 de mayo

12. del 6 de enero al 27 de enero
13. del 19 de marzo al 30 de abril
14. del 1 de abril al 3 de junio

Lección 6.5 Parte 2 (páginas 100–101)

Vuelve sobre los pasos para hallar la solución. Usa tu calendario de seis meses.

1. Hoy es 30 de junio. Hunter acaba de pasar 3 días en casa de sus abuelos. Antes, estuvo de vacaciones durante dos semanas. ¿En qué fecha salió de vacaciones Hunter?

2. Hoy es 14 de junio. Felicia acaba de pasar 5 días en la playa. Antes, estuvo en un entrenamiento de fútbol durante una semana. ¿En qué fecha fue Felicia al entrenamiento de fútbol?

CAPÍTULO 7

Lección 7.1 (páginas 106–107)

Cuenta el dinero y escribe la cantidad.

1.

2.

3.

4.

Lección 7.2 (páginas 108–109)

Haz tres conjuntos equivalentes para cada cantidad.
Haz una lista de los billetes y monedas que hayas usado.

1. $3.29   2. $5.76   3. $7.11   4. $9.35

5. $1.42   6. $4.26   7. $8.36   8. $2.56

9. $4.31   10. $9.55   11. $2.14   12. $7.09

Lección 7.3 (páginas 110–111)

Compara las cantidades de dinero. Escribe la letra de la cantidad mayor.

1. a. b.

2. a.    b.

3. a.    b.

4. a.    b.

Lección 7.4 (páginas 112–113)

Haz una lista de las monedas que recibirías de cambio si pagaras con un billete de $1.

1. $0.42   2. $0.23   3. $0.51   4. $0.37   5. $0.33

6. $0.86   7. $0.72   8. $0.65   9. $0.94   10. $0.61

11. $0.96   12. $0.68   13. $0.54   14. $0.79   15. $0.48

Lección 7.5 Parte 1

Halla la suma.

1. $1.43 + 2.19	**2.** $3.17 + 1.56	**3.** $2.56 + 4.19	**4.** $6.45 + 4.73	**5.** $8.74 + 5.26

Halla la diferencia.

6. $2.86 − 1.42	**7.** $3.52 − 1.37	**8.** $7.82 − 5.93	**9.** $4.93 − 1.45	**10.** $9.00 − 3.47

Lección 7.5 Parte 2 (páginas 116–117)

Escribe un enunciado numérico para hallar la solución.

1. Tatiana compró un póster por $1.75, un disco compacto por $13.25 y una camiseta por $14.15. ¿Cuánto gastó en total? ¿Cuánto cambio recibió de $30.00?

2. Dustin compró una hamburguesa por $2.49, papas fritas por $1.67 y un refresco por $1.45. ¿Cuánto gastó en total? ¿Cuánto cambio recibió de $10.00?

CAPÍTULO 8

Lección 8.1 (páginas 128–129)

Usa las palabras ¡NUESTROS MAESTROS SON MAGNÍFICOS! para resolver los Ejercicios 1–5. Responde a cada pregunta. Si tu respuesta es un número, indica si es un número cardinal u ordinal.

¡NUESTROS MAESTROS SON MAGNÍFICOS!

1. ¿Cuántas letras tiene la cuarta palabra?

2. ¿Cuál es la tercera letra de la primera palabra?

3. ¿Cuál es la segunda letra de la segunda palabra?

4. En la palabra MAESTROS, ¿en qué posición está la letra M?

5. En la palabra MAGNÍFICOS, ¿en qué posición está la letra G?

Lección 8.2 (páginas 130–131)

Escribe verdadero o falso. Cambia la palabra incorrecta por la palabra correcta para transformar en verdaderas las oraciones falsas.

1. En 1 decena hay 10 unidades.

2. 10 monedas de 10¢ forman 1 dólar.

3. En 1 centena hay 10 unidades.

4. 10 monedas de 1¢ forman 1 dólar.

H80 Capítulos 7–8

Lección 8.3 (páginas 132–133)

Responde a cada pregunta. Usa una tabla del cien para que te sea más fácil.

1. Cuenta salteado de dos en dos. Da 3 saltos. ¿Dónde estás?

2. Cuenta salteado de dos en dos. Da 12 saltos. ¿Dónde estás?

3. Cuenta salteado de tres en tres. Da 5 saltos. ¿Dónde estás?

4. Cuenta salteado de cinco en cinco. Da 7 saltos. ¿Dónde estás?

5. Cuenta salteado de tres en tres. Da 6 saltos. ¿Dónde estás?

6. Cuenta salteado de cinco en cinco. Da 5 saltos. ¿Dónde estás?

Escribe el número. Indica si es *par* o *impar*.

7. 16   **8.** 21   **9.** 43   **10.** 154   **11.** 1,617   **12.** 519

13. 1,072   **14.** 529   **15.** 766   **16.** 2,033   **17.** 6,923   **18.** 359

Lección 8.4 (páginas 134–135)

Usa patrones de diez para hallar la suma o la diferencia.

1. $52 + 10 + 10$ **2.** $16 + 10 + 10$ **3.** $29 + 10 + 10$

4. $43 + 20$ **5.** $61 + 30$ **6.** $17 + 40$

7. $37 - 10$ **8.** $75 - 10 - 10$ **9.** $62 - 10 - 10$

10. $95 - 30$ **11.** $89 - 40$ **12.** $57 - 30$

13. $76 - 40$ **14.** $32 + 40$ **15.** $43 + 30$

Lección 8.5 Parte 1 (páginas 136–137)

Estima la cantidad de caramelos que hay en cada frasco. Usa los frascos A y B de la página 128 como números de referencia.

1.

13, 56 ó 102

2.

7, 31 ó 90

3.

12, 57 ó 89

4.

11, 32 ó 93

5.

5, 24 ó 88

6.

10, 25 ó 45

Lección 8.5 Parte 2 (páginas 138–139)

Haz un modelo para hallar la solución.

1. Jerome tiene 8 monedas. Le dice a Holly que las monedas equivalen a $0.73. ¿Cómo puede saber Holly qué monedas tiene Jerome?

2. Victoria está haciendo una estimación de las monedas de 1¢ que hay en un frasco. De un puñado coge unas 20 monedas. Aproximadamente ¿cuántas monedas hay en 5 puñados?

3. Las vacaciones de Margaret comienzan en 3 semanas. Hoy es 1º de junio. ¿En qué fecha comienzan sus vacaciones?

4. Iván sumó 4 decenas a un conjunto de 7 decenas y 5 unidades. ¿Qué número indican las unidades y las decenas?

CAPÍTULO 9

Lección 9.1 (páginas 144–145)

Escribe cuántas centenas, decenas y unidades hay.

1. 492
2. 673
3. 584
4. 167
5. 219
6. 934

Escribe el valor del dígito en azul.

7. 439
8. 721
9. 396
10. 567
11. 128
12. 899
13. 428
14. 370

Lección 9.2 (páginas 146–147)

Busca en tu libro de 1,000 cuadrados. Escribe el número de la página en que se encuentra cada número.

1. 91
2. 311
3. 790
4. 106
5. 567
6. 419
7. 175
8. 891

Lección 9.3 (páginas 148–149)

Usa patrones de centenas o millares para hallar la suma o la diferencia.

1. $753 + 200$
2. $342 + 100$
3. $523 + 300$
4. $493 - 100$
5. $973 - 300$
6. $546 - 400$
7. $2,493 + 1,000$
8. $3,924 + 2,000$
9. $6,729 + 3,000$
10. $6,429 - 2,000$
11. $7,243 - 1,000$
12. $9,329 - 3,000$

Lección 9.4 (páginas 150–153)

Escribe cada número en forma normal.

1. 40,000 + 1,000 + 500 + 2

2. 200,000 + 6,000 + 700 + 50 + 6

3. 50,000 + 5,000 + 500 + 50 + 5

4. 80,000 + 9,000 + 800 + 10 + 4

5. cuatrocientos sesenta y cinco mil novecientos cuarenta y dos

6. trescientos ochenta mil cuatrocientos cincuenta y tres

7. cuarenta y dos mil setecientos sesenta y uno

8. quince mil seiscientos veintinueve

Escribe el valor del dígito azul.

9. 19,319

10. 27,496

11. 373,153

12. 81,329

13. 29,548

14. 56,258

15. 86,457

16. 99,568

Lección 9.5 Parte 1 (páginas 154–155)

Elige un número de referencia de 1,000 ó 10,000 para estimar o contar cada número.

1. 6,716

2. 17,973

3. 12,735

4. 20,936

5. 4,362

6. 5,123

7. 4,692

8. 87,142

9. 2,499

10. 8,742

11. 12,881

12. 26,902

Lección 9.5 Parte 2 (páginas 156–157)

Usa la tabla para hallar la solución.

1. Por cada 1,000 entradas vendidas, se regala una. ¿Cuántas entradas se regalaron en abril? Explica tu respuesta.

2. El teatro abre la sección de balcones cuando en un mes hay más de 10,000 espectadores. ¿En qué mes se abrió esa sección?

Ventas de entradas	
enero	6,142
febrero	10,329
marzo	7,319
abril	4,902
mayo	3,998

3. El teatro contrata acomodadores extra cuando en un mes hay más de 5,000 espectadores. ¿En qué meses se contrataron acomodadores extra?

4. Redondea al millar más próximo. ¿Cuántas entradas se vendieron cada mes?

CAPÍTULO 10

Lección 10.1 (páginas 162–163)

Dibuja bloques de base diez para mostrar tus modelos. Encierra en un círculo el dibujo que indique el número mayor.

1. 62 y 74
2. 93 y 78
3. 100 y 113
4. 123 y 101
5. 317 y 329
6. 285 y 263
7. 136 y 142
8. 373 y 415
9. 309 y 294

Lección 10.2 (páginas 164–167)

Compara los números. Escribe $<$, $>$ o $=$ en cada ⬤.

1.

63 ⬤ 58

2.

126 ⬤ 128

3.

237 ⬤ 311

4.

122 ⬤ 145

5.

326 ⬤ 258

6.

256 ⬤ 251

7. 76 ⬤ 62
8. 42 ⬤ 51
9. 62 ⬤ 64
10. 112 ⬤ 152
11. 4,109 ⬤ 3,102
12. 4,132 ⬤ 4,132
13. 492 ⬤ 493
14. 201 ⬤ 210
15. 432 ⬤ 423
16. 4,562 ⬤ 4,566
17. 129 ⬤ 129
18. 1,732 ⬤ 1,731

Lección 10.3 Parte 1 (páginas 168–169)

Escribe los números en orden de mayor a menor.

1. 47, 39, 51
2. 77, 89, 10
3. 103, 92, 423
4. 97, 113, 103
5. 621, 719, 536
6. 175, 793, 419

Escribe los números en orden de menor a mayor.

7. 34, 92, 29
8. 43, 64, 53
9. 14, 92, 32
10. 132, 123, 133
11. 109, 107, 110
12. 181, 118, 148

Lección 10.3 Parte 2 (páginas 170–171)

Haz un dibujo para hallar la solución.

1. Anita quiere comprar 3 libros que cuestan $3.75, $7.79 y $2.19. Ordena los libros del más caro al menos caro.

2. Ed tiene 56 adhesivos, Amanda tiene 61 y Whitney tiene 39. Ordena los números de menor a mayor.

3. Liz estimó que había 747 monedas de 1¢ en un frasco. Richard estimó que había 695 monedas de 1¢. En el frasco hay 725 monedas de 1¢. ¿Qué estimación se acercó más a la cantidad real?

4. Morgan estimó que había 275 millas entre Clarksville y Riverside. Dante hizo una estimación de 310 millas. La distancia real es de 296 millas. ¿Qué estimación se acercó más a la realidad?

Lección 10.4 (páginas 172–173)

Redondea cada número a la centena más próxima. Si lo deseas, puedes usar una recta numérica.

1. 429	2. 319	3. 563	4. 872
5. 194	6. 632	7. 411	8. 699
9. 727	10. 946	11. 872	12. 333
13. 749	14. 678	15. 921	16. 857

Indica entre qué dos decenas o dos centenas está cada número. Luego redondea.

17. 56	18. 129	19. 687
20. 372	21. 417	22. 323

Lección 10.5 (páginas 174–175)

Redondea a la decena más próxima o a los diez dólares más próximos.

1. 52	2. 39	3. 45	4. $21	5. $89
6. 26	7. 72	8. $82	9. $17	10. $66

Redondea a la centena más próxima o a los cien dólares más próximos.

11. 239	12. 476	13. 189	14. $651	15. $539
16. 391	17. 727	18. $821	19. $933	20. $265

CAPÍTULO 11

Lección 11.1 (páginas 186–187)

Observa las ilustraciones. Escribe cuántos hay en total.

1.

2.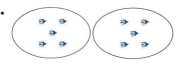

3.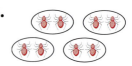

3 grupos de 4 = ___?___   2 grupos de 5 = ___?___   4 grupos de 2 = ___?___

Lección 11.2 Parte 1 (páginas 188–189)

Escribe para cada caso el enunciado de suma y de multiplicación.

1.

2.

3.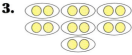

Halla el producto. Si lo deseas, puedes hacer un dibujo.

4. $9 \times 2 =$ ___?___   **5.** $1 \times 5 =$ ___?___   **6.** $6 \times 2 =$ ___?___   **7.** $3 \times 5 =$ ___?___

8. $5 \times 8 =$ ___?___   **9.** $2 \times 5 =$ ___?___   **10.** $4 \times 2 =$ ___?___   **11.** $5 \times 4 =$ ___?___

Lección 11.2 Parte 2 (páginas 190–191)

Haz un dibujo para hallar la solución.

1. En la clase de la Sra. Carol 7 estudiantes escribieron 3 poemas cada uno. ¿Cuántos poemas escribieron en total?

2. En el jardín de Michelle hay 4 filas de rosales. En cada fila hay 6 rosales. ¿Cuántos rosales hay en el jardín?

Lección 11.3 (páginas 192–195)

Completa el enunciado de multiplicación para cada recta numérica.

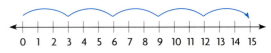

1. $3 \times 5 =$ ___?___   **2.** $5 \times 3 =$ ___?___

Usa la recta numérica. Halla el producto.

3. $3 \times 1 =$ ___?___   **4.** $3 \times 4 =$ ___?___   **5.** $6 \times 2 =$ ___?___   **6.** $7 \times 3 =$ ___?___

7. $9 \times 3 =$ ___?___   **8.** $5 \times 4 =$ ___?___   **9.** $4 \times 7 =$ ___?___   **10.** $3 \times 8 =$ ___?___

Lección 11.4 (páginas 196–197)

Halla el producto.

1. $1 \times 0 =$ _?_   **2.** $0 \times 5 =$ _?_   **3.** $2 \times 1 =$ _?_   **4.** $6 \times 1 =$ _?_

5. $9 \times 0 =$ _?_   **6.** $1 \times 3 =$ _?_   **7.** $6 \times 2 =$ _?_   **8.** $0 \times 4 =$ _?_

9. $7 \times 2 =$ _?_   **10.** $8 \times 3 =$ _?_   **11.** $5 \times 5 =$ _?_   **12.** $4 \times 2 =$ _?_

Lección 11.5 (páginas 198–201)

Halla el producto. Si lo deseas, puedes usar la tabla de multiplicar.

1. $\begin{array}{r} 4 \\ \times 1 \\ \hline \end{array}$ **2.** $\begin{array}{r} 3 \\ \times 5 \\ \hline \end{array}$ **3.** $\begin{array}{r} 9 \\ \times 1 \\ \hline \end{array}$ **4.** $\begin{array}{r} 4 \\ \times 4 \\ \hline \end{array}$ **5.** $\begin{array}{r} 3 \\ \times 4 \\ \hline \end{array}$ **6.** $\begin{array}{r} 5 \\ \times 2 \\ \hline \end{array}$

7. $\begin{array}{r} 4 \\ \times 5 \\ \hline \end{array}$ **8.** $\begin{array}{r} 2 \\ \times 4 \\ \hline \end{array}$ **9.** $\begin{array}{r} 4 \\ \times 3 \\ \hline \end{array}$ **10.** $\begin{array}{r} 8 \\ \times 4 \\ \hline \end{array}$ **11.** $\begin{array}{r} 7 \\ \times 4 \\ \hline \end{array}$ **12.** $\begin{array}{r} 6 \\ \times 5 \\ \hline \end{array}$

13. $6 \times 4 =$ _?_   **14.** $7 \times 5 =$ _?_   **15.** $4 \times 0 =$ _?_   **16.** $9 \times 4 =$ _?_

CAPÍTULO 12

Lección 12.1 (páginas 206–207)

Halla el producto.

1. $5 \times 4 =$ _?_   **2.** $6 \times 6 =$ _?_   **3.** $5 \times 6 =$ _?_

4. $6 \times 2 =$ _?_   **5.** $9 \times 6 =$ _?_   **6.** $8 \times 6 =$ _?_

7. $3 \times 6 =$ _?_   **8.** $4 \times 6 =$ _?_   **9.** $7 \times 6 =$ _?_

Escribe la operación de multiplicación que muestra cada matriz.

10.    **11.**    **12.**

Nombra todas las matrices que podrías hacer con cada grupo de fichas cuadradas.

13. 4 fichas cuadradas   **14.** 16 fichas cuadradas   **15.** 18 fichas cuadradas

16. 20 fichas cuadradas   **17.** 24 fichas cuadradas   **18.** 30 fichas cuadradas

Lección 12.2 (páginas 208–211)

Halla el producto.

1. $3 \times 7 =$? **2.** $5 \times 7 =$? **3.** $1 \times 7 =$? **4.** $5 \times 6 =$?

5. $7 \times 0 =$? **6.** $2 \times 7 =$? **7.** $9 \times 7 =$? **8.** $4 \times 7 =$?

9. $6 \times 7 =$? **10.** $7 \times 8 =$? **11.** $7 \times 7 =$? **12.** $8 \times 7 =$?

Lección 12.3 (páginas 212–213)

Halla el producto.

1. $3 \times 8 =$? **2.** $2 \times 6 =$? **3.** $2 \times 8 =$? **4.** $8 \times 8 =$?

5. $4 \times 8 =$? **6.** $0 \times 8 =$? **7.** $3 \times 4 =$? **8.** $7 \times 8 =$?

9. $6 \times 8 =$? **10.** $5 \times 8 =$? **11.** $8 \times 1 =$? **12.** $9 \times 8 =$?

Lección 12.4 Parte 1 (páginas 214–215)

Halla el producto.

1. $\begin{array}{r} 6 \\ \times 9 \\ \hline \end{array}$ **2.** $\begin{array}{r} 9 \\ \times 1 \\ \hline \end{array}$ **3.** $\begin{array}{r} 5 \\ \times 5 \\ \hline \end{array}$ **4.** $\begin{array}{r} 2 \\ \times 9 \\ \hline \end{array}$ **5.** $\begin{array}{r} 9 \\ \times 0 \\ \hline \end{array}$

6. $\begin{array}{r} 5 \\ \times 9 \\ \hline \end{array}$ **7.** $\begin{array}{r} 9 \\ \times 9 \\ \hline \end{array}$ **8.** $\begin{array}{r} 3 \\ \times 9 \\ \hline \end{array}$ **9.** $\begin{array}{r} 7 \\ \times 9 \\ \hline \end{array}$ **10.** $\begin{array}{r} 4 \\ \times 9 \\ \hline \end{array}$

11. $8 \times 9 =$? **12.** $6 \times 5 =$? **13.** $9 \times 2 =$? **14.** $9 \times 5 =$?

15. $9 \times 7 =$? **16.** $6 \times 9 =$? **17.** $9 \times 9 =$? **18.** $9 \times 8 =$?

Lección 12.4 Parte 2 (páginas 216–217)

Haz un modelo para hallar la solución.

1. En el huerto de Candace hay 4 filas con 3 plantas en cada una. ¿Cuántas plantas hay en total?

2. El entrenador Riley colocó a los jugadores en 6 filas de 4 jugadores cada una. ¿Cuántos jugadores hay en el equipo?

3. La Sra. Johnson colgó los poemas de sus estudiantes en la pared. En la pared hay 4 filas con 7 poemas en cada una. ¿Cuántos poemas hay colgados en la pared?

4. Jenna colocó azulejos en el piso de su baño. Puso 6 filas de azulejos con 8 azulejos en cada una. ¿Cuántos azulejos colocó?

Lección 12.5 (páginas 218–221)

Usa la tabla de multiplicar para hallar los productos.

1. $\begin{array}{r} 5 \\ \times 4 \\ \hline \end{array}$
2. $\begin{array}{r} 9 \\ \times 3 \\ \hline \end{array}$
3. $\begin{array}{r} 7 \\ \times 5 \\ \hline \end{array}$
4. $\begin{array}{r} 4 \\ \times 0 \\ \hline \end{array}$
5. $\begin{array}{r} 7 \\ \times 7 \\ \hline \end{array}$

6. $\begin{array}{r} 7 \\ \times 2 \\ \hline \end{array}$
7. $\begin{array}{r} 3 \\ \times 2 \\ \hline \end{array}$
8. $\begin{array}{r} 9 \\ \times 8 \\ \hline \end{array}$
9. $\begin{array}{r} 6 \\ \times 4 \\ \hline \end{array}$
10. $\begin{array}{r} 9 \\ \times 5 \\ \hline \end{array}$

11. $\begin{array}{r} 6 \\ \times 0 \\ \hline \end{array}$
12. $\begin{array}{r} 7 \\ \times 4 \\ \hline \end{array}$
13. $\begin{array}{r} 5 \\ \times 6 \\ \hline \end{array}$
14. $\begin{array}{r} 8 \\ \times 7 \\ \hline \end{array}$
15. $\begin{array}{r} 9 \\ \times 3 \\ \hline \end{array}$

CAPÍTULO 13

Lección 13.1 (páginas 226–227)

Copia y completa la tabla. Usa fichas para que te sea más fácil.

	Fichas	¿Cuántos grupos hay?	¿Cuántas hay en cada grupo?
1.	10	5	?
2.	12	?	6
3.	16	4	?
4.	25	?	5
5.	27	3	?
6.	32	?	4

Lección 13.2 (páginas 228–229)

Muestra cómo puedes usar la resta para hallar la solución.

1. $15 \div 5 = \underline{}$
2. $24 \div 6 = \underline{}$
3. $20 \div 5 = \underline{}$
4. $16 \div 8 = \underline{}$
5. $12 \div 3 = \underline{}$
6. $6 \div 2 = \underline{}$

Escribe el enunciado de división que muestra la resta repetida.

7. $\begin{array}{r} 35 \\ -7 \\ \hline 28 \end{array}$ $\begin{array}{r} 28 \\ -7 \\ \hline 21 \end{array}$ $\begin{array}{r} 21 \\ -7 \\ \hline 14 \end{array}$ $\begin{array}{r} 14 \\ -7 \\ \hline 7 \end{array}$ $\begin{array}{r} 7 \\ -7 \\ \hline 0 \end{array}$

8. $\begin{array}{r} 42 \\ -6 \\ \hline 36 \end{array}$ $\begin{array}{r} 36 \\ -6 \\ \hline 30 \end{array}$ $\begin{array}{r} 30 \\ -6 \\ \hline 24 \end{array}$ $\begin{array}{r} 24 \\ -6 \\ \hline 18 \end{array}$ $\begin{array}{r} 18 \\ -6 \\ \hline 12 \end{array}$ $\begin{array}{r} 12 \\ -6 \\ \hline 6 \end{array}$ $\begin{array}{r} 6 \\ -6 \\ \hline 0 \end{array}$

9. $\begin{array}{r} 25 \\ -5 \\ \hline 20 \end{array}$ $\begin{array}{r} 20 \\ -5 \\ \hline 15 \end{array}$ $\begin{array}{r} 15 \\ -5 \\ \hline 10 \end{array}$ $\begin{array}{r} 10 \\ -5 \\ \hline 5 \end{array}$ $\begin{array}{r} 5 \\ -5 \\ \hline 0 \end{array}$

10. $\begin{array}{r} 32 \\ -8 \\ \hline 24 \end{array}$ $\begin{array}{r} 24 \\ -8 \\ \hline 16 \end{array}$ $\begin{array}{r} 16 \\ -8 \\ \hline 8 \end{array}$ $\begin{array}{r} 8 \\ -8 \\ \hline 0 \end{array}$

Lección 13.3 (páginas 230–231)

Escribe el factor o cociente que falta en cada enunciado numérico.

1. $7 \times \underline{\ ?\ } = 28$ $28 \div 7 = \underline{\ ?\ }$

2. $9 \times \underline{\ ?\ } = 72$ $72 \div 9 = \underline{\ ?\ }$

3. $4 \times \underline{\ ?\ } = 24$ $24 \div 4 = \underline{\ ?\ }$

4. $8 \times \underline{\ ?\ } = 48$ $48 \div 8 = \underline{\ ?\ }$

5. $6 \times \underline{\ ?\ } = 54$ $54 \div 6 = \underline{\ ?\ }$

6. $5 \times \underline{\ ?\ } = 35$ $35 \div 5 = \underline{\ ?\ }$

Multiplica para comprobar cada división. Muestra tu trabajo.

7. $40 \div 8 = \underline{\ ?\ }$ **8.** $36 \div 6 = \underline{\ ?\ }$ **9.** $63 \div 9 = \underline{\ ?\ }$ **10.** $56 \div 7 = \underline{\ ?\ }$

11. $45 \div 5 = \underline{\ ?\ }$ **12.** $54 \div 9 = \underline{\ ?\ }$ **13.** $28 \div 7 = \underline{\ ?\ }$ **14.** $24 \div 4 = \underline{\ ?\ }$

Lección 13.4 (páginas 232–233)

Escribe la familia de operaciones para cada conjunto de números.

1. 2, 8, 16

2. 3, 4, 12

3. 5, 6, 30

4. 6, 7, 42

5. 7, 7, 49

6. 6, 9, 54

7. 7, 8, 56

8. 7, 9, 63

9. 8, 8, 64

Lección 13.5 (páginas 234–235)

Escribe la operación de multiplicación que puedes usar para hallar el cociente. Escribe el cociente.

1. $10 \div 2 = \underline{\ ?\ }$ **2.** $18 \div 3 = \underline{\ ?\ }$ **3.** $15 \div 5 = \underline{\ ?\ }$ **4.** $40 \div 5 = \underline{\ ?\ }$

5. $21 \div 3 = \underline{\ ?\ }$ **6.** $24 \div 4 = \underline{\ ?\ }$ **7.** $25 \div 5 = \underline{\ ?\ }$ **8.** $35 \div 5 = \underline{\ ?\ }$

9. $32 \div 4 = \underline{\ ?\ }$ **10.** $45 \div 5 = \underline{\ ?\ }$ **11.** $28 \div 4 = \underline{\ ?\ }$ **12.** $36 \div 4 = \underline{\ ?\ }$

13. $30 \div 5 = \underline{\ ?\ }$ **14.** $18 \div 2 = \underline{\ ?\ }$ **15.** $20 \div 4 = \underline{\ ?\ }$ **16.** $16 \div 2 = \underline{\ ?\ }$

Lección 13.6 Parte 1 (páginas 236–237)

Escribe a ó b para indicar qué enunciado numérico usarías para resolver cada problema.

1. Barry camina 2 millas al día. ¿Cuántas millas camina en 9 días?
   a. $18 \div 2 = 9$
   b. $9 \times 2 = 18$

2. La Sra. Roger separó a sus 24 estudiantes en 6 grupos. ¿Cuántos estudiantes hay en cada grupo?
   a. $24 \div 6 = 4$
   b. $6 \times 4 = 24$

Lección 13.6 Parte 2 (páginas 238–239)

Escribe un enunciado numérico para hallar la solución.

1. En la clase del Sr. Brawner hay 28 estudiantes en 4 filas. ¿Cuántos estudiantes hay en cada fila?

2. Clarissa va al gimnasio 3 veces a la semana. ¿Cuántas veces va al gimnasio en 5 semanas?

3. Amanda camina 6 millas al día. ¿Cuántas millas camina en 1 semana?

4. Connor invita a 15 amigos a su fiesta de cumpleaños. Para jugar en la fiesta, hacen 5 equipos. ¿Cuántos amigos hay en cada equipo?

CAPÍTULO 14

Lección 14.1 (páginas 244–245)

Escribe el enunciado de división. Puedes usar fichas cuadradas.

1. ¿Cuántos grupos de 5 hay en 25?

2. ¿Cuántos grupos de 4 hay en 28?

3. ¿Cuántos grupos de 6 hay en 18?

4. ¿Cuántos grupos de 7 hay en 35?

5. ¿Cuántos grupos de 8 hay en 32?

6. ¿Cuántos grupos de 9 hay en 54?

7. ¿Cuántos grupos de 9 hay en 81?

8. ¿Cuántos grupos de 7 hay en 63?

9. ¿Cuántos grupos de 8 hay en 56?

10. ¿Cuántos grupos de 6 hay en 48?

Lección 14.2 (páginas 246–247)

Halla el cociente.

1. $6 \div 6 = \underline{\ ?\ }$

2. $0 \div 3 = \underline{\ ?\ }$

3. $3 \div 1 = \underline{\ ?\ }$

4. $4 \div 1 = \underline{\ ?\ }$

5. $2 \div 2 = \underline{\ ?\ }$

6. $0 \div 7 = \underline{\ ?\ }$

7. $8 \div 1 = \underline{\ ?\ }$

8. $0 \div 1 = \underline{\ ?\ }$

9. $9 \div 1 = \underline{\ ?\ }$

10. $4 \div 4 = \underline{\ ?\ }$

11. $7 \div 1 = \underline{\ ?\ }$

12. $5 \div 5 = \underline{\ ?\ }$

13. $8 \div 8 = \underline{\ ?\ }$

14. $6 \div 1 = \underline{\ ?\ }$

15. $7 \div 7 = \underline{\ ?\ }$

16. $9 \div 9 = \underline{\ ?\ }$

17. $0 \div 8 = \underline{\ ?\ }$

18. $1 \div 1 = \underline{\ ?\ }$

Lección 14.3 (páginas 248-249)

Usa la tabla de multiplicar de la página 248 para hallar cada cociente.

1. $24 \div 4 = $?   **2.** $18 \div 6 = $?   **3.** $35 \div 7 = $?

4. $30 \div 5 = $?   **5.** $28 \div 4 = $?   **6.** $63 \div 9 = $?

7. $36 \div 9 = $?   **8.** $21 \div 7 = $?   **9.** $64 \div 8 = $?

10. $28 \div 7 = $?   **11.** $54 \div 6 = $?   **12.** $36 \div 6 = $?

13. $56 \div 8 = $?   **14.** $24 \div 6 = $?   **15.** $54 \div 9 = $?

16. $63 \div 7 = $?   **17.** $48 \div 8 = $?   **18.** $27 \div 3 = $?

19. $42 \div 6 = $?   **20.** $36 \div 4 = $?   **21.** $72 \div 9 = $?

Lección 14.4 Parte 1 (páginas 250–251)

Copia y completa las tablas.

1.

÷	25	30	35	40	45
5	?	?	?	?	?

2.

÷	24	32	40	48	56
8	?	?	?	?	?

3.

÷	24	30	36	42	48
6	?	?	?	?	?

4.

÷	27	36	45	54	63
9	?	?	?	?	?

Halla el cociente.

5. $48 \div 8 = $?   **6.** $63 \div 7 = $?   **7.** $45 \div 9 = $?

8. $42 \div 6 = $?   **9.** $54 \div 9 = $?   **10.** $48 \div 6 = $?

11. $28 \div 7 = $?   **12.** $36 \div 6 = $?   **13.** $72 \div 8 = $?

14. $56 \div 8 = $?   **15.** $36 \div 9 = $?   **16.** $64 \div 8 = $?

Lección 14.4 Parte 2 (páginas 252–253)

Haz una tabla para hallar la solución.

1. Craig tiene 3 botellas de agua. La botella de color azul contiene 16 onzas, la de color rojo contiene 24 onzas y la de color verde contiene 32 onzas. ¿Cuántas medidas de 8 onzas de agua hay en cada botella?

2. En la feria se ofrecen paseos en poni de 7 minutos. Hay un turno de 35 minutos por la mañana, otro de 49 minutos a la hora del almuerzo y otro de 56 minutos por la tarde. ¿Cuántos paseos en poni se pueden dar en cada turno?

Lección 14.5 (páginas 254–255)

Escribe *a* o *b* para mostrar qué enunciado numérico
usarías para resolver cada problema.

1. Había 12 perritos en la tienda
de animales. Luego se
vendieron 3 perritos.
¿Cuántos quedaron?
   a. $12 \div 3 = 4$ **b.** $12 - 3 = 9$

2. El señor Wong tiene 3 hijos.
Le dio 2 galletas a cada uno
de ellos. ¿Cuántas galletas
repartió?
   a. $3 \times 2 = 6$ **b.** $3 + 2 = 5$

CAPÍTULO 15

Lección 15.1 (páginas 266–267)

Kenneth hizo varias veces un experimento con sus hámsters.
Los puso en un laberinto y anotó cuál de ellos llegó primero
a la salida. Transforma la tabla de conteo de Kenneth en una
tabla de frecuencias. Después responde a las preguntas.

HÁMSTERS DE KENNETH	
Hámster	**Puntos**
Mimoso	||||
Orejitas	⊥⊥⊥⊥ ||
Saltarín	||

1. ¿Qué hámster ganó más veces?

2. ¿Cuántas veces hizo Kenneth correr
a sus hámsters en el laberinto?

3. ¿Cuántas veces más ganó Orejitas que
Mimoso?

Lección 15.2 Parte 1 (páginas 268–269)

Para resolver los Problemas 1–2, indica qué tipo de tabla se
debe usar. Escribe *tabla de conteo* o *tabla de frecuencia*.

1. Delia va a realizar un
experimento con una moneda.
Anotará qué cara de la
moneda saldrá cada vez que
la lance al aire.

2. Bryan quiere mostrar a sus
amigos los resultados de su
experimento con un cubo
numerado.

Lección 15.2 Parte 2 (páginas 270–271)

Halla la solución.

1. Susana lanzó una moneda al
aire 40 veces y anotó qué lado
salió cada vez. Haz una tabla
acerca de su experimento.

2. Jon lanzó un cubo numerado
15 veces y anotó el número
que salió cada vez. Haz una
tabla acerca de su
experimento.

Lección 15.3 (páginas 272–273)

Usa los resultados de la encuesta que se muestran en la tabla de conteo para resolver los Problemas 1–4.

ANIMALES FAVORITOS	
Animales	**Votos**
Peces	卌 |
Perros	卌 卌 |||
Gatos	卌 |||
Pájaros	卌

1. ¿Por qué animal votaron más personas?

2. ¿Cuántas personas más votaron por gatos que por pájaros?

3. ¿Cuántas personas respondieron a la encuesta?

4. ¿Cuántas personas más votaron por perros que por peces?

Lección 15.4 (páginas 274–275)

Usa la tabla para resolver los Problemas 1–4.

ESTUDIANTES DEL CORO			
	Tercer grado	**Cuarto grado**	**Quinto grado**
Niños	5	7	7
Niñas	9	6	8

1. ¿Cuántos integrantes del coro son niñas de tercer grado?

2. ¿Cuántos estudiantes de cuarto grado están en el coro?

3. ¿Qué grado tiene exactamente 14 estudiantes en el coro?

4. ¿Cuántos estudiantes hay en el coro en total?

CAPÍTULO 16

Lección 16.1 (páginas 280–281)

Usa la pictografía para resolver los Problemas 1–6.

NUESTRO COLOR FAVORITO

azul	▌▌▌▌▌
verde	▌▌▌
amarillo	▌
rojo	▌▌

Clave: Cada ▌ representa 3 estudiantes.

1. ¿Qué color prefiere la mayor cantidad de estudiantes?

2. ¿Cuántos estudiantes más prefieren el verde que el amarillo?

3. ¿A cuántos estudiantes les gusta el rojo?

4. ¿Cuántos estudiantes más prefieren el azul que el verde?

5. ¿Cuántos estudiantes respondieron a la encuesta?

6. Si 3 estudiantes más eligieran el color rojo, ¿cómo cambiaría la pictografía?

Lección 16.2 (páginas 282–283)

Haz una pictografía para mostrar la cantidad de estudiantes que compran el almuerzo en Lily Pond School. Elige un símbolo y una clave para la gráfica y también un título y nombres.

ALMUERZOS COMPRADOS EN LA ESCUELA	
Día	**Cantidad de estudiantes**
lunes	20
martes	40
miércoles	10
jueves	30
viernes	50

Lección 16.3 (páginas 284–285)

Usa la gráfica de barras para resolver los Problemas 1–4.

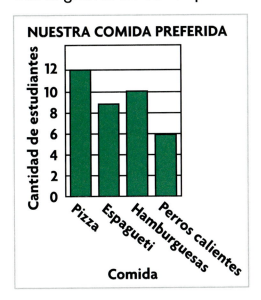

1. ¿Qué comida prefiere la mayor cantidad de estudiantes?

2. ¿Cuántos estudiantes prefieren las hamburguesas?

3. ¿Cuántos estudiantes más prefieren el espagueti que los perros calientes?

4. ¿Cuántos estudiantes participaron en la encuesta?

Lección 16.4 (páginas 286–287)

Haz una gráfica de barras con los datos de la tabla que indican cómo van los estudiantes a la escuela. Usa una escala numerada de dos en dos (0, 2, 4, 6, 8, 10). Recuerda ponerle un título y nombres a la gráfica.

CÓMO VAMOS A LA ESCUELA	
Medio de transporte	**Cantidad de estudiantes**
Autobús	9
Carro	6
Bicicleta	3
A pie	4

Lección 16.5 Parte 1 (páginas 288–289)

Usa la pictografía para resolver los Problemas 1–3.

HÁMSTERS POR GRADO

Tercer grado	● ● ● ● ● ●
Cuarto grado	● ●
Quinto grado	● ● ●

Clave: Cada ● representa 4 hámsters.

1. ¿En qué grado tienen más hámsters? ¿En cuál tienen menos?

2. ¿Cuántos hámsters tienen en quinto grado?

3. ¿Cuántos hámsters más tienen en tercer grado que en quinto grado?

Lección 16.5 Parte 2 (páginas 290–291)

Usa la gráfica para resolver los Problemas 1–4.

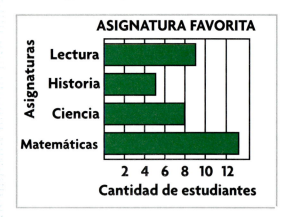

ASIGNATURA FAVORITA

Asignaturas: Lectura, Historia, Ciencia, Matemáticas

Cantidad de estudiantes

1. ¿Cuál es la asignatura favorita de la mayor cantidad de estudiantes?

2. ¿Cuántos estudiantes más prefieren lectura que historia?

3. ¿Cuántos estudiantes votaron?

4. ¿Cuántos estudiantes más prefieren matemáticas que lectura?

CAPÍTULO 17

Lección 17.1 (páginas 296–297)

Lee cada suceso. Indica si es *seguro* o *imposible*.

1. Llegarás a la luna con una escalera hecha de queso.

2. Sacarás un círculo de una bolsa que contiene estas figuras.

3. El sol saldrá mañana.

4. Tocar un cubo de hielo hará que tus dedos se enfríen.

5. No dormirás la semana que viene.

Lección 17.2 Parte 1 (páginas 298–299)

Escribe los resultados posibles de cada suceso.

1. resolver un problema de matemáticas

2. lanzar una moneda al aire

¿Qué resultado es más probable que ocurra?

3. Sacas una figura de la bolsa.

Lección 17.2 Parte 2 (páginas 300–301)

Haz una lista para resolver el siguiente problema.

1. Kelly y Sandra hacen un experimento. Hacen girar esta flecha giratoria y lanzan al aire una moneda. ¿Cuáles son todas las combinaciones posibles?

Lección 17.3 (páginas 302–303)

Los estudiantes de la clase del Sr. Ricci hicieron un experimento. Pusieron cubos, canicas y pelotas de goma en una bolsa. El Sr. Ricci sacó un objeto de la bolsa, anotó qué era y lo volvió a meter en la bolsa. Hizo lo mismo 30 veces. Usa la tabla para decidir qué objeto tiene más probabilidades de salir al sacar un objeto de la bolsa.

BOLSA DEL SR. RICCI	
Objeto	**Cuántas veces lo sacó**
Pelotas de goma	16
Canicas	8
Cubos	6

Lección 17.4 (páginas 304-305)

Elige la flecha giratoria con la que se puede tener un juego justo. Escribe A o B.

1.

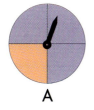

A   B

2.

A   B

CAPÍTULO 18

Lección 18.1 (páginas 316–317)

Señala a qué cuerpo geométrico se parece cada figura.

1.
2.
3.
4.

Lección 18.2 (páginas 318–319)

Eric tenía una caja. La recortó por las aristas y la aplanó. Usa el dibujo de la caja aplanada para responder a las preguntas.

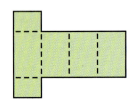

1. ¿Cuántas aristas tenía la caja de Eric?

2. ¿Cuántas caras tenía la caja de Eric?

3. ¿Era la caja de Eric un prisma rectangular o un cubo?

4. ¿Era su caja un cuerpo geométrico o una figura plana?

5. ¿En qué se diferencian un prisma rectangular y un cubo?

Lección 18.3 (páginas 320–321)

Indica a qué cuerpo geométrico corresponde cada conjunto de caras. Escribe *a, b* o *c*.

1.

    a. cubo

    b. prisma rectangular

    c. pirámide cuadrada

2.

    a. prisma rectangular

    b. cono

    c. cubo

3.

    a. pirámide cuadrada

    b. cubo

    c. prisma rectangular

Lección 18.4 (páginas 322–323)

Indica si cada figura está formada solamente por líneas rectas, por líneas curvas, o por líneas de los dos tipos.

1.

2.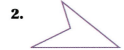

3.

4. Dibuja una figura que esté formada sólo por líneas curvas.

5. Dibuja una figura que esté formada por líneas curvas y rectas.

Lección 18.5 Parte 1 (páginas 324–325)

Dibuja las próximas dos figuras de cada patrón.

1.

2.

Indica qué figuras faltan en este patrón.

3.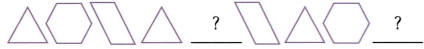

Lección 18.5 Parte 2 (páginas 326-327)

Halla un patrón para resolver el problema.

1. Jerry está jugando con los bloques de su hermanito. ¿Cuáles son las próximas tres figuras del patrón?

2. Tito ve un patrón en el conjunto de números 9, 12, 15, 18. Quiere escribir los próximos tres números. ¿Qué números escribirá?

3. David ve un patrón en el conjunto de números 7, 14, 21, 28. Quiere escribir los próximos tres números. ¿Qué números escribirá?

CAPÍTULO 19

Lección 19.1 (páginas 332–333)

Escribe la cantidad de segmentos que tiene cada figura.

1. 　　　　**2.**

Escribe la cantidad de ángulos que tiene cada figura.

3. 　　　　**4.**

Lección 19.2 (páginas 334–335)

Usa una cuadrícula. Haz un mapa del jardín. Usa los siguientes pares ordenados para poner flores en tu mapa. Anota la primera letra del nombre de las flores en el punto correcto.

1. margaritas (4,3)

2. rosas (2,1)

3. geranios (1,4)

Lección 19.3 (páginas 336–337)

Señala si las dos figuras son congruentes. Escribe *sí* o *no*.

1. 　　　　**2.**

3. 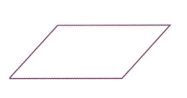　　　　**4.**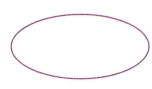

Lección 19.4 (páginas 338–339)

Calca y recorta cada figura. Usa cada figura recortada para hallar cuántas figuras congruentes hay en el diseño. Anota los resultados en una tabla.

1.

2.

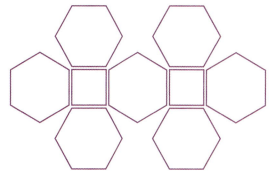

Lección 19.5 Parte 1 (páginas 340–341)

Para hacer los Ejercicios 1–2, usa cubos para construir cada figura. Indica cuántos cubos forman cada figura.

1.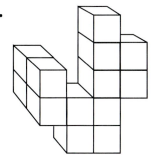

2.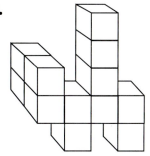

Lección 19.5 Parte 2 (páginas 342–343)

Haz una lista para hallar la solución.

1. Janet hizo un cuerpo geométrico con cubos conectables. Puso 6 cubos en el primer nivel, 2 en el segundo, 1 en el tercero y 1 en el cuarto. ¿Podría ser el cuerpo geométrico que ves abajo? Explica tu respuesta.

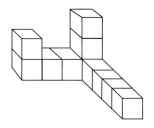

2. Pablo y un amigo construyeron un cuerpo geométrico usando 8 cubos conectables en el primer nivel, 6 cubos en el segundo nivel, 5 cubos en el tercer nivel, 2 cubos en el cuarto nivel y 1 cubo en el quinto nivel. ¿Podría ser éste el cuerpo geométrico? Explica tu respuesta.

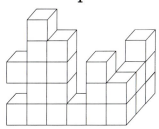

CAPÍTULO 20

Lección 20.1 (páginas 348–349)

Indica qué movimiento se usó para mover cada figura plana. Escribe *traslación, inversión* o *giro*.

1.

2.

3.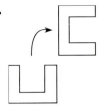

4.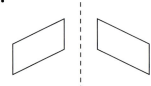

Lección 20.2 (páginas 350–351)

Copia cada figura. Escribe si tiene eje de simetría. Si la respuesta es *sí*, dibuja el eje de simetría.

1.

2.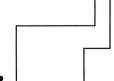

3.

Lección 20.3 (páginas 352–353)

¿Es la línea azul un eje de simetría? Escribe *sí* o *no*.

1.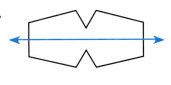

2.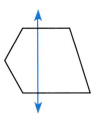

3.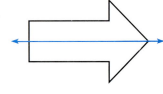

Traza cada figura. Dibuja el eje o los ejes de simetría. ¿Cuántos ejes de simetría tiene cada figura?

4.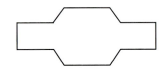

5.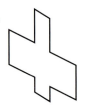

6.

Lección 20.4 Parte 1 (páginas 354–355)

Traza y completa cada dibujo para hacer una figura simétrica.

1.  **2.** 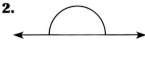 **3.**  **4.**

Lección 20.4 Parte 2 (páginas 356–357)

Haz un dibujo para resolver cada problema.

1. El Sr. Russell está colocando losetas en el piso. Cada loseta cuadrada mide 2 pies de lado. El piso mide 8 pies de largo por 4 pies de ancho. ¿Cuántas losetas colocará?

2. La pista de atletismo tiene 6 lados. Carla inicia su carrera en la mitad de uno de los lados. ¿Por cuántos vértices pasará Carla para llegar al punto de partida?

CAPÍTULO 21

Lección 21.1 (páginas 368–369)

Indica cuántas partes hay en el entero. Indica cuántas de esas partes están coloreadas.

1.   **2.**  **3.** 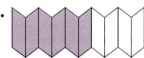 **4.**

Lección 21.2 (páginas 370–373)

Indica qué parte está coloreada. Escribe tu respuesta con números y palabras.

1.   **2.**   **3.**

Escribe con números las fracciones.

4. cuatro sextos **5.** siete novenos **6.** dos cuartos

7. Escribe la fracción que indican los puntos en la recta numérica.

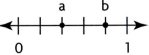

Lección 21.3 (páginas 374–375)

Escribe una fracción que describa cada parte coloreada.

1.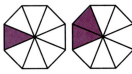

Escribe una fracción que describa la parte coloreada.

2.   **3.**   **4.**

Lección 21.4 Parte 1 (páginas 376–377)

Compara. Escribe $<$, $>$ o $=$ en cada ●.

1.

$\frac{1}{6}$	$\frac{1}{6}$	$\frac{1}{6}$
$\frac{1}{4}$	$\frac{1}{4}$	$\frac{1}{4}$

$\frac{3}{6}$ ● $\frac{3}{4}$

2.

$\frac{1}{5}$	$\frac{1}{5}$	$\frac{1}{5}$	$\frac{1}{5}$
$\frac{1}{5}$	$\frac{1}{5}$		

$\frac{4}{5}$ ● $\frac{2}{5}$

Lección 21.4 Parte 2 (páginas 378–379)

Haz un dibujo para resolver cada problema.

1. Genny y Raúl tenían la misma cantidad de cubos conectables. Genny usó $\frac{2}{8}$ de sus cubos para construir un castillo. Raúl usó $\frac{3}{5}$ de los suyos para hacer un carro. ¿Quién usó más cubos conectables?

2. Ted recorrió $\frac{3}{4}$ de milla en bicicleta. Susana recorrió $\frac{5}{6}$ de milla y Judy recorrió $\frac{1}{2}$ milla. ¿Quién recorrió la mayor distancia?

Lección 21.5 (páginas 380–381)

Halla una fracción equivalente. Usa barras de fracciones para que te sea más fácil.

1. $\frac{6}{8} = \frac{?}{4}$ **2.** $\frac{3}{6} = \frac{?}{2}$ **3.** $\frac{2}{5} = \frac{?}{10}$ **4.** $\frac{1}{2} = \frac{?}{4}$

5. $\frac{2}{6} = \frac{?}{3}$ **6.** $\frac{1}{4} = \frac{?}{8}$ **7.** $\frac{3}{6} = \frac{?}{4}$ **8.** $\frac{4}{5} = \frac{?}{10}$

CAPÍTULO 22

Lección 22.1 (páginas 386–387)

Usa fichas cuadradas para mostrar partes iguales
del grupo. Haz un dibujo de tu modelo.

1. Haz 5 partes iguales y que 1 parte sea de color verde.

2. Haz 3 partes iguales y que 1 parte sea de color amarillo.

3. Haz 7 partes iguales y que 1 parte sea de color violeta.

Lección 22.2 (páginas 388–389)

Escribe la fracción que nombra la parte del grupo que se indica.

1. 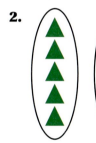 fichas cuadradas verdes

2.  triángulos violetas

Haz el dibujo. Usa números y palabras para describir
la parte sombreada.

3. Dibuja 7 rectángulos. Sombrea 1 rectángulo.

4. Dibuja 16 círculos. Haz 4 grupos iguales.
Sombrea 1 grupo.

Lección 22.3 Parte 1 (páginas 390–391)

Escribe una fracción para describir la parte coloreada.

1.

2.

3.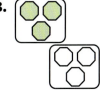

4.

Lección 22.3 Parte 2 (páginas 392–393)

Haz un dibujo para resolver cada problema.

1. Selene tiene 30 canicas. Quiere compartirlas en partes iguales con 4 amigas. ¿Qué parte de las canicas recibirá cada una? ¿Cuántas canicas recibirá cada una?

2. Pedro le da a su pez de colores 1 onza de comida al día. Un sobre de comida dura 1 semana. ¿Cuántas onzas hay en el sobre? ¿Qué fracción de un sobre come el pez cada día?

Lección 22.4 (páginas 394–395)

Compara las partes azules de cada grupo. Escribe $<$, $>$, ó $=$ en cada ⬤.

1.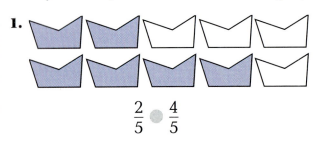

$$\frac{2}{5} \; ⬤ \; \frac{4}{5}$$

2.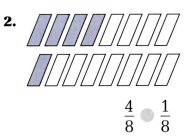

$$\frac{4}{8} \; ⬤ \; \frac{1}{8}$$

3.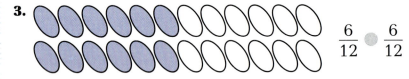

$$\frac{6}{12} \; ⬤ \; \frac{6}{12}$$

CAPÍTULO 23

Lección 23.1 (páginas 400–401)

Escribe el decimal y la fracción que indica la parte coloreada.

1.

2.

3.

4.

Escribe cada decimal como fracción.

5. 0.6   **6.** 0.1   **7.** 0.3   **8.** 0.2

9. 0.5   **10.** 0.8   **11.** 0.4   **12.** 0.7

Lección 23.2 (páginas 402–403)

Colorea cuadrados decimales para mostrar cada cantidad. Escribe el número decimal que nombra cada parte coloreada.

1. treinta y dos centésimos

2. quince centésimos

3. noventa y nueve centésimos

4. siete centésimos

Lección 23.3 (páginas 404–405)

Anota cómo lees y escribes el número decimal que indica cada parte coloreada.

1.   **2.**   **3.**

4.   **5.**   **6.**

Lección 23.4 (páginas 406–407)

Escribe el decimal mixto que muestra cada modelo.

1. 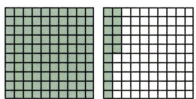   **2.**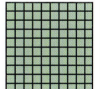

Escribe en forma de decimal mixto.

3. cuatro, y ocho décimos

4. diez, y dos centésimos

5. once, y cinco décimos

6. quince, y tres centésimos

Escribe con palabras cada decimal mixto.

7. 3.42   **8.** 16.01   **9.** 21.55   **10.** 8.08

11. 6.12   **12.** 20.01   **13.** 13.51   **14.** 36.06

Lección 23.5 Parte 1 (páginas 408–409)

Compara. Usa $<$ o $>$ en cada ⬤.

1.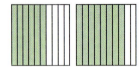

0.6 ⬤ 0.8

2.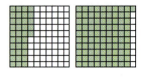

0.35 ⬤ 0.91

3.

unidades	decenas
0	8
0	6

0.8 ⬤ 0.6

4.

unidades	decenas
1	9
1	5

1.9 ⬤ 1.5

Lección 23.5 Parte 2 (páginas 410–411)

Haz un dibujo para resolver cada problema.

1. Shana y su hermana Shari están usando creyones. Shana tiene $\frac{3}{5}$ de los creyones y Shari tiene $\frac{2}{5}$. ¿Quién tiene más creyones?

2. Kevin nadó 1.4 millas el lunes y 3.2 millas el miércoles. ¿Qué día nadó más?

CAPÍTULO 24

Lección 24.1 (páginas 422–423)

Elige la unidad que usarías para medir cada cosa.
Escribe *pulgada, pie, yarda* o *milla*.

1. la distancia entre tu cuarto y la cocina

2. la distancia entre la escuela y tu casa

3. el largo de tu dedo

4. la altura de tu escritorio

Lección 24.2 (páginas 424–425)

Estima el largo de cada llave. Después, usa una regla para medir a la pulgada más próxima.

1.

2.

Lección 24.3 Parte 1 (páginas 426–427)

Mide el largo de cada objeto a la media pulgada más próxima.

1.

2.

3.

Lección 24.3 Parte 2 (páginas 428–429)

Haz un modelo para resolver cada problema.

1. El escritorio de Kisha está a 2 yardas de la puerta. El escritorio de Lola está a una distancia 3 veces mayor. ¿A qué distancia de la puerta está el escritorio de Lola?

2. Ricki quiere colocar azulejos en una pared de 8 pies de altura. Tiene 32 azulejos de un pie cuadrado. ¿De cuántos pies de ancho puede ser el trozo de pared con azulejos?

3. Cathy y June tienen 14 gerbos. Cathy tiene 2 gerbos más que June. ¿Cuántos gerbos tiene cada una?

4. Tim tiene 14 cubos. Tiene cuatro cubos más de color rojo que de color verde. ¿Cuántos cubos de cada color hay?

Lección 24.4 (páginas 430–431)

Elige la unidad que usarías para medir cada cosa.
Escribe *taza, pinta, cuarto* o *galón*.

1. el agua de una piscina

2. un vaso de jugo

3. un cartón de leche

4. un cartón de jugo pequeño

5. un recipiente grande de leche

6. un recipiente de yogur

Escribe la cantidad más grande.

7. 5 pintas ó 2 cuartos

8. 1 galón ó 6 cuartos

9. 3 tazas ó 1 pinta

10. 6 tazas ó 6 cuartos

11. 3 cuartos ó 5 pintas

12. 4 galones ó 4 pintas

Lección 24.5 (páginas 432–433)

Elige la unidad que usarías para pesar cada cosa.
Escribe *onza* o *libra*.

1. unas plumas
2. una galleta
3. una caja de galletas
4. un perro

Elige la mejor estimación

5. un plátano

   3 onzas
   ó 3 libras

6. un gato

   10 onzas
   ó 10 libras

7. una patineta

   5 onzas
   ó 5 libras

CAPÍTULO 25

Lección 25.1 (páginas 438–439)

Elige la unidad que usarías para medir cada cosa.
Escribe *cm, dm* o *m*.

1. un clip
2. el largo de tu mochila
3. el largo de una cancha de fútbol
4. un peine

Elige la unidad que se usó para medir cada cosa.
Escribe *cm, dm,* o *m*.

5. Manuel puede nadar 100 _?_ en 2 minutos.

6. Las orejas del conejo de Fara miden 12 _?_ de largo.

7. Las zapatillas de Todd miden 28 _?_ de largo.

8. El bate de béisbol de Jody mide 7 _?_ de largo.

9. La caña de pescar de Matt mide 2 _?_ de largo.

10. La patineta de Vicky mide unos 4 _?_ de largo.

Lección 25.2 (páginas 440–441)

Escribe dos cosas que midan aproximadamente
lo siguiente.

1. 5 centímetros
2. 15 decímetros
3. 3 metros
4. 10 metros
5. 2 decímetros
6. 30 metros
7. 2 centímetros
8. 1 metro
9. 20 centímetros

Lección 25.3 Parte 1 (páginas 442–443)

Traza una línea de la longitud dada.

1. 3 cm

2. 9 cm

3. 27 cm

4. 19 cm

5. 12 cm

6. 16 cm

Lección 25.3 Parte 2 (páginas 444–445)

Para resolver cada problema, vuelve sobre los pasos.

1. A Donna le gusta mirar los conejos del parque. Ayer vio 18 conejos negros y 23 conejos pardos. En total había 55 conejos. ¿Cuántos conejos no eran ni negros ni pardos?

2. Luis está pintando un poste de 20 yardas. Ayer pintó 6 yardas y hoy pintó 9. ¿Cuántas yardas tendrá que pintar mañana para terminar de pintar el poste?

3. Darrell recorrió en bicicleta 5 millas cuesta arriba y 4 millas cuesta abajo. En total, recorrió 13 millas. ¿Cuántas de las millas no eran ni cuesta arriba ni cuesta abajo?

4. De las 15 personas que había en la fiesta de Jeremy, 8 personas nadaron en la piscina, y otras 4 jugaron a las cartas. ¿Cuántas personas no nadaron ni jugaron a las cartas?

Lección 25.4 (páginas 446–447)

Elige la unidad que usarías para medir cada cosa. Escribe *mL* o *L*.

1. una lata de refresco

2. un frasco de jabón líquido

3. una piscina pequeña

4. una botella grande de agua

5. un cubo de agua

6. un vaso de jugo

7. un bote de pegamento

8. una pecera

9. una gota de lluvia

Lección 25.5 (páginas 448–449)

Elige la unidad que usarías para pesar cada cosa. Escribe *g* o *kg*.

1. una bombilla

2. un carro

3. una bicicleta

4. un osito de peluche

5. una carta

6. una maleta

7. un botón

8. un diccionario

9. una sandía

CAPÍTULO 26

Lección 26.1 (páginas 454–455)

Halla el perímetro de cada figura en cubos.

1. 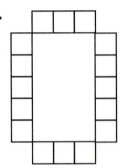   **2.** 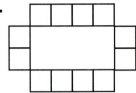   **3.**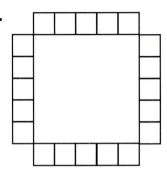

Lección 26.2 (páginas 456–457)

Usa tu regla en centímetros para medir. Halla el perímetro de cada figura.

1.   **2.**

Halla el perímetro de cada figura.

3. 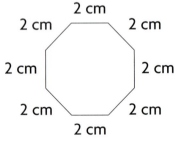   **4.** 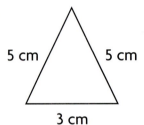   **5.**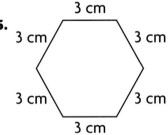

Lección 26.3 (páginas 458–459)

Usa fichas cuadradas para hacer cada figura. Dibuja las figuras. Escribe el área en unidades cuadradas.

1. 7 filas de fichas cuadradas, 3 fichas en cada fila

2. 4 filas de fichas cuadradas, 8 fichas en cada fila

Halla el área de cada figura. Escribe la respuesta en unidades cuadradas.

3. 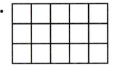   **4.**   **5.**

Lección 26.4 Parte 1 (páginas 460–461)

Halla el área y el perímetro de la figura.

1.

3 pies

8 pies

2.

10 pies

1 pie

3.

9 pies

4 pies

Lección 26.4 Parte 2 (páginas 462–463)

Para resolver cada problema, represéntalo.

1. La Sra. Brugler quiere poner una cerca alrededor de su jardín rectangular. El jardín mide 8 pies de largo por 4 de ancho. ¿Cuántos pies de cerca necesita la Sra. Brugler?

2. Blanca quiere cubrir el piso de su cuarto con una alfombra. Su cuarto es cuadrado y un lado mide 9 pies. ¿Cuánta alfombra necesita Blanca?

3. Ahmit quiere empapelar una pared de 8 pies de alto por 6 pies de ancho. ¿Cuánto papel necesita Ahmit? También quiere poner un adorno alrededor de todo el borde de la pared. ¿Cuántos pies de adorno necesita?

CAPÍTULO 27

Lección 27.1 Parte 1 (páginas 474–475)

Junta las decenas y las unidades. Nombra los factores del nuevo rectángulo.

1.

2.

Dibuja cada matriz sobre papel cuadriculado.
Muestra cómo hallaste el producto.

3. $3 \times 16 =$ _?_

4. $8 \times 11 =$ _?_

5. $2 \times 13 =$ _?_

6. $4 \times 15 =$ _?_

7. $4 \times 12 =$ _?_

8. $3 \times 14 =$ _?_

Lección 27.1 Parte 2 (páginas 476–477)

Haz un modelo para resolver cada problema.

1. Joanne puso sus libros en 7 anaqueles. En cada anaquel puso 16 libros. ¿Cuántos libros tiene Joanne?

2. Los estudiantes de la clase del Sr. Irvey se tomaron una foto. Para la foto, formaron 3 filas de 13 estudiantes cada una. ¿Cuántos estudiantes hay en la clase del Sr. Irvey?

Lección 27.2 (páginas 478–479)

Usa bloques de base diez para hallar cada producto.

1. Warren y dos amigos juegan con bloques de construcción. Cada uno tiene 25 bloques. ¿Cuántos bloques tienen en total?

2. Una familia de 5 ardillas recoge nueces para el invierno. Cada ardilla ya recogió 42 nueces. ¿Cuántas nueces recogieron en total?

3. $5 \times 16 = \underline{\ ?\ }$

4. $8 \times 22 = \underline{\ ?\ }$

5. $3 \times 36 = \underline{\ ?\ }$

6. $6 \times 24 = \underline{\ ?\ }$

7. $7 \times 41 = \underline{\ ?\ }$

8. $8 \times 27 = \underline{\ ?\ }$

Lección 27.3 (páginas 480–481)

Halla cada producto. Usa bloques de base diez para que te sea más fácil.

1. $\begin{array}{r} 32 \\ \times\ 4 \\ \hline \end{array}$

2. $\begin{array}{r} 11 \\ \times\ 7 \\ \hline \end{array}$

3. $\begin{array}{r} 25 \\ \times\ 5 \\ \hline \end{array}$

4. $\begin{array}{r} 37 \\ \times\ 4 \\ \hline \end{array}$

5. $\begin{array}{r} 18 \\ \times\ 9 \\ \hline \end{array}$

6. $\begin{array}{r} 54 \\ \times\ 5 \\ \hline \end{array}$

7. $\begin{array}{r} 79 \\ \times\ 2 \\ \hline \end{array}$

8. $\begin{array}{r} 52 \\ \times\ 6 \\ \hline \end{array}$

9. $\begin{array}{r} 14 \\ \times\ 6 \\ \hline \end{array}$

10. $\begin{array}{r} 29 \\ \times\ 4 \\ \hline \end{array}$

11. $\begin{array}{r} 23 \\ \times\ 2 \\ \hline \end{array}$

12. $\begin{array}{r} 31 \\ \times\ 5 \\ \hline \end{array}$

13. $\begin{array}{r} 33 \\ \times\ 4 \\ \hline \end{array}$

14. $\begin{array}{r} 71 \\ \times\ 5 \\ \hline \end{array}$

15. $\begin{array}{r} 52 \\ \times\ 4 \\ \hline \end{array}$

16. $\begin{array}{r} 83 \\ \times\ 2 \\ \hline \end{array}$

17. $\begin{array}{r} 16 \\ \times\ 5 \\ \hline \end{array}$

18. $\begin{array}{r} 35 \\ \times\ 2 \\ \hline \end{array}$

19. $\begin{array}{r} 28 \\ \times\ 3 \\ \hline \end{array}$

20. $\begin{array}{r} 49 \\ \times\ 6 \\ \hline \end{array}$

21. $\begin{array}{r} 57 \\ \times\ 6 \\ \hline \end{array}$

22. $\begin{array}{r} 39 \\ \times\ 4 \\ \hline \end{array}$

23. $\begin{array}{r} 62 \\ \times\ 5 \\ \hline \end{array}$

24. $\begin{array}{r} 71 \\ \times\ 7 \\ \hline \end{array}$

Lección 27.4 (páginas 482–483)

Halla el producto. Usa bloques de base diez para que te sea más fácil.

1. $95 \times 3 = \underline{\;?\;}$ **2.** $24 \times 6 = \underline{\;?\;}$ **3.** $69 \times 4 = \underline{\;?\;}$ **4.** $23 \times 8 = \underline{\;?\;}$

CAPÍTULO 28

Lección 28.1 (páginas 488–489)

Usa fichas para hallar el cociente y el residuo.

1. $25 \div 4 = \underline{\;?\;}$ **2.** $42 \div 5 = \underline{\;?\;}$ **3.** $41 \div 7 = \underline{\;?\;}$

4. $86 \div 9 = \underline{\;?\;}$ **5.** $52 \div 7 = \underline{\;?\;}$ **6.** $37 \div 4 = \underline{\;?\;}$

Lección 28.2 (páginas 490–491)

Usa el modelo para hallar el cociente y el residuo.

1. $34 \div 4 = \underline{\;?\;}$

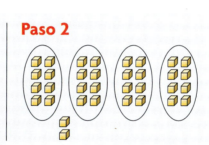

MODELO

Paso 1   Paso 2

2. $67 \div 7 = \underline{\;?\;}$

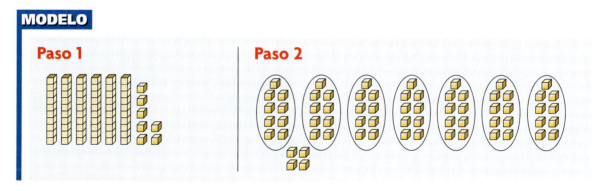

MODELO

Paso 1   Paso 2

Lección 28.3 (páginas 492–493)

Halla el cociente. Muestra el problema de división en un papel.
Luego revisa cada respuesta.

1. $38 \div 7 = \underline{\;?\;}$ **2.** $49 \div 5 = \underline{\;?\;}$ **3.** $18 \div 3 = \underline{\;?\;}$

4. $55 \div 9 = \underline{\;?\;}$ **5.** $37 \div 4 = \underline{\;?\;}$ **6.** $49 \div 8 = \underline{\;?\;}$

Lección 28.4 (páginas 494–495)

Halla el cociente usando sólo papel y lápiz.
Comprueba cada respuesta usando la multiplicación.

1. $59 \div 8 = $? 2. $43 \div 6 = $? 3. $31 \div 5 = $?

4. $68 \div 8 = $? 5. $20 \div 4 = $? 6. $19 \div 2 = $?

7. $44 \div 5 = $? 8. $62 \div 7 = $? 9. $37 \div 4 = $?

10. $33 \div 2 = $? 11. $79 \div 6 = $? 12. $92 \div 8 = $?

Lección 28.5 Parte 1 (páginas 496–497)

Decide si multiplicar o dividir. Resuelve cada problema.

1. El Sr. Sherard compró 12 donuts para sus 4 hijos. Cada niño comió la misma cantidad de donuts. ¿Cuántos donuts comió cada niño?

2. Brett tiene 3 perros. Gasta $21 a la semana en comida para perros. Si los tres comen lo mismo, ¿cuánto gasta Brett a la semana por cada perro?

3. Devon practica 3 deportes. Para cada deporte tiene 3 uniformes. ¿Cuántos uniformes tiene Devon?

4. Michelle ahorró dinero para comprar 2 pares de zapatos. Cada par de zapatos cuesta $15. ¿Cuánto gastó Michelle en zapatos?

Lección 28.5 Parte 2 (páginas 498–499)

Escribe un enunciado numérico y resuélvelo.

1. La Sra. Fathid tiene 3 canteros de flores. En cada cantero hay 32 flores. ¿Cuántas flores tiene la Sra. Fathid?

2. Al terminar la fiesta quedaban 38 golosinas. Víctor y sus 3 hermanas se las repartieron a partes iguales. ¿Cuántas golosinas recibió cada uno? ¿Sobró alguna golosina?

3. Carlos quiere regalar una tarjeta de San Valentín a cada uno de sus 6 amigos. Cada tarjeta cuesta $1.00. ¿Cuánto dinero gastará Carlos?

4. El Sr. Ling tiene 88 creyones. Cada estudiante de su clase recibirá 4 creyones. ¿Cuántos estudiantes hay en la clase del Sr. Ling?

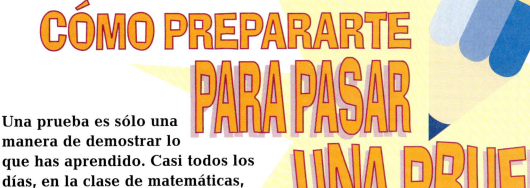

CÓMO PREPARARTE PARA PASAR UNA PRUEBA

Una prueba es sólo una manera de demostrar lo que has aprendido. Casi todos los días, en la clase de matemáticas, respondes preguntas, usas manipulables o resuelves problemas escritos. Estas actividades no son muy diferentes de las pruebas que vas a realizar. Esto significa que te estás preparando cada día para las pruebas.

LOS CONSEJOS Y SUGERENCIAS DE ESTAS PÁGINAS TE AYUDARÁN A REALIZAR UNA BUENA PRUEBA.

PREPÁRATE PARA LA PRUEBA

Lo que hagas la noche anterior a la prueba y en la mañana del día de la prueba es muy importante. Sigue estos consejos:

- DUERME BIEN POR LA NOCHE.

- DESAYÚNATE BIEN.

- NO TE PREOCUPES NI TE PONGAS NERVIOSO.

- DA LO MEJOR DE TI DURANTE LA PRUEBA.

AL REALIZAR LA PRUEBA
Entender las instrucciones

Escucha atentamente al maestro cuando dé las instrucciones. Lee cuidadosamente las instrucciones por escrito. Hazte estas preguntas:

- ¿Tengo lápices con punta y una buena goma de borrar?
- ¿Puedo escribir en la hoja de la prueba?
- ¿Debo hacer marcas en una hoja de respuestas?
- ¿Cuántas preguntas hay en la prueba?
- ¿Cuánto tiempo puedo emplear para hacer la prueba?

Si no entiendes las instrucciones, pregunta al maestro.
Sigue cuidadosamente todas las instrucciones de la prueba.

Responder las preguntas

Lee despacio cada pregunta.

Si no conoces el significado de alguna palabra, lee la oración o problema hasta el final y probablemente así entenderás su significado.

En algunas preguntas, tienes que elegir entre varias respuestas posibles. Estos consejos te pueden ayudar a elegir la respuesta correcta:

- Lee la pregunta cuidadosamente.
- Analiza las respuestas que te dan a elegir.
- Deja de lado las respuestas que te parezcan incorrectas.
- Entonces elige la que coincida con tu propia respuesta.
- Si todas las respuestas parecen correctas, sáltate la pregunta; si más tarde tienes tiempo, vuelve sobre ella.

3. 60 – 49

A 9 **B** 11

C 21 **D** 109

La respuesta A no puede ser la correcta, ya que la diferencia entre 60 y 49 es mayor que 10. La respuesta D no puede ser la correcta, ya que se trata de un problema de resta y la respuesta debe ser menor que 60. La respuesta correcta es la B, ya que debes reagrupar en la posición de las unidades. Entonces, la respuesta es 11 y no 21.

Marcar las respuestas

A veces usarás una hoja de respuestas aparte que será puntuada por una máquina. Es muy importante que marques cada respuesta dentro del espacio reservado para ello.

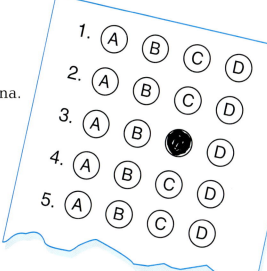

Observa la hoja de respuestas cuidadosamente. Fíjate cómo están distribuidos los números. A veces van de arriba hacia abajo y otras veces de izquierda a derecha.

Asegúrate que estás en el lugar correcto de la hoja de respuestas y de que marcas la respuesta correspondiente a la pregunta.

Si has marcado una respuesta y quieres cambiarla, bórrala completamente y haz la nueva marca.

Controlar el tiempo

Para realizar algunas pruebas tendrás un tiempo máximo asignado. El maestro te dirá de cuánto tiempo dispones para realizar la prueba.

A medida que realizas la prueba, el maestro te dirá cuánto tiempo te queda.

Si se está acabando el tiempo, trata de trabajar más rápido. Pero no trabajes tan rápido que eso te haga descuidarte y cometer errores.

Si sabes que no vas a poder responder a todas las preguntas, busca y responde las más fáciles primero.

REVISAR LOS RESULTADOS

Si terminas la prueba antes del tiempo asignado, revisa tu hoja de respuestas y borra cualquier marca fuera de lugar que veas.

Si te queda tiempo, revisa tus respuestas.

Asegúrate que has marcado cada respuesta en el lugar correcto de la hoja de respuestas.

RECUERDA ESTOS CONSEJOS, ¡TE AYUDARÁN A OBTENER BUENOS RESULTADOS EN LAS PRUEBAS!

"YO SÉ CÓMO REALIZAR UNA PRUEBA."

PRUEBA DE OPERACIONES DE SUMA

	K	L	M	N	O	P	Q	R
A	3 +8	2 +9	6 +4	8 +7	3 +4	7 +7	1 +8	4 +5
B	4 +9	9 +2	7 +5	6 +0	9 +3	5 +4	6 +3	9 +7
C	8 +8	1 +9	6 +2	5 +8	8 +0	7 +6	7 +1	6 +9
D	5 +5	4 +3	9 +4	8 +6	6 +5	0 +9	5 +6	7 +9
E	4 +7	9 +1	8 +5	7 +0	7 +2	8 +3	4 +8	7 +3
F	5 +2	6 +8	1 +7	2 +3	4 +4	5 +3	9 +9	3 +6
G	0 +8	7 +4	8 +2	1 +6	8 +4	5 +1	3 +3	2 +7
H	9 +8	2 +6	9 +5	8 +1	3 +9	5 +7	4 +2	6 +6
I	3 +7	7 +8	9 +0	4 +6	2 +8	6 +7	9 +6	3 +5
J	0 +7	8 +9	2 +5	6 +1	5 +9	2 +4	0 +6	3 +2

PRUEBA DE OPERACIONES DE RESTA

	K	L	M	N	O	P	Q	R
A	16 − 7	9 − 0	14 − 8	8 − 3	12 − 5	5 − 5	17 − 8	12 − 7
B	13 − 8	8 − 6	9 − 4	6 − 2	12 − 6	14 − 7	10 − 6	7 − 4
C	8 − 2	13 − 7	9 − 8	15 − 9	5 − 4	14 − 5	9 − 3	11 − 6
D	10 − 8	5 − 3	11 − 4	8 − 0	14 − 6	6 − 6	10 − 7	12 − 4
E	11 − 3	14 − 9	10 − 5	12 − 9	13 − 5	7 − 6	12 − 3	11 − 2
F	7 − 5	13 − 6	8 − 4	15 − 7	11 − 8	9 − 6	6 − 0	17 − 9
G	10 − 9	7 − 3	11 − 9	16 − 9	8 − 5	10 − 3	7 − 7	9 − 2
H	18 − 9	15 − 8	8 − 1	12 − 8	9 − 5	11 − 7	8 − 7	15 − 6
I	6 − 5	16 − 8	8 − 8	10 − 2	6 − 3	9 − 7	11 − 5	7 − 1
J	13 − 4	9 − 9	7 − 0	13 − 9	7 − 2	6 − 4	10 − 4	9 − 1

PRUEBA DE OPERACIONES DE MULTIPLICACIÓN

	K	L	M	N	O	P	Q	R
A	6 ×2	6 ×5	8 ×7	9 ×0	5 ×8	2 ×8	9 ×9	6 ×7
B	8 ×8	9 ×1	4 ×9	5 ×6	5 ×2	8 ×4	0 ×5	5 ×4
C	9 ×5	4 ×8	2 ×6	8 ×9	8 ×0	9 ×6	3 ×3	5 ×7
D	5 ×5	6 ×4	8 ×5	4 ×2	7 ×3	0 ×8	3 ×4	8 ×6
E	4 ×7	7 ×8	2 ×4	3 ×7	7 ×2	7 ×4	3 ×9	3 ×6
F	3 ×8	7 ×1	1 ×5	5 ×3	6 ×0	2 ×9	7 ×6	1 ×9
G	6 ×9	4 ×3	7 ×9	2 ×5	9 ×7	1 ×7	9 ×4	0 ×7
H	4 ×4	9 ×8	1 ×6	3 ×2	4 ×6	0 ×9	3 ×5	6 ×8
I	6 ×3	7 ×0	5 ×1	4 ×5	6 ×1	2 ×3	7 ×5	2 ×2
J	5 ×9	7 ×7	9 ×3	8 ×3	9 ×2	6 ×6	0 ×6	2 ×7

PRUEBA DE OPERACIONES DE DIVISIÓN

	K	L	M	N	O	P	Q	R
A	9)45	6)42	6)12	8)64	1)9	5)0	8)16	1)8
B	6)6	7)35	5)15	6)18	8)72	2)6	2)18	7)56
C	9)81	4)16	1)7	7)21	2)8	9)54	1)3	5)45
D	2)10	4)28	8)0	9)36	4)20	9)72	3)27	9)27
E	7)49	2)12	8)40	5)10	8)48	1)4	5)35	4)12
F	3)9	6)36	4)4	8)24	2)14	8)32	1)5	7)63
G	5)25	4)36	9)18	3)6	7)14	4)24	5)20	3)0
H	7)28	3)18	6)54	7)0	4)8	6)48	4)32	9)9
I	3)15	9)63	3)21	2)16	5)30	7)42	6)30	6)18
J	6)24	3)24	8)56	3)12	5)40	1)6	2)4	1)1

TABLA DE MEDIDAS

MÉTRICAS	COMUNES

Longitud

1 centímetro (cm) = 10 milímetros (mm)	1 pie (pie) = 12 pulgadas (pulg)
1 decímetro (dm) = 10 centímetros	1 yarda (yd) = 3 pies ó 36 pulgadas
1 metro (m) = 100 centímetros	1 milla (mi) = 1,760 yardas ó 5,280 pies
1 kilómetro (km) = 1,000 metros	

Peso

1 kilogramo (kg) = 1,000 gramos (g)	1 libra (lb) = 16 onzas (oz)

Capacidad

1 litro (L) = 1,000 mililitros (mL)	1 pinta (pt) = 2 tazas (tz)
	1 cuarto (ct) = 2 pintas
	1 galón (gal) = 4 cuartos

TIEMPO

1 minuto (min) = 60 segundos (s)	1 semana (sem) = 7 días
1 hora (h) = 60 minutos	1 año = 12 meses ó 52 semanas
1 día = 24 horas	ó 365 días

DINERO

1 moneda de 1¢ = 1 centavo (¢)	1 moneda de 25¢ = 25 centavos
1 moneda de 5¢ = 5 centavos	1 medio dólar = 50 centavos
1 moneda de 10¢ = 10 centavos	1 dólar ($) = 100 centavos

SÍMBOLOS

$<$ es menor que	°F grados Fahrenheit
$>$ es mayor que	°C grados Celsio
$=$ es igual a	

GLOSARIO

A

ángulo Figura formada donde dos segmentos se cruzan o encuentran *(página 332)*
Ejemplo:

ángulo recto Un ángulo recto es un ángulo especial. Las esquinas de una hoja de papel son ángulos rectos *(página 332)*
Ejemplo:

área Es el número de unidades cuadradas que se necesita para cubrir la superficie de una figura *(página 458)*
Ejemplo:

área = 9 unidades cuad

arista Es el segmento donde se unen dos caras de un cuerpo geométrico *(página 316)*
Ejemplo:

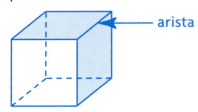

arista

C

capacidad La cantidad total de líquido que cabe en un recipiente *(páginas 430, 446)*

cara Superficie plana de un cuerpo geométrico *(página 316)*
Ejemplo:

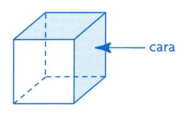

cara

centésimo Una de cien partes iguales *(página 402)*
Ejemplo:

centésimo

centímetro (cm) Unidad métrica para medir la longitud; 100 centímetros = 1 metro *(página 438)*
Ejemplo:

1 cm

cilindro Objeto sólido o hueco con forma de lata *(página 316)*
Ejemplo:

clave Indica la cantidad que cada dibujo representa en una pictografía *(página 280)*

cociente La respuesta en un problema de división *(página 230)*
Ejemplo: $27 \div 3 = 9$
El cociente es 9.

cono Cuerpo geométrico puntiagudo que tiene una base redonda y plana *(página 316)*
Ejemplo:

contar de menor a mayor La manera de hallar la diferencia comenzando por el número más pequeño *(página 10)*
Ejemplo: $6 - 3 = \underline{?}$
Contar: 3 ... 4, 5, 6

contar hacia adelante La manera de hallar la suma cuando uno de los sumandos es 1, 2 ó 3 *(página 2)*
Ejemplo: $4 + 2 = \underline{?}$
Contar: 4 ... 5, 6

contar hacia atrás La manera de hallar la diferencia cuando se resta 1, 2 ó 3 *(página 10)*
Ejemplo: $7 - 3 = \underline{?}$
Cuenta: 7 ... 6, 5, 4

cuadrado Una figura plana de lados iguales y cuatro ángulos rectos *(páginas 322, 332)*

cuadrícula Un mapa dividido en cuadrados iguales *(página 334)*
Ejemplo:

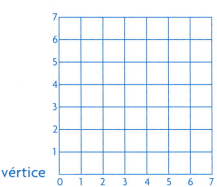

vértice

cuarto (ct) Medida común para medir la capacidad *(página 430)*

cubo Cuerpo geométrico cuyas seis caras cuadradas son congruentes *(página 316)*
Ejemplo:

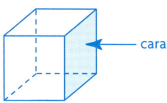

cara

D

datos Información reunida acerca de personas o cosas *(página 266)*

decimal mixto Un número formado por un número entero y un decimal *(página 406)*
Ejemplo: 3.7

decimal Número que usa el valor posicional y un punto decimal para expresar valores menores que uno, por ejemplo, los décimos y los centésimos *(página 400)*

decímetro (dm) Unidad métrica para medir la longitud;
10 decímetros = 1 metro *(página 438)*

décimo Una de diez partes iguales *(página 400)*

denominador El número que está debajo de la barra en una fracción. Indica el número total de partes iguales o grupos en que un entero o grupo fue dividido *(página 370)*
Ejemplo: $\frac{3}{4}$ ← denominador

diferencia La respuesta en un problema de resta *(página 10)*
Ejemplo: $8 - 5 = 3$ ← diferencia

dígito Cualquiera de los diez símbolos 0, 1, 2, 3, 4, 5, 6, 7, 8 ó 9 usados para escribir números *(página 144)*

dividendo El número que va a ser dividido en un problema de división *(página 230)*
Ejemplo: $35 \div 5$
El dividendo es 35.

división El proceso de compartir una cantidad de objetos para hallar cuántos grupos pueden hacerse o cuántos objetos habrá en un grupo; es la operación inversa a la multiplicación *(página 228)*

divisor El número que divide al dividendo *(página 230)*
Ejemplo: $18 \div 3$
El divisor es 3.

dobles Cuando ambos sumandos son iguales *(página 4)*

dobles más uno Cuando un sumando es uno más que el otro *(página 4)*

dobles menos uno Cuando un sumando es uno menos que el otro *(página 4)*

E

eje de simetría Recta que divide una figura en dos mitades congruentes *(página 350)*
Ejemplo:

eje de simetría

encuesta Un conjunto de preguntas que se hace a un grupo de personas *(página 272)*

equivalentes Dos o más conjuntos que expresan la misma cantidad *(página 108)*

escala Los números de una gráfica de barras que ayudan a interpretar el valor que representa cada barra *(página 284)*

esfera Cualquier objeto redondo en el que la distancia desde su centro a todos los puntos de su superficie es la misma *(página 316)*
Ejemplo:

estimar Redondear números para hallar cuántos hay aproximadamente *(página 24)*

experimento Una prueba que se hace para descubrir algo *(página 268)*

F

factor Número que se multiplica por otro número para hallar un producto *(página 188)*
Ejemplo: $4 \times 7 = 28$
Los factores son 4 y 7.

familia de operaciones Un conjunto de enunciados numéricos relacionados de suma y resta o multiplicación y división *(páginas 12, 232)*
Ejemplos:

$2 + 4 = 6$	$6 - 4 = 2$
$4 + 2 = 6$	$6 - 2 = 4$
ó $3 \times 6 = 18$	$18 \div 6 = 3$
$6 \times 3 = 18$	$18 \div 3 = 6$

figura abierta Es una figura que no comienza y termina en el mismo punto *(página H24)*
Ejemplos:

figura cerrada Es una figura que comienza y termina en el mismo punto *(página 322)*
Ejemplos:

figura plana Una figura cerrada dibujada sobre un plano y formada por líneas curvas, rectas o de ambos tipos *(página 322)*
Ejemplo:

figuras congruentes Figuras que tienen el mismo tamaño y forma *(página 336)*
Ejemplo:

forma desarrollada Forma de escribir un número en la que se muestra el valor de cada dígito *(página 144)*
Ejemplo: $241 = 200 + 40 + 1$

forma normal Forma en la que se escriben los números usando los dígitos del 0 al 9 y donde cada dígito tiene un valor posicional *(página 144)*
Ejemplo: 2,394

formar una decena La manera de hallar la suma cuando uno de los sumandos es un número próximo a 10 *(página 2)*
Ejemplo: $9 + 6 = \underline{\ ?\ }$
$9 + 1 = 10$ y $10 + 5 = 15$

fracción Un número que representa parte de un entero o parte de un grupo *(página 370)*
Ejemplos:

 $\dfrac{1}{3}$

fracciones equivalentes Dos o más fracciones que expresan la misma cantidad *(página 380)*
Ejemplo:

$\dfrac{3}{4}$ y $\dfrac{6}{8}$ representan la misma cantidad.

galón (gal) Unidad común para medir la capacidad *(página 430)*

giro Movimiento de rotar una figura *(página 348)*
Ejemplo:

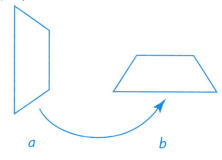

a   *b*

gráfica de barras Una manera de mostrar información en la cual se usan barras para representar datos *(página 284)*
Ejemplo:

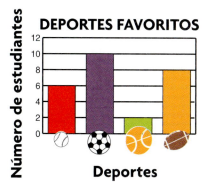

gráfica de barras horizontal Una gráfica de barras en la que las barras van de izquierda a derecha *(página 284)*

gráfica de barras vertical Una gráfica de barras en la que las barras van de abajo a arriba *(página 284)*

gramo (g) Unidad métrica para medir la masa. Un clip tiene una masa aproximada de 1 gramo *(página 448)*

H

horario (1) La manecilla más corta de un reloj *(página 76)*
Ejemplo:

(2) Una tabla que indica actividades y a qué hora comienzan y terminan *(página 92)*

horas (h) Las horas miden cantidades grandes de tiempo. Hay 60 minutos en una hora. Hay 24 horas en un día *(página 78)*

I

iguales Dos números que son iguales. Cuando se restan dos números iguales, la diferencia es cero *(página 10)*

igualmente probable Resultados que tienen las mismas posibilidades de que se den *(página H42)*

imposible Algo que nunca sucederá *(página 296)*

inversión Un movimiento en el que se invierte una figura sobre un eje de simetría *(página 348)*
Ejemplo:

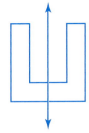

Intervalo La distancia entre dos números en la escala de una gráfica *(página 503)*

J

justo Cuando todos los resultados tienen la misma posibilidad de producirse *(página 304)*

K

kilogramo (kg) Unidad métrica para medir la masa; 1,000 gramos = 1 kilogramo *(página 448)*

L

libra (lb) Unidad común para medir peso *(página 432)*

línea cronológica Una forma de observar la sucesión de hechos históricos *(página H36)*

litro (L) Unidad métrica para medir la capacidad; 1,000 mililitros = 1 litro *(página 446)*

M

más probable Un suceso que tiene más posibilidades de ocurrir que otros sucesos *(página 298)*

masa Cantidad de materia en un objeto. Materia es de lo que están hechas las cosas *(página 448)*

matriz Una manera de mostrar objetos organizados en filas y columnas *(páginas 206, H28, H56)*
Ejemplo:

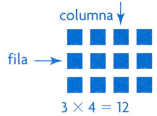

$3 \times 4 = 12$

mayor que (>) Símbolo para comparar dos números, el número más grande viene primero *(página 164)*
Ejemplo: $8 > 6$

menor que (<) Símbolo para comparar dos números, el número más pequeño viene primero *(página 164)*
Ejemplo: $6 < 8$

menos probable Un suceso que tiene menos posibilidades de ocurrir que otros sucesos *(página 298)*

metro (m) Unidad métrica para medir la longitud o distancia; 100 centímetros = 1 metro *(página 438)*

mililitro (mL) Unidad métrica para medir la capacidad. Una cuchara pequeña contiene unos 5 mililitros *(página 446)*

milla (mi) Unidad común para medir la longitud o distancia; 1 milla = 5,280 pies *(página 422)*

minutero La manecilla más larga de un reloj *(página 76)*
Ejemplo:

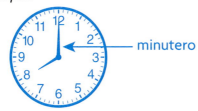

minutero

minutos (min) Los minutos miden una cantidad pequeña de tiempo. Hay 60 minutos en una hora *(página 78)*

multiplicación El proceso de hallar el número total de elementos formado por grupos de igual tamaño, o el proceso de hallar el número total de elementos de una cantidad de grupos que contienen el mismo número de elementos. Es la operación inversa a la división *(página 188)*

numerador El número que está encima de la barra en una fracción. Indica cuántas partes iguales del entero o grupo se están considerando *(página 370)*

Ejemplo: $\frac{2}{3}$ ← numerador

número cardinal Número que indica cuántos objetos hay en un grupo *(página 128)*

número cuadrado El producto de dos factores iguales *(página H38)*
Ejemplo: $3 \times 3 = 9$; 9 es un número cuadrado

número de referencia Números como 10, 25, 50 ó 100 que sirven para hacer estimaciones *(página 136)*

número impar Un número entero que tiene 1, 3, 5, 7 ó 9 en la posición de las unidades *(página 132)*

número mixto Número formado por un entero y una fracción *(página H48)*
Ejemplo: $2\frac{1}{2}$

número ordinal Número que expresa el orden o la posición *(página 128)*
Ejemplos: primero, segundo

número par Un número entero que tiene 0, 2, 4, 6 u 8 en la posición de las unidades *(página 132)*

onza (oz) Unidad común para medir el peso *(página 432)*

operaciones inversas Operaciones que deshacen cada una lo hecho por la otra. La suma y la resta son operaciones inversas; al igual que la multiplicación y la división *(página 230)*
Ejemplos:
$5 + 4 = 9$, entonces $9 - 4 = 5$.
$6 \times 3 = 18$, entonces $18 \div 3 = 6$.

par ordenado Un par de números que indican un punto en una cuadrícula. El primer número indica cuántos espacios hacia la derecha a partir de cero. El segundo número indica cuántos espacios hacia arriba *(página 334)*

perímetro La distancia alrededor de una figura *(página 454)*
Ejemplo:

pictografía Una gráfica donde se muestran y comparan datos usando dibujos *(página 280)*
Ejemplo:

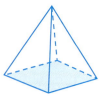

CÓMO VAMOS A LA ESCUELA	
A pie	✹✹✹
En bicicleta	✹✹✹✹
En autobús	✹✹✹✹✹
En carro	✹✹

Clave: Cada ✹ = 10 estudiantes.

pie (pie) Unidad común para medir la longitud o distancia *(página 422)*
1 pie = 12 pulgadas

pinta (pt) Unidad de medida para medir la capacidad *(página 430)*

pirámide cuadrada Cuerpo geométrico cuya base es un cuadrado y tiene cuatro caras triangulares con un vértice en común *(página 316)*
Ejemplo:

plano Una superficie llana y continua que se extiende sin fin *(página 322)*
Ejemplo:

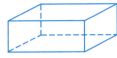

parte de un plano

prisma rectangular Cuerpo geométrico cuyas 6 caras son rectángulos *(página 316)*
Ejemplo:

producto La respuesta en un problema de multiplicación *(página 188)*
Ejemplo: 6 × 2 = 12
El producto es 12.

propiedad de orden de la multiplicación Dos números se pueden multiplicar en cualquier orden y el producto es siempre el mismo *(página 192)*
Ejemplo: 3 × 2 = 6
2 × 3 = 6

propiedad del cero Cuando se suma o se resta cero a un número, el resultado es ese número. Cuando se multiplica por cero, el resultado es cero. No se puede dividir por cero *(páginas 6, 10, 196, 246)*
Ejemplo: 4 + 0 = 4
4 − 0 = 4
4 × 0 = 0

pulgada (pulg) Unidad común para medir la longitud *(página 422)*
Ejemplo:

←1 pulgada→

punto decimal Un punto que separa la parte entera de la parte fraccional de un número; o que separa los dólares de los centavos *(páginas 106, 404)*
Ejemplo:

0.1
punto decimal

R

reagrupar Cambiar una cantidad por otra de igual valor para renombrar un número *(página 32)*
Ejemplo: 23 = 2 decenas 3 unidades
o 1 decena 13 unidades

recta Una línea derecha que continúa en ambas direcciones y no tiene principio ni fin *(página 332)*
Ejemplo:

recta numérica Una recta donde se indican con números unas marcas separadas a intervalos iguales *(página 24)*
Ejemplo:

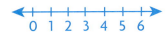

0 1 2 3 4 5 6

rectángulo Una figura plana con lados opuestos que son iguales y cuatro ángulos rectos *(páginas 320, 332)*

redondear Cuando se redondea un número a la decena más próxima, se halla la decena que está más cerca *(página 24)*

reloj analógico Un reloj que indica la hora en punto cuando el minutero está en el 12 *(página 76)*

reloj digital Un reloj que indica la hora en punto cuando en los minutos aparece 00 *(página 76)*

residuo La cantidad que queda al dividir *(página 488)*
Ejemplo:

$$\overset{3\ \text{r}4\ \leftarrow\ \text{residuo}}{5\overline{)19}}$$

resta El proceso de hallar cuántos objetos quedan al quitar un número de ellos de un grupo de objetos; el proceso de hallar la diferencia cuando se comparan dos grupos; es la operación inversa a la suma *(página 10)*

resultado posible Algo que tiene alguna posibilidad de ocurrir en un experimento *(página 298)*

resultados Los datos obtenidos al realizar una encuesta o experimento *(página 272)*

S

segmento Parte de una recta situada entre dos puntos *(página 332)*
Ejemplo:

seguro Algo que siempre sucederá *(página 296)*

simetría central Una figura tiene simetría central, si al girar sobre un punto central conserva la misma forma *(página H46)*
Ejemplo:

simetría Cuando la mitad de una figura es como la imagen reflejada en un espejo de la otra mitad *(página 354)*
Ejemplo:

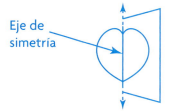

Eje de simetría

suceso La acción que sucede en un experimento y que produce un resultado *(página 296)*

suma El proceso de hallar el número total de objetos cuando se unen dos grupos de objetos; es la operación inversa a la resta *(página 2)*

sumando Cualquiera de los números que se suman *(página 2)*
Ejemplo: $2 + 3 = 5$
    Los sumandos son 2 y 3.

T

tabla de conteo Una manera de organizar datos usando marcas de conteo para mostrar la frecuencia con la que ocurre algo *(página 266)*

tabla de frecuencias Una manera de organizar datos usando números para mostrar la frecuencia con la que ocurre algo *(página 266)*

tanagrama Un rompecabezas formado por siete piezas—5 triángulos, 1 cuadrado y 1 paralelogramo *(página 330)*

taza (tz) Unidad común para medir la capacidad *(página 430)*
Ejemplo:

teselación Un patrón repetido de figuras cerradas que cubren una superficie sin dejar espacios libres entre ellas ni traslaparse *(página H44)*
Ejemplo:

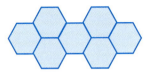

tiempo transcurrido El tiempo que pasa desde que una actividad comienza hasta que termina *(página 90)*

total de la suma Es la respuesta a un problema de suma *(página 2)*
Ejemplo: $12 + 7 = 19$
La suma es 19.

traslación Mover una figura a una nueva posición sin girarla o invertirla *(página 348)*
Ejemplo:

triángulo Una figura plana con tres lados *(página 320)*

vértice Punto donde se encuentran 2 o más aristas *(página 316)*
Ejemplo:'

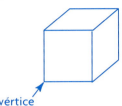

vértice

yarda (yd) Unidad común para medir la longitud o distancia *(página 422)*
1 yarda = 3 pies

ÍNDICE

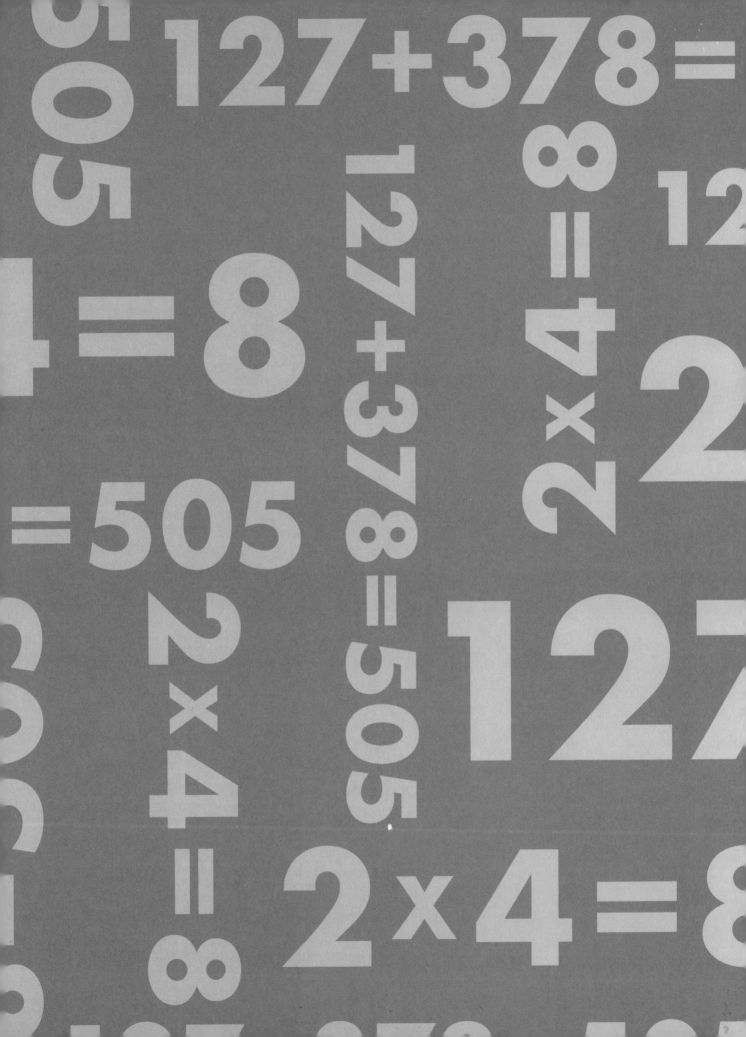